BIOGRAPHIE

DU

CLERGÉ CONTEMPORAIN

IMPRIMERIE DE A. APPERT, PASSAGE DU CAIRE, 54.

BIOGRAPHIE
DU
CLERGÉ CONTEMPORAIN

PAR UN SOLITAIRE.

TOME DEUXIÈME.

MM. De Ravignan. — Coquereau. — Guillon. — Bouvier. — Donnet. — Belmas. — Fesch. — Fayet, 1re partie. — Gousset. — Laroque. — Dupont. — Cœur.

À Paris.

CHEZ A. APPERT, IMPRIMEUR-ÉDITEUR,
54, Passage du Caire.

1843.

BIOGRAPHIE DE MES BIOGRAPHIES.

> La vérité, pour être sentie, ne demande pas moins de droiture dans le cœur que de lumières dans l'esprit.
> FRAYSSINOUS.
>
> Personne ne souffre plus doucement d'être repris que celui qui mérite le plus d'être loué.
> Madame LAMBERT.

« Sous prétexte que l'usage ordinaire de la finesse est la marque d'un petit esprit, nombre de gens se croient de grands esprits parce qu'ils font des niaiseries (1). Ceci m'a été prouvé depuis deux ou trois mois plus que je n'aurais voulu. Les évènements abondent.

— Sur M. *de Ravignan* se base une accusation de jésuitisme. — Pourquoi complimenter si fort M. *Coquereau* dans la chaire, et le traiter si mal lorsqu'il tient

(1) Larochefoucault.

la plume? — Raconter de point en point la conduite de M. *Guillon* vis-à-vis de Grégoire mourant, et ses aventures universitaires, c'était signer la Constitution civile et manquer de respect à M. Affre.—M. *Bouvier* n'a pas l'importance théologique que je lui prête, et en contrôlant ses principes politiques j'ai prouvé mes tendances républicaines.—Il fallait éviter sur l'enfance de M. *Donnet* certains détails tant soit peu disgracieux, et sur son passage à Nancy des révélations pénibles pour ceux qui n'aiment point M. de Forbin-Janson. — Indigne biographe, qui n'ai pas lancé sur les cheveux blancs de M. *Belmas* et ses erreurs d'autrefois et son mandement de 1840, toutes mes malédictions, si j'en ai ! — Voilà le *Cardinal Fesch* :

    Il a fait trop de mal pour en dire du bien,
    Il a fait trop de bien pour en dire du mal.

Donc il eût été mieux de passer sous silence ce Richelieu au petit pied.—Autre chose était M. le curé de Saint-Roch : pour émettre les idées qui se rencontrent dans sa notice, j'avais d'infâmes raisons ; et si le gouvernement de Louis-Philippe n'eût acheté ma plume fort cher, M. *Fayet*, à coup sûr, figurerait parmi les moindres personnages de ma Galerie.—Qu'est-ce que M. *Gousset ?*..... — Il est impie de dévoiler les mystères du cœur et d'écrire, comme je l'ai fait à propos de M. Laroque, une histoire romanesque. On demande du reste quels étaient les titres de ce jeune ecclésiastique à la publicité. — Encore des chicanes pour ce qui regarde M. *Du Pont* ; en homme avisé, j'aurais dû lire un ouvrage publié à Valence, et qui s'intitule : *du Despotisme en matière de religion*, par M. Clément Saint-Just; puis, sans tenir compte de la première partie où l'auteur traite dans mon sens des juridictions canoniques, m'en référer à son dire pour la seconde partie, ce qui signifie dénoncer M. l'archevêque d'Avignon comme une espèce de despote ridicule, — aussi ridicule que l'est devenu M. *Cœur* par le fait de ma louange exagérée, M. Cœur, tout noir encore des foudres de M. de Clausel de Montals, et primitivement de M. de Pins. — J'ai dirigé d'impudentes satires contre S. S. Grégoire XVI. — *M. Grivel* est un de ceux qui m'ont fait qualifier *Juste-Milieu*. — Je copie deux passages d'une lettre: *Vous avez nui à la personne et au ministère* de M. Dufêtre........ *Vous avez outragé M. de Montblanc, archevêque de Tours*. — M. Morlot!!! M. Morlot!!! La sixième chambre de police correctionnelle à Paris voudra bien me suppléer; je me réserve de constater son jugement, et d'adjoindre à mon Compte-rendu le supplément nécessaire à la notice. — Certes, on ne pouvait s'inquiéter de M. *de Cheverus*; on m'a laissé, sans mot dire, enterrer mes morts. — M. *Pelier de la Croix* m'a fait sentir tous les inconvénients d'une accointance comme la sienne; je m'explique: ce rude lutteur de tous les jours et de tous les instants, ce vrai prêtre, ennemi mortel des abus, intraitable champion du dogme et des règles canoniques, ne peut être abordé, pour ainsi dire, qu'à travers lance et javelots; eh! le moyen de rester intact? nous en saurons quelque chose tout-à-l'heure. — M. *Deguerry* est l'enfant gâté de mes affections. — La notice de M. *Migne* n'est autre chose qu'une thèse aussi coupable que parfaitement absurde contre le droit d'interdit dévolu aux supérieurs ecclésiastiques, etc., etc.

Reste l'examen consciencieux et modeste de ces griefs; mais permettons-nous d'abord quelques observations générales.

En assumant la responsabilité morale d'une Biographie du Clergé contemporain, je m'attendais et devais raisonnablement m'attendre à des oppositions de plus d'une sorte. Ceci soit dit pour la vingtième fois. Mais comme j'avais pesé, sondé, discuté, soumis à la sagesse d'autrui mes intentions et mon but, mes prévisions ne furent pas des craintes; je me persuadai au contraire qu'à la première effervescence des hostilités, succéderaient des dispositions moins défavorables, puis insensiblement le suffrage de tous.

J'ai prononcé le mot *intentions* qui joue un grand rôle dans cette affaire. Devant Dieu et devant les hommes, je le jure, voici en quelles circonstances je conçus mon projet: un homme de lettres fort en renom me fit un jour la proposition de m'adjoindre à lui pour publier dans un journal, des *Etudes critiques sur les curés de Paris*. Sa manière de voir m'était connue; et je devinai facilement ce qu'il voulait. Je répondis négativement. « Que diriez-vous, ajoutai-je en riant, si je tentais une concurrence? — Je vous le permets. — C'est sérieux? — Oui. — Eh bien, au revoir. » A quelque distance de là, paraissait la notice de M. Affre. Vinrent celles de MM. Olivier, de Latour d'Auvergne et de Genoude; j'avais deux mille lecteurs; mon rival ne commençait pas à poindre; je fus à sa rencontre: « Que deviennent les *Etudes*? — Les *Etudes*? fit-il, que diable voulez-vous?....... la place est prise..... — Par qui..... prise?..... — Mais..... par vous!... d'honneur, j'étais loin de penser que ce genre-là réussirait..... c'est un fait..... »

A ces motifs de persévérance se joignirent les suffrages déjà mentionnés: lettres de MM. Ferdinand-Thomas, Frapier, Siméon Chaumier, Lejeune, curé d'Orléans, etc., etc.; lettres surtout de M. Marguerie, évêque de Saint-Flour, et de M. de Trélissac, évêque de Montauban, que je crois plus authentiques maintenant que jamais, lettres munies d'une *tête* imprimée, d'une signature nette et formelle, et du timbre de la poste, lettres dont le sens est explicite comme le sens de celles que viennent de nous adresser, après la 35e livraison, — MM. l'abbé Weiss, curé de Bernard-Willers (Bas-Rhin), — Rouxel, chef d'institution à Rennes, — Pelier de la Croix, le savant éditeur de l'*Histoire de l'Église* de Bérault-Bercastel, — G. de Gérando, substitut du procureur général près la Cour royale de Paris, etc.

Je cite textuellement:

« Monsieur le Rédacteur,

« J'allais faire un article sur votre intéressante publication afin de la recommander plus spécialement à mes confrères, lorsque je lis, à mon grand étonnement, dans l'*Univers*, deux lettres qui ne tendent à rien moins qu'à jeter du discrédit sur votre personne, du louche et de l'odieux sur votre ouvrage. Je m'en suis abstenu dans la crainte de vous nuire. L'*Univers* est trop répandu en Alsace; tout ce que j'aurais tenté dans l'intérêt de votre cause, eût été sans contredit mal accueilli et mal interprété dans ce moment-ci. Ce serait à votre éditeur de répondre catégoriquement aux lettres précitées.

« M. le rédacteur, j'ai parcouru toutes vos biographies, et j'aime à le proclamer ici, j'en ai été satisfait quant au fond et quant à la forme. Sachant que le prêtre est appelé à jouer un grand rôle aujourd'hui, sachant qu'il peut puissamment contribuer à la régénération sociale, vous voulûtes le faire connaître tel qu'il est et qu'il doit être. Vous vous êtes imposé cette importante tâche, et vous vous en acquittez avec distinction. Déjà vous l'avez montré, le prêtre catholique, le prêtre français et digne de ce nom, environné du cortège brillant des vertus sacerdotales, ayant les mains chargées de palmes évangéliques; et déjà aussi des milliers de préjugés sont tombés, grace à votre belle rédaction, à votre impartialité, à vos fines et judicieuses observations; bien des vertus ignorées jusqu'à présent, sont vengées et paraissent au grand jour. Lorsque vous travaillez avec tant d'ardeur au monument impérissable que vous élevez en l'honneur du clergé de France, dont vous immortalisez les utiles travaux, on cherche à saper les fondements, à miner le piédestal de votre monument; lorsque vous êtes en si beau chemin, on vous arrête; la calomnie aux ailes rapides est mise à contribution; on vous taxe de pamplétaire; on vous déclare la guerre. Et pourquoi donc cette levée de boucliers contre vous? Ah! M. le rédacteur, l'amour-propre offensé ne pardonne jamais. Les foudres d'Orléans ont éclaté sur vous parce que vous avez eu l'audace de reconnaître des fautes à un évêque. Eh mon Dieu, le soleil aussi a ses taches. Et puis, êtes-vous la cause si les évêques participent aussi un peu de l'humanité? Des secrétaires ont pris la plume, parce que, téméraire que vous êtes, vous avez cru devoir signaler les intrigues, les injustices, les rouéries d'une administration scandaleuse. Vous n'avez pas assez *mâché ce que vous aviez sur le cœur;* vous avez mis tout bonnement le doigt sur la plaie; le langage *est, est, non, non,* ne convient pas à tout le monde. Mais rassurez-vous, J.-C. parlant aux Juifs avec hardiesse, et leur disant de grandes vérités, fut obligé de se cacher pour se soustraire à leur fureur, car *veritas invidiam parit.* Vous éprouvez le sort du Maître.

« Il est, de par le monde ecclésiastique, des administrations qui se croient infaillibles; vouloir donc contrôler leurs actes, vouloir blâmer un arbitraire flagrant, c'est toucher à l'arche sainte, et s'attirer tous les anathèmes d'un pouvoir irrité et terrible dans ses vengeances. Gilblas se permit un jour une toute petite réflexion; trois mots lui échappèrent imprudemment: *Vos homélies baissent;* et vous savez ce qu'il en est advenu. Quoi qu'il en soit, M. le rédacteur, laissez coasser ces grenouilles; ne vous en épouvantez pas, elles ne sauraient troubler votre sommeil. Nous ne sommes plus au temps, où par une nuit de printemps, elles mettaient tout un castel en émoi. Poursuivez avec courage votre glorieuse mission. Les suffrages des honnêtes gens et de l'Église vous récompenseront au-delà de vos peines et de vos efforts. Tenez à la devise chérie que vous avez adoptée de préférence: *Mihi amicus Plato, sed magis amica veritas.* Du reste, Monsieur, vous n'ignorez pas que plus on est en évidence dans ce bas monde, plus on se fait d'ennemis ; plus une entreprise est importante, plus elle ameute de jaloux. Ainsi va le monde.

Supportez ces importuns qui ont conspiré contre vous ; leur *juravi et statui* n'a pas de fond, et n'en continuez pas moins à marcher dans votre bon petit chemin dans lequel vous avez marché jusqu'à présent. Vous ne risquerez point de vous égarer, puisque la vérité la plus sincère et l'honneur le plus pur vous guident et vous animent. Quelque épais que soient les brouillards qui obscurcissent parfois le soleil, celui-ci finit toujours par les dissiper ; la vérité aussi se fera jour à travers les calomnies.

« Agréez, Monsieur le rédacteur, avec mes vives sympathies pour vos talents et vos ouvrages, l'expression de mes sentiments d'estime et d'attachement. »

WEISS,
Curé de Bernard-Willers par Barr. (Bas-Rhin),
Ce 27 janvier 1842.

A M. APPERT, *Editeur de la Biographie du Clergé contemporain.*

Rennes, le 25 janvier 1842.

« Monsieur,

« Hier, en conversant avec trois curés de mes amis, je leur parlai de la *Biographie du clergé*, et je leur en parlai si bien que tous les trois me prièrent de les y abonner. Je devais aujourd'hui vous écrire *ad hoc*, lorsqu'un article que je lis dans l'*Univers* du 23 janvier, qui m'est parvenu ce matin, est venu me contrister et me donner de l'inquiétude pour l'existence de l'œuvre de notre aimable Solitaire. J'avais bien pensé, dès l'apparition de la biographie de M. Morlot, qu'il y aurait protestation. Il est vraiment allé trop loin, et quelque louables que puissent être ses intentions, il serait difficile de justifier toutes les dures personnalités qui viennent se ranger sous sa plume. Le clergé, *même coupable*, mérite toujours une certaine réserve; et quand on parle de ses défauts *dans un but louable*, comme le fait le Solitaire, il faut autant que possible éviter de le blesser.

Quoi qu'il en soit, je ne puis me résoudre à croire que le Solitaire soit un *faussaire* ni un *imposteur*. Je ne puis croire qu'il ait *contrefait* l'écriture de deux évêques pour s'autoriser de leur approbation; je ne puis me figurer que son travail soit *une œuvre de ténèbres venue pour augmenter le nombre des perversités littéraires de l'époque*. Non, ses Biographies m'ont fait passer de trop délicieux moments, à moi et à mes nombreux amis, pour que je suspecte ni ses bonnes intentions ni sa sincérité. Je crois seulement que trop de zèle, trop d'ardeur lui ont fait commettre des imprudences que nul ne déplore plus que moi qui m'intéresse tant au succès de son travail (1).

« Donnez-moi donc, je vous en prie, quelques éclaircissements sur cette triste affaire.

(1) Ceci demande explication. Quelques personnes, par bienveillance, ont eu la faiblesse de penser que l'auteur, agissant en très jeune homme, se serait oublié un moment jusqu'à s'amuser à contrefaire des lettres; ce soupçon, fort excusable dans l'intention, est injurieux et cruel dans la réalité. Une étourderie eût été un crime ici. C'est assez dire,

« L'*Univers* affirme que vous avez été victime d'une mystification, et que, dans votre bonne foi, vous vouliez intenter un procès à l'*Orléanais*, si votre avocat et votre avoué ne vous eussent déclaré qu'ils étaient convaincus de la fausseté des lettres des évêques. Qu'y a-t-il de vrai là dedans?

« J'ai beaucoup de confiance dans l'*Univers*, auquel je suis abonné depuis bien des années, mais j'en ai aussi beaucoup dans notre cher Solitaire, et mon plus grand désir dans ce moment est de savoir de votre part qu'il est complètement innocent de tout ce qu'on lui attribue, et qu'il continuera son œuvre avec prudence et courage.

« J'ai l'honneur d'être, votre tout dévoué. »

ROUXEL.
Rue Saint-Malo, 8.

A Monsieur Appert, éditeur de la Biographie du clergé contemporain.

« Monsieur,

« Voué depuis longtemps aux études historiques, j'ai dû souscrire dès le principe à la *Biographie du clergé contemporain;* et c'est avec un véritable intérêt que j'ai lu tous les cahiers que vous avez publiés. Le style coulant et incisif du *Solitaire*, ses principes religieux, son attachement plein de franchise aux doctrines du Saint-Siège, le désir qu'il témoigne, je dirais les efforts qu'il fait, pour le rétablissement de la vraie discipline de l'Eglise, ou pour affranchir de l'arbitraire le clergé du second ordre, tout cela me fait applaudir à votre entreprise et espérer que son succès ira toujours croissant.

« Que l'auteur ne se laisse pas intimider ou distraire par les clameurs de l'ignorance ou de la jalousie. Tel qui médit de votre publication, est habitué à médire de tout ; c'est pour lui besoin et presque métier unique. Tel autre qui la calomnie, a ses vues intéressées : il craint d'être mis en scène ; et il sait d'avance que le public jugera ses actes et ses talents, bien autrement qu'ils ne sont jugés par ses patrons et ses *patrones*. Rendez à chacun ce qui lui appartient, *honor et tributum* ; mais aussi, bonne justice des faits connus et accomplis. L'histoire ne doit pas être un éloge perpétuel, pas plus des membres du clergé, si élevés qu'ils soient, que de ceux des autres rangs de la société. Aux yeux de l'homme honnête et éclairé, la personne ne sera jamais confondue avec l'autorité dont elle abuse. Je veux dire que, si l'autorité est toujours vénérable quand elle agit dans ses limites et selon les règles de droit et de justice, établies aussi bien pour elle que pour ses subordonnés, cette autorité ne mérite plus ce nom dès qu'elle sort de sa sphère, et foule aux pieds les saintes lois de l'équité ; dans ce cas, elle est pour le moins un *abus* ; et l'abus d'autorité (quelque nom qu'on lui donne), n'acquiert jamais prescription ; il peut toujours être combattu : *Vetus consuetudo, vetus error*. (S. Cypr.) Il n'y a que Dieu qui soit le *Seigneur absolu* ; et en nous ordonnant de nous aimer mutuellement dans lui et pour lui, il n'a pu vouloir nous imposer l'amour et le respect pour les torts du prochain..... Charité donc pour les personnes dans leurs actes privés, mais guerre aux vices et aux erreurs publiques, c'est, selon moi, la mission de l'historien biographe : *Diligite homines, interficite errores.* (S. Aug.)

« Je reçois, à l'instant, votre 31e livraison, qui me concerne : je ne me plaindrai pas de quelques inexactitudes de rédaction ou de quelques interprétations de faits, telles que celle que je trouve, p. 231, où l'auteur parle de *variations* et d'*emportements*. Ces mots sont impropres, et je pense qu'il a voulu dire *changements* et *entêtements* ; car je n'ai jamais varié de principes ni même d'opinions ; et j'avoue que, sans m'emporter jamais, j'ai mis plus d'une fois ce qu'on a voulu appeler de l'*entêtement* à défendre ce que j'ai cru être, et crois encore avoir été mon droit. Je remercie le Solitaire de tout ce qu'il a dit de bienveillant pour moi ; mais je ne peux finir cette lettre sans exprimer tout mon regret de voir figurer dans sa notice deux des malicieuses pièces de vers qui m'avaient été, mal à propos, attribuées.

« J'ai l'honneur d'être, avec une parfaite considération,

« Monsieur,

« Votre très humble serviteur, »

L'Ab. PELIER DE LACROIX,
Chan., etc.

15 Décembre 1841.

A Monsieur Appert, éditeur de la Biographie du Clergé contemporain.

« Monsieur,

« Je n'ai pas trouvé le temps, à mon grand regret, de vous remercier plus tôt de l'envoi du second volume de la Biographie du clergé contemporain.

« Cette publication, dont l'auteur devrait enfin se faire connaître, dans l'intérêt de la cause à laquelle il a si bien consacré son talent, me paraît toujours faite dans un bon esprit de catholicisme éclairé, et de sympathie pour notre clergé si digne de vénération et d'encouragements.

« Ce n'est pas, je vous l'ai déjà dit à propos du premier volume, que j'approuve toujours toutes les appréciations et les allures d'écrivain de votre Solitaire; j'avais été peu satisfait, notamment, de son panégyrique de M. de La Mennais, et il y a parfois un peu trop de *désinvolture* dans ses observations et dans son ton sur des choses et des personnes qui comportent tant de dignité.

« Mais les notices, entre autres, sur Mgr l'évêque d'Arras et Mgr de Quélen, sur M. l'abbé Cœur et M. l'abbé de Ravignan, m'ont paru aussi bien écrites que bien pensées, et ont dû, ce me semble, être approuvées de tous vos lecteurs catholiques, qui honorent sincèrement les nobles ames et les talents supérieurs. — Je regrette, seulement, que la notice sur M. Cœur ne dise pas un mot de son admirable discours d'inauguration pour l'œuvre du Placement des jeunes Orphelins.

« Recevez de nouveau mes remerciements, Monsieur, avec l'assurance de ma considération bien distinguée. »

G. DE GÉRANDO.

28 Janvier 1842.

Je prie nos honorables correspondants, pour lesquels le Solitaire est personnellement un inconnu, de recevoir tous mes hommages de gratitude. Si c'est un tort de mon amour-propre que leurs bienveillantes félicitations me réjouissent et me donnent quelque estime pour moi-même, on ne saurait reprocher à mon orthodoxie de s'en prévaloir en toutes façons, et de se manifester hautement par elles. Je n'ai du reste apporté que la moitié de mes titres. M. l'abbé L..., M. Frapier, M. l'abbé Badiche, etc., ont publié dans divers journaux des articles qu'il faudra aussi reproduire par la suite :

« C'est une bonne et excellente pensée, de publier la Biographie du clergé contemporain. Buffon pour juger d'un homme, ne demandait qu'à voir ses papiers ; nous pouvons dire : voici les papiers du clergé de notre époque... Les hommes de conscience, amis de la vérité, pourront maintenant former en toute connaissance de cause, leur opinion sur lui, et rectifier les erreurs dans lesquelles, en parlant du clergé, plusieurs écrivains de ces derniers temps sont tombés, soit parce qu'ils ont oublié ou méconnu les faits, soit parce qu'ils les ont trop isolés des circonstances au milieu desquelles ils se sont accomplis, soit enfin parce qu'ils en ont trop facilement admis quelques-uns comme avérés, sur la foi des personnes à qui il convenait de les dénaturer.

« On ne parle pas des libellistes qui font métier et marchandise de la calomnie et de la diffamation, et qui constamment se font un jeu misérable de violer le bon sens et les bienséances. Leurs attaques sont, du reste, moins nuisibles qu'ils ne le pensent, et leurs exagérations sont ordinairement le meilleur correctif du mal qu'ils veulent faire.

« On a souvent reproché aux auteurs de Biographies, quand ils écrivent sur des hommes de leur temps, soit avec des intentions favorables, soit dans des vues hostiles, de se montrer peu soucieux de la vérité......... Dans leur procédé habituel, ces auteurs préoccupés créent *à priori* un être d'imagination qu'ils s'efforcent ensuite de réaliser au moyen de faits ou entièrement controuvés ou dénaturés, de manière à exalter ou à effacer le mérite de celui dont ils s'occupent, suivant les préventions qui les possèdent.

« Dans la Biographie du clergé, rien de semblable... Le *Solitaire* s'est imposé une investigation sincère de la vérité; il recherche les faits soigneusement, sans illusion et sans parti pris à l'avance, aux sources les plus certaines..... Il sera donc facile à chacun de conclure, par une induction légitime, la vérité sur les actes et le personnel du clergé. Doctrine, héroïsme, dévouement, productions, tout est exposé, analysé et jugé. Le Solitaire ne néglige rien; et son style gracieux et sévère tout ensemble, ses ingénieuses observations, ses spirituelles et judicieuses critiques attachent et intéressent tour-à-tour.

« Ne pouvant analyser chacune des Biographies qui ont déjà paru, nous en dirons cependant quelques mots. Celle de M. Affre offre des aperçus d'une haute philosophie religieuse, et nous pensons avec l'auteur, que le clergé gagnerait beaucoup au rétablissement des officialités diocésaines, sérieusement établies..... Celles de MM. de Latour d'Auvergne, de Genoude et Olivier, offrent le plus vif intérêt. M. de La Mennais... Nous ne croyons pas qu'on puisse donner une idée plus parfaite de la vie intérieure et publique de l'illustre écrivain : que de charité chez le Solitaire! et comme il voudrait que cet *Ange déchu* se relevât et marchât de nouveau dans ses premières voies!..... Quel travail a dû s'imposer l'auteur pour resserrer de si grandes choses dans un aussi petit cadre, et ne rien omettre! Dans les Biographies de MM. Combalot, Frayssinous, de Quélen, de Hohenlohe, de Géramb, Lacordaire, etc., que de faits, que de révélations curieuses! Nous ne devons pas priver le lecteur du plaisir qu'il goûtera en les y découvrant lui-même.

« En résumé, la Biographie du clergé contemporain est un bon livre, une bonne œuvre et un miroir fidèle ; le Solitaire un excellent écrivain, un peintre modèle, et un grand mais charitable moraliste. »

L'abbé M. L.

En présence de ces témoignages spontanés, motivés, courageusement et comme irrésistiblement mis au jour, malgré des machinations ou des influences puissantes, ai-je dû lâcher pied? Voyons ce qu'on avait à leur opposer ; c'est une transition pour arriver à l'analyse partielle des notices.

Aux objections qui porteraient sur la nature même de l'œuvre, la réponse était facile et péremptoire ; je l'ai donnée dans la *première Biographie de mes biographies*.

J'ai de plus réfuté celles dont on avait honoré les douze feuillets du premier volume pris séparément.

Je reprends ma tâche à la treizième notice, celle de M. de Ravignan.

M. DE RAVIGNAN.

Ceux qui m'accusent de *Jésuitisme* ont tort ou raison, suivant leur manière d'entendre ce mot.

S'il sert à désigner l'homme *à deux envers* dont parle Rousseau, qui rit en dedans et pleure à la surface, qui par couardise ou envie de se pousser, caresse les puissances qu'il méprise et foule aux pieds la vertu indigente, et dont il est dit que

> Chaque jour, à l'Église, il venait d'un air doux,
> Tout vis-à-vis de moi se mettre à deux genoux ;
> Il attirait les yeux de l'assemblée entière
> Par l'ardeur dont au ciel il faisait sa prière ;
> Il poussait des soupirs, de grands élancements,
> Et baisait humblement la terre à tous moments,
> Et lorsque je sortais, il me devançait vite
> Pour m'aller, à la porte, offrir de l'eau bénite, etc.

S'il en est ainsi, j'annonce à mes critiques qu'ils ont commis, sous tous les rapports, l'erreur la plus grave. L'indépendance fait essentiellement le fond de mon caractère. J'ai en horreur les transactions, quelles qu'elles soient. La piété grimacière et cupide ne m'a jamais séduit, pas plus que l'impiété niaise et fanfaronne. Je l'ai dit: une répugnance invincible m'éloigne des heureux et des grands, et

> Ceux qui sont mes amis le sont par leurs malheurs.

On saura bientôt qu'au prix d'une faiblesse ou même d'une simple apparence de concession, je pouvais jouer dans ce monde un rôle important et envié, et comment j'ai préféré à tout mon humble et chère solitude. Non, je n'accepte point pour mon compte cette accusation ainsi conçue de *Jésuitisme*.

Si le mot *Jésuitisme* implique l'idée d'une admiration sans bornes pour la société des enfants de saint Ignace, je prie les critiques de m'adresser le plus souvent possible et jusqu'à extinction de voix ce magnanime reproche. Non certes, je ne confonds les Jésuites ni avec les *renards* ni avec les *loups*; si grand que soit, permettez-moi cette expression, le nombre des *poules* dans ce bas monde, je n'ai jamais vu qu'ils se soient fort occupés à leur tendre des lacs; ils n'en avaient pas le temps: il fallait faire la conquête du monde, pieds nus, les mains jointes, et avec quelques paroles, c'est-à-dire qu'il fallait, sans aucune ressource que leur courage et leurs talents, se répandre au premier signal du maître dans les contrées les plus lointaines, les plus diverses, les plus barbares, les plus mortelles, et réaliser les prodiges que nous raconte le livre des *Lettres édifiantes;* il fallait encore donner à l'Église le prince de la chaire, Bourdaloue; le prince de la politique, Bellarmin; le plus grand des héros, saint François-Xavier; la merveille de la science, le P. Petau; le meilleur de nos historiens, le P. Daniel; le théologien par excellence, Suarez...

Que sais-je? Les bibliothèques regorgent de leurs chefs-d'œuvre; nous ne pouvons faire un pas sans marcher, pour ainsi dire, sur leurs bienfaits. Les gouvernements qui les chassent, les législateurs et jurisconsultes qui les détestent, les docteurs qui se moquent d'eux à mots plus ou moins couverts, les gens de lettres qui les travestissent et les calomnient, les peuples qui se laissent persuader que ce sont là des ennemis de la civilisation et de la liberté, tous leurs détracteurs sont des enfants ingrats et dénaturés qui mordent le sein de leur mère.

Depuis le seizième siècle, ce roi des siècles, les états se sont constitués sur des bases plus distinctes et plus durables que jamais; pour peu qu'on ait étudié l'histoire, on ne peut nier ce fait, et les révolutions postérieures à cette date, loin de le détruire, l'établissent impérieusement : leur violence témoigne d'abord de la solidité des principes qu'elles voulaient déraciner; leur effet ultérieur fut constamment la disparition d'un homme, jamais la fin d'une chose; reste ensuite à comparer le nombre, et on verra que ces sortes de bouleversements plus ou moins nécessaires n'ont pas été depuis deux cents ans en proportion de dix contre un vis-à-vis des âges précédents.

Or, sans forcer les inductions, il serait curieux et facile, à mon sens, de démontrer qu'aux Jésuites, ou plutôt à leurs *instituts* principalement, appartient l'amélioration sociale dont il s'agit. Les éléments de cette admirable conception passèrent insensiblement dans le corps du droit national, ici ou là. L'unité qu'on chercherait vainement à saisir dans les formes toujours accidentelles d'un pouvoir capricieux et journalier, par là même qu'il était personnel et absolu, commença dès lors à se systématiser; le commandement obéit à une règle; l'obéissance vit que se soumettre c'était aussi commander en quelque manière; la hiérarchie des rangs et des fortunes naquit de l'appréciation plus éclairée des talents et des mérites; il y eut véritablement des classes. Malheureusement je n'ai ni le temps ni l'espace indispensables pour établir les rapports par des citations précises, mais chacun peut les justifier en consultant l'œuvre auquel je fais allusion. Jusque dans les qualifications diverses des divers emplois, l'imitation me semble flagrante, en matière gouvernementale comme un fait d'administration, comme dans l'exercice de l'autorité législative et de la justice, comme dans tout le reste.

J'ai parlé des législateurs et jurisconsultes. Sans entrer dans une série de détails impraticables, je me contente de Domat et Pothier, tous deux élèves des Jésuites, le premier à Bourges, le second à Orléans, qui, en plusieurs circonstances, font hommage à leurs maîtres de leurs meilleures idées. Or, je demande, pour me borner spécialement aux plus brillantes années de notre droit français, où furent puisés ses dispositions principales, son ordre admirable à beaucoup d'égards, ses motifs et ses termes. Est-il besoin de citer tous les ouvrages du genre qui furent mis au jour par la société même? Tout le monde les connaît, au moins de nom; ceux qui les ont lus abonderont incontestablement dans mon sens.

Il faut en dire autant des découvertes scientifiques, et encore davantage, s'il est possible, des arts libéraux et des belles-lettres. Mais je vois que mon sujet se développe outre mesure, et qu'en s'étendant il se rétrécit, par là même que la multiplicité des matériaux fait mieux ressortir mon embarras et l'exiguité du terrain ; j'arrive donc bien vite à ma dernière observation, et je m'embarque sur la *Belle-Poule* avec M. Coquereau.

Un mot seulement. Qu'on parle tant qu'on voudra de Vasco de Gama, de Fernand-Cortès, des frères Cartier, de Christophe-Colomb et de bon nombre d'autres, nul homme, nulle association, nulle corporation qui ait voyagé par terre et par mer, aussi loin et aussi fructueusement, soit pour la prospérité du commerce, soit pour le perfectionnement de la race humaine, soit pour la propagation des lumières, et en quelque sorte la diffusion du bien-être, que ne l'ont fait les Jésuites. A Dieu ne plaise, encore une fois, que je veuille tomber dans des banalités en ressassant des choses universellement connues, mais à considérer la nature et l'étendue de leur action sur le monde, qui ne voit que par l'évangile et la charité qui a horreur du sang, par leur dévouement de martyrs à la cause qu'ils défendaient, et surtout par la force de l'exemple qu'ils portaient avec eux, par leur rôle tout entier, s'il n'est pas méséant d'employer un tel mot, les Jésuites devaient obtenir ce que n'obtinrent pas les commissionnaires de rois dont il était question tout-à-l'heure? Que dis-je? n'est-il pas évident qu'à la gloire de leurs travaux il faut ajouter celle d'avoir su réparer les maux causés par ces illustres fléaux de l'espèce? communiquer le christianisme, c'était seconder l'unité : tout adepte devenait un frère, toute vertu était une idée, toute conversion venait rayonner aux pieds de l'Église, et servait à l'accomplissement de la parole divine : *et erit unum ovile et unus pastor*. Les océans une fois parcourus conservaient, sans apparence de monstruosités et de sang, des vestiges précieux pour de nouveaux apôtres, de nouvelles idées humaines, les mêmes idées religieuses, vestiges précieux, ai-je dit, vestiges profonds, et lumineux au moyen desquels cinq mondes purent désormais se contempler dans l'attitude de l'espérance, de la joie, de la communion de famille, de la force, de la paix et du bonheur !

« Voilà des affirmations et non des preuves ! » Eh ! telle était mon intention. — « Voilà des idées rebattues. » J'en conviens.

Mais croyez-vous donc enfin qu'on fasse du neuf en criant au *Jésuitisme*? Sur cent criards, quatre-vingt-dix-neuf ne savent pas si les *Jésuites* sont des hommes ou des rhinocéros, des iroquois ou des *loups*. A propos, je n'ai pas dit précisément pourquoi je ne partageais pas sur ce dernier point l'avis du spirituel, mais quelquefois inconcevable Béranger; je m'en dispense et je salue M. Coquereau.

M. COQUEREAU.

M. Coquereau est un jeune homme, et l'avenir lui promet incontestablement plus qu'il n'a obtenu du passé, s'il veut user de son bonheur et de ses dispositions éminentes, comme d'autres ne font pas, c'est-à-dire travailler pour s'instruire, être modeste pour se perfectionner, se tenir religieusement et incorruptiblement dans les limites de sa spécialité qui est, à mon avis, la prédication. En faisant son éloge comme orateur, je n'ai point dit qu'il fût l'égal de nos plus brillantes célébrités; j'ai tout uniment cité des extraits de journaux, et j'ai laissé au bon sens du lecteur le soin de les apprécier.

Tous les genres sont bons, hors le genre ennuyeux.

Eh bien, je connais peu d'hommes qui, aussi bien que M. Coquereau, s'emparent d'un auditoire pour le maîtriser et le tenir en quelque sorte hâletant sous la parole de Dieu. Son extérieur, sans être positivement austère, ne manque pas de noblesse et de gravité. Sa voix a de l'ampleur et, comme on dit, du ton; ses gestes sont faciles et animés, un peu exagérés même, son débit naturel mais tumultueux, certains disent *théâtral*, mais intéressant et non calqué sur la manière commune. Du reste, ça a été chez les prédicateurs une singulière idée que celle de prendre pour type de la belle et pure et saine déclamation, le refrain pleurnicheur du mendiant qui gueuse un sou pour l'amour de Dieu, ou le gémissement sournois d'un zéphir d'hiver sous une porte mal jointe ; je n'o e rappeler la comparaison d'Hoffmann dans son délirant *Chat Murr*.

Une fois la première jeunesse passée, les exagérations s'en iront avec elle, et le bien seul restera.

Mais comment me suis-je fait le panégyriste de M. Coquereau, sous ce rapport, puisqu'un peu plus loin ma plume lui contestait la valeur littéraire des

Souvenirs de Sainte-Hélène? (1) Je n'ai point envie d'amuser le public par une naïveté, ou, en d'autres termes, je ne puis répondre à une question sotte, que le discours écrit et le discours parlé sont deux choses distinctes ; je crois seulement devoir maintenir mon opinion, droit incontestable et qui m'est d'autant mieux acquis que j'ai apporté les faits et citations à l'appui. M. Coquereau peut prendre sa revanche. J'ai signalé des pages charmantes où la fraîcheur et l'élégance du style s'unissent merveilleusement au fini de la pensée. Encore des études sérieuses, suivies, silencieuses, encore un peu d'habitude d'écrire, et rien n'empêche qu'il ne s'inscrive à la suite de nos prosateurs, auprès de M. l'évêque de Maroc.

M. GUILLON.

Chez un peuple délicat et avisé, M. Frayssinous n'aurait pas eu d'autres successeurs à l'Académie française, que ce vieillard vénérable, l'un des doyens du clergé catholique, le plus savant des évêques de France, l'infatigable apologiste, l'écrivain consciencieux et pur, l'homme de belle et nobles manières, et surtout de grande sainteté. Il n'est aucunement question de lui.

L'Académie a fait choix de M. Ballanche et de M. Pasquier.

Si ce fut un crime d'avoir administré Grégoire à ses derniers instants, je n'oserais le dire. Mon admira-

---

(1) Ouvrage de M. Coquereau.

tion pour les vertus de M. de Quélen reste toujours ce qu'elle fut; cependant, elle ne saurait anéantir certains faits comme celui-ci : le malade demande M. l'archevêque; point de réponse. Nouvelle instance; M. l'archevêque promet de venir à l'Abbaye, et n'y vient pas. Sur ces entrefaites, M. l'abbé Guillon est appelé; il court chez M. l'archevêque qu'il trouve déterminé à s'abstenir; il se jette à ses genoux, il le supplie au nom de Dieu et de ses cheveux blancs de sauver cette âme malheureuse. M. l'archevêque se laisse fléchir ; il se rendra le lendemain à son poste ; car c'était effectivement son poste. A l'heure dite, quelqu'un se présente, non pas M. l'archevêque, mais M. l'abbé Mathieu, devenu depuis archevêque de Besançon. Qu'arrive-t-il? Grégoire lui dit : « ce n'est pas vous, Monsieur, c'est mon archevêque que je voulais voir. » Après quelques paroles de l'honorable fondé-de-pouvoir, il tourna le dos et se cacha la tête, et tout fut fini. Je me trompe; M. Guillon, comme il l'a depuis expliqué avec toute sa franchise et sa sainte bonhomie, voyant les progrès du mal et la mort menaçante, crut devoir entendre la confession de l'ex-constitutionnel et ensuite l'administrer. De là une foule d'anathèmes : M. de La Mennais, sous l'empire de ses convictions ardentes, parla plus haut que tous les autres, mais sans sortir du sujet en question comme fit l'*Ami de la religion*, ce journal si respectueux, à l'en croire, pour les évêques, et qui depuis lors a usé contre M. l'évêque de Maroc tout son répertoire de gros mots. M. Guillon donna les explications que chacun sait, et jugea utile de publier une espèce de rétractation. Il suffit; voilà les faits; je n'ai pas dit autre chose dans ma notice, les commentaires m'eussent entraîné sur un terrain brûlant et dangereux. J'aime bien mieux vous avouer les erreurs que j'ai commises sur M. Bouvier.

M. BOUVIER.

Ce n'est point au Mans, c'est à La Crotte, son village natal, qu'il célébra sa première messe. En prenant possession de son siège, il choisit pour ses grands-vicaires, non pas MM. Bourmeau et Besnier, mais M. Besnier et. . . . . . . ; M. Bourmeau n'était que vicaire-général honoraire. On conteste l'authenticité des anecdotes de la page 122 et de la page 123, que j'ai citées du reste comme étant au moins douteuses, mais en tous cas fort honorables pour celui qu'elles regardent particulièrement. On m'affirme qu'en aucun temps, il ne fut dangereux pour un évêque de traverser le diocèse du Mans sur tous les points; donc, j'aurais eu tort d'employer, à la deuxième ligne de la page 129, ces mots : *les dangers particuliers à ce pays, etc.* Je regrettais, page 141, que M. Bouvier n'eût pas mis en tête de son beau *Traité des indulgences* un historique des premières agitations de Luther; je sais maintenant qu'il avait par avance rempli nos désirs dans une édition populaire de cet ouvrage. J'ai omis de dire que plusieurs évêchés et archevêchés lui furent offerts à des époques diverses. On avait bien mérité de l'archidiocèse de Tours en lui donnant un Pontife de cette science et de cette sainteté; je répète en toute certitude de cause que ce fut l'idée du gouvernement de le placer sur le siège de Paris, aussi bien que M. Donnet; et j'ai trouvé une transition.

M. DONNET.

Il arrive fort souvent que je m'écrie à la vue des belles actions et des mérites de tel ou tel évêque : Voici le modèle de tous les autres! Rien de plus naturel, je pense. Si l'enthousiasme est permis quelque part, c'est bien ici. Mais en toute conscience et en toute froide raison, je déclare que nul ne m'a semblé dominer M. Donnet, comme véritable type du Pontife, tel qu'il doit être au dix-neuvième siècle, dans le milieu social et moral où nous vivons Dieu sait comment. Habile orateur, écrivain facile et pur, homme nouveau, c'est-à-dire au fait des idées courantes, homme d'un grand tact et d'un courage peu commun, il donne à la morale évangélique toute la grace et toutes les séductions possibles de la parole, il semble que de sa plume découle comme un parfum suave au cœur et fortifiant pour l'esprit, l'on dirait ses mandements, avec leur molle négligence et la simplicité onctueuse de leurs formes, l'œuvre un peu inachevée du doux Fénélon. Dans la vie intime, M. Donnet fait la joie et le bonheur de ceux qui l'approchent, par l'aménité de son caractère et les ressources merveilleuses de son esprit; il est même un des plus ingénieux causeurs de l'époque, et aussi l'un des sages qu'on se trouve toujours bien d'avoir consultés. Pas un livre ne paraît qu'il n'en prenne aussitôt connaissance; c'est chez lui une sorte de passion; et il apprécie excellemment la littérature contempoporaine, sans arrière-pensée de commande, sans aucun préjugé de secte ou d'éducation; au fait, l'indépendance me paraît être le fond de cette belle nature, l'indépendance noble, généreuse, forte et sainte, tempérée par un instinct supérieur de l'ordre. Selon lui, ce qui est bien est bien, ce qui est mal est mal; et, ceci posé, il marche. On n'osait ailleurs avouer MM. Gerbet et de Salinis dont on admirait *in petto* le talent, M. Donnet les nomme professeurs à la faculté de théologie de Bordeaux. Quand arriva M. Lacordaire avec son froc de Dominicain, une grande question fut soulevée à Paris : peut-il prêcher, ainsi vêtu, dans Notre-Dame? après l'hésitation, vint une réponse négative; on eut peur d'une ombre et d'une chimère; mais M. Donnet, sur ces entrefaites, appela le jeune Père dans son diocèse, et la renommée nous en raconte encore des prodiges.

J'ai traité beaucoup trop succinctement le sujet des Inondations. A peine si j'ai dit quelques mots de son séjour à Villefranche, et j'ai considérablement abrégé le chapitre de ses œuvres de charité; c'est que la notice de M. Forbin Janson me donnera occasion d'y revenir, à moins d'un supplément.

A Dieu ne plaise que j'essaie de justifier certaines expressions du genre de celle-ci : « M. Donnet, en première année de théologie, passait pour un *idiot*. » Trompé par un témoignage sincère assurément, mais peu sûr, j'avais admis cette expression qui en tous cas n'est pas bienséante; je m'empresse de la rétracter, et de reconnaître que Boèce fut le troisième évêque, non pas de Bordeaux, mais de Cahors, erreur grossière que mes critiques auraient bien dû relever;

ils s'en abstiennent, sans doute parce qu'ils auraient trop à faire s'il leur fallait relever toutes celles que je commets.

Est-ce à dire que la biographie de M. Belmas en est pleine ?

M. BELMAS.

Il est mort; et au sujet de son mandement, une guerre a eu lieu : M. Henri Carion, rédacteur d'un journal légitimiste de Cambrai contre M. Delautre, vicaire-général capitulaire du diocèse! Lisez le journal et les articles, tant en français ordinaire qu'en patois, qui ont été publiés sous la forme d'une petite brochure; mais évitez, s'il est possible, de vous ennuyer; vous prendrez ensuite, pour vous délasser et vous édifier, les Instructions du nouvel archevêque, M. Giraud, ancien évêque de Rhodez, homme d'un grand mérite qui aura sa place dans ma Galerie; je souhaite que M. Belmas ne soit pas mort dévoué par le fond de ses entrailles à la *constitution civile*, et j'ai mes raisons pour craindre qu'il n'en soit ainsi.

M. Le Cardinal FESCH.

Je n'ai dit ni assez de bien ni assez de mal de lui, faute d'espace, mais je crois être d'une exactitude rigoureuse sur les faits.

J'ai hâte d'arriver à M. Fayet.

M. FAYET.

Ceux qui ont entendu le discours prononcé par

— XXX —

M. le curé actuel de Saint-Roch en faveur des orphelins du choléra, doivent souscrire à chacune des expressions de ma notice, ou confesser qu'ils sont de misérables sots. Ce jour-là, le clergé de Paris se pressait avec les fidèles de toutes conditions et de tous rangs autour de la chaire. Affluence inouïe! hommage rendu au talent! Le journal *la France* en citant quelques extraits de l'admirable discours l'a judicieusement apprécié, le 27 janvier 1842; je n'ajoute rien. Je n'entre pas non plus dans les questions malheureuses que souleva l'opposition de quelques ecclésiastiques de Paris, lors de la nomination de M. Fayet à la cure de Saint-Roch. Il est à regretter que M. Frasey, curé de Saint-Nicolas-des-Champs, ait cru se reconnaître dans le passage de la note où il s'agit d'un curé « vénérable par son grand âge, mais d'une exagération d'idées fort connue, etc., etc., » page 273. Une chose très édifiante serait qu'après avoir écrit une lettre qu'on a lue, pris d'un repentir naïf et sincère, digne du reste sur tous points de son noble esprit, il eût présenté ses excuses à M. Fayet pour n'avoir pu assister à son installation, motivant son absence par la nécessité d'assister à une distribution de prix de sa paroisse, qui ne saurait avoir lieu sans lui.

Si je me plains, en finissant, d'avoir été appelé Juste-milieu par une misérable feuille de province, on me croira sans doute, mais on s'étonnera; cela est. Il y a des gens capables de toutes sortes de gentillesses. Tels sont ceux, par exemple, qui en lisant la biographie de M. Gousset se sont dit : Qu'est-ce que c'est que ça, M. Gousset?

M. GOUSSET.

Eh bien, M. Gousset n'est rien qu'un grand théologien, un de nos meilleurs archevêques, un homme de science et de sainteté. Dans cette partie de mon œuvre j'ai marqué peu de respect pour les anciennes *Conférences d'Angers;* or ceci demanderait explication, mais, ainsi que je l'ai annoncé page 117, notice de M. Bouvier, j'aurai lieu de dire mon avis sur tout ce qui regarde théologiquement cette illustre ville. Elle a vu de grands apologistes de l'église et de grands scandales, c'est pourquoi « j'ai lieu de l'aimer et de m'en plaindre; » son histoire est riche et féconde, c'est pourquoi j'emploie ces expressions : « elle a bien des trésors que réclame le Solitaire : » *hanc amavi...*

M. LAROQUE.

Hanc amavi........, c'est ainsi que commence l'épigraphe de mon étude sur le jeune aumônier des Invalides. Là se trouve un épisode qui apparemment effarouche les pudibondes susceptibilités de mes critiques. Saint Augustin, lorsqu'il écrivait ses confessions, faisait une œuvre immorale. Le chant mystique de Salomon n'est qu'un répertoire ignominieux des plus révoltantes insinuations. La vérité scandalise. Ni les précautions du style, ni l'intention, tout évidemment louable qu'elle soit, ni la conclusion du fait, ni le fait si simple et si pur par lui-même, rien n'a pu rassurer ces ames timorées; mes critiques ont crié; qu'ils crient! d'autres que j'estimais mieux d'avance, et pour raison, ne m'ont pas désapprouvé.

Nul ne peut contenter tout le monde et son père.

M. DU PONT.

Oh! combien La Fontaine avait de bon sens! En ce qui touche le pieux et habile archevêque d'Avignon, transféré aujourd'hui sur le siège de Bourges, je ne saurais mieux faire que de renvoyer le lecteur à l'ouvrage dont furent tirées les objections, sans exception d'une seule : *Du Despotisme des évêques*, par M. Clément Saint-Just, ouvrage remarquable du reste, et dont certaines qualités brillantes font déplorer particulièrement les défauts et les excès.

Un savant grand-vicaire m'a fait observer qu'en attribuant à Ausonne ce vers :

Crevit meritis qui crescere, etc.,

page 390, je m'étais trompé; car il a pour auteur, Saint Félix, disciple de S. Paulin de Nole, qui l'était lui-même d'Ausonne. Soit. Nous pouvons passer à M. Cœur.

M. COEUR.

Il fallait faire mention de l'admirable discours que M. Cœur a prononcé en 1841 dans Saint-Roch pour l'œuvre du placement en apprentissage des Jeunes Orphelins (1).

---

(1) Cette Société, formée en 1822, a pour but de préparer un heureux avenir aux enfants orphelins ou fils de condamnés politiques. Elle est présidée par M. de Cambacérès que l'on retrouve toujours lorsqu'il s'agit de faire le bien et que secondent admirablement MM. de Gérando, de Jouvencel, A. Appert, Maynard de Franc, etc., etc.

Si j'ai manqué une seule fois de rendre aux éminentes qualités de M. de Pins l'hommage qui leur est dû, qu'on me cite la page, la ligne et le mot; je promets d'avance une rétractation. *La critique est aisée....,* trop *aisée,* d'autant que pour l'exploiter plus facilement, on met au rebut toutes espèces de preuves pour ruer des quatre fers dans le ridicule domaine des assertions et des hypothèses. Voulez-vous que je m'en inquiette? voulez-vous que ma foi soit acquise ainsi que ma considération d'écrivain au pédant imbécile qui m'accuse d'avoir terni jusqu'à la chaire de Pierre du fiel de ma satyre.

GREGOIRE XVI. (3ᵉ volume.)

J'aurai partagé, je l'espère, la condition commune. L'exagération de la haine m'aura plus justifié que les meilleurs éloges. Mais autant ma répugnance est grande pour des reproches fétides et insignifiants, autant ma conscience s'empresse de faire droit à des réclamations honorables, ce qui m'amène à parler de M. Grivel.

M. GRIVEL.

Oui, j'ai traité un peu sévèrement cet orateur. Ma plume, si je puis le dire, m'a tourné dans la main. Sa diction n'est pas incorrecte, comme sembleraient l'indiquer certaines phrases de sa notice; elle est, au contraire, remarquablement pure et correcte. Au lieu d'établir entre l'héroïque M. Marduel et lui, une comparaison qui lui donne l'infériorité, j'aurais dû montrer qu'il marchait sur ses traces. Dans des éditions subséquentes, en inexactitudes seront réparées ; et mes dispositions seront les mêmes pour M. Dufêtre.

M. DUFÊTRE.

Il y a, pages 95 et 96, deux faits dont l'authenticité a été contestée. J'avais cru pouvoir m'en rapporter, pour la première, à l'un des plus intimes amis du vénérable grand-vicaire de Tours, pour l'autre à une lettre signée d'un nom recommandable. Ces faits ne paraîtront pas à la réimpression de la notice. En voulant distinguer, trop subtilement d'un esprit étudié, froid et mathématique le talent naturel, libre, fougueux, inspiré, j'ose même dire un peu inculte de M. Dufêtre, j'ai sans doute forcé outre mesure les deux termes de la différence, et ma pensée en a souffert. Puisse cette indication, quelque restreinte qu'elle soit, détruire des impressions que je déplore, et bien constater ma manière de voir ! S'il n'a pas prêché la *Passion* dont il s'agit page 79, mes souvenirs me servent mal; en tous cas, il eut été bon, j'en conviens, de ne point conclure d'une circonstance isolée au genre normal d'un orateur ; voilà encore un péché du Solitaire. Je suis peut-être moins coupable d'avoir écrit que *M. Dufêtre, prédicateur adoré en quelque lieu qu'il se trouve, a été un vicaire-général fort peu environné d'amour.* Les raisons que j'en ai données ne me paraissent nullement porter atteinte à ses hautes qualités; qu'on y fasse attention. Que serait-ce si j'affirmais qu'il ne doit pas compter même sur ses amis qui sont probablement les plus grands ennemis qu'il ait. La preuve en est sous ma main, et si j'avais l'honneur de le voir durant deux minutes, il serait de mon avis, aussi bien que sur le point de savoir si un évêque, qui se trouve hors d'état d'administrer son diocèse, doit en conscience désigner ses fonctions, ou prendre un coadjuteur ou co-évêque. En résumé, je recommande à mes critiques les rectifications qui vont paraître incessamment..... Silence!

Voici M. Morlot, évêque d'Orléans; j'ai anticipé, sans m'en apercevoir, sur le troisième volume; il faut s'arrêter, nous verrons la suite dans une troisième *Biographie de mes Biographies*.

Claudite jam rivos pueri, fut putabis erunt.

1er Avril 1842.

Paris. — Imp. de A. APPERT, pass. du Caire, 54.

M. COQUEREAU.

> Que ceux qui se sont moqués de vous doivent enrager maintenant! Voilà plus d'une demi-heure qu'on m'entretient du sermon que vous avez prononcé à Saint-Roch; ma mère en est enchantée et je m'estime heureux de vous annoncer que le Roi vient de signer votre nomination au canonicat de Saint-Denis.
>
> Le P. de JOINVILLE à M. Coquereau.

> Ma première intention avait été de ne rien écrire sur la campagne : mais MIEUX INSPIRÉ, j'acquitte aujourd'hui un devoir de reconnaissance.
>
> COQUEREAU.

M. Coquereau est aujourd'hui chevalier de la Légion-d'Honneur, chanoine titulaire du chapitre royal de Saint-Denis (place qui rapporte 2,400 francs); et il a trente-trois ans. Voilà un grand sujet de questions et d'interprétations diverses pour quelques-uns; pour d'autres, je le sais fort bien, une cause d'irritation et de plaintes, sinon de médisance et d'envie. Peu de personnes ont eu la prudence, le désintéressement ou les informations nécessaires pour l'examen d'un fait qui intéresse, si légitimement, la curiosité publique, et même certains amours-propres froissés.

Il m'a donc semblé bon, comme biographe du clergé contemporain, et jouissant d'une ferme indépendance, de rechercher la vérité où elle est, et de la dire. Je n'ai point discuté les suppositions qui fourmillent en sens contraire; je n'ai point trempé ma plume dans les ruisseaux de la rue où coulent l'injustice et l'injure. La politique est une femme de mauvaise vie à qui je n'ai point affaire, grâce à Dieu, et dont ma justice récuse le témoignage.

J'ai pris à son commencement la vie de M. Coquereau; je l'ai suivie, d'actions en actions, jusqu'au terme présent et à l'une de ses conclusions, comme on descend d'une hauteur invisible, en sollicitant tous les anneaux d'une chaîne vacillante, jusqu'au dernier qui touche au sol. En un mot, j'ai cru pouvoir, par une notice simple et fidèle, trancher nettement le procès dont il s'agit, et réunir toutes les opinions en une seule.

Avant d'être choisi pour accompagner l'expédition de Sainte-Hélène, en qualité d'aumônier de la Belle-Poule, M. Coquereau n'était pas inconnu :

« J'avais été appelé, dit-il, à l'honneur de prêcher plusieurs fois devant une auguste personne; elle daigna s'en souvenir (1). »

En 1837, il avait fait la station du carême à Brest; en 1838, à Nantes; en 1839, à Lorient. Je parlerai plus tard de ses missions apostoliques dans d'autres localités. La providence, cette admirable providence de Dieu qui se révèle partout, le disposait dès lors au grand évènement de sa vie. Il parcourait toutes les côtes de l'Atlantique et de la Manche. Son genre d'éloquence, sa bonhomie juvénile, la simplicité quelque peu cavalière de ses habitudes, son caractère bizarrement mélangé de fougue et de laisser-aller; toutes ses qualités, ainsi faites, l'avaient rendu singulièrement cher aux populations qu'il évangélisait. Les églises n'étaient plus assez grandes; et, chose remarquable, la majeure partie de son auditoire se composait presque toujours de soldats et d'officiers de marine. On écrivait de Brest :

« Il faudrait voir, pour en juger, l'avidité universelle avec laquelle on accourt pour l'entendre. »

(1) *Souvenirs de Sainte-Hélène*, page 13.

« Ce n'est pas seulement parmi les personnes pieuses que cet élan se fait remarquer ; le préfet maritime, les chefs de toutes les branches de l'administration, les officiers, les aspirants, les commis de la marine, etc., etc., sont entraînés par le mouvement général ; et la jeunesse brestoise, si mal famée, si agitatrice, est venue aujourd'hui d'elle-même solliciter une place réservée autour de la chaire... »

« De nombreux jeunes gens lui font de fréquentes visites ; et, dans ses entretiens particuliers, l'amabilité du jeune ecclésiastique parachève de gagner des cœurs que le sien lui apprend sur-le-champ à deviner (1). »

Je lis dans l'*Armoricain* du 7 avril 1836 : « Qui ne sait qu'en descendant de sa chaire, il passe toujours de longues heures au confessionnal ? »

Et dans la *Vigie du Morbihan*, 4 mars 1839, ces paroles frappantes :

« L'affluence est telle qu'on est obligé, pour trouver place, de faire garder ses chaises cinq ou six heures d'avance. Dans ce concours, les hommes ne sont pas les moins nombreux. C'est qu'une parole

---

(1) Journal des villes et campagnes, mardi 14 mars 1837, page 4.

forte et puissante se fait entendre, celle de M. Coquereau, *un jeune prêtre appelé sans doute à de hautes destinées.* »

J'admets tous les éloges, mais sans trop m'expliquer comment par opposition à ces mots : *personnes pieuses*, l'écrivain cite M. le préfet maritime de Brest, etc., etc. Je ne réponds pas, non plus, des épithètes qu'il inflige à la jeunesse de cette ville ; j'estime davantage, pour ma part, mes excellents compatriotes. Mais parlons de M. Coquereau.

Nous avons vu que les officiers de marine suivaient assidûment et fructueusement ses discours. Là ne se bornaient point ses rapports avec eux. Souvent ils avaient organisé, en son honneur, de petites fêtes où présidaient la décence et la franche amitié. Chacun d'eux effectivement le recherchait et lui était attaché de cœur. On entendait répéter de toutes parts le mot sacramentel, si expressif et si vrai : « *C'est un bon enfant !* » Et lorsqu'au terme de ses travaux, le devoir le rappelait à Paris, des regrets se manifestaient aussi énergiquement que possible.

Or, ce n'est point ici un tableau fait à plaisir, pour caresser l'amour-propre de M. Coquereau que je ne connais point; la flatterie, on le sait bien, n'est pas mon défaut, et je suis de ceux qui aiment mieux la vérité que Platon lui-même. C'est pourquoi, je veux placer, à coté des détails qui précèdent, les restrictions suivantes, émanées aussi d'une source recommandable.

La Fontaine a dit qu'on ne peut contenter tout le monde et son père. Des goûts d'un marin aux délicatesses d'une paroissienne de l'Abbaye-aux-Bois, la distance est grande. Il y a des âmes tranquilles et timorées qui s'alarmèrent des succès de M. Coquereau, succès dangereux par leur exagération même, suivant elles, et par le fond de leur nature. Ainsi, pour faire accepter le catholicisme, n'avait-il pas voilé sous un déguisement profane sa morale et ses dogmes? Ces enthousiasmes subits supposaient des condescendances; ces ovations, une vie mondaine et toute répandue au dehors. On n'achète une pareille popularité qu'au dépens de sa dignité sacerdotale. En fréquentant les soldats, M. Coquereau prenait leur allure. Il était de trop bonne composition pour les banquets, et portait trop joyeusement ses *toasts*. La modestie manquait à sa mise. Il avait en chaire des façons communes ou prétentieuses. Il recevait les visites en robe de chambre, la pipe à la bouche, et dans la posture d'un monsieur du *steeple-chase*, ce qui veut dire beaucoup.

Le lecteur appréciera. Pour moi, je m'en tiens provisoirement à la première version. Car, si les âmes timorées avaient deviné juste, je trouve probable que les évêques de l'Ouest se fussent abstenus d'appeler M. Coquereau dans leurs diocèses, si souvent surtout et si fort à l'envi les uns des autres. M. de Poulpiquet ne l'eût pas nommé, dès son début, chanoine de Quimper; et M. Seguin Deshons, chanoine de Troyes, après l'avent de 1839. Les prélats qui distribuent sans goût comme sans justice les honneurs et les places ne se nomment point ainsi.

La *Guyenne* n'eût pas dit le 15 décembre 1836 :

« M. Coquereau a su comprendre qu'au dix-neuvième siècle, les choses ne doivent pas plus changer de nom que de nature.... Maître de son imagination, il la subordonne au sujet qu'il traite ; et, si parfois il se plaît à cueillir quelques fleurs dans le champ des sciences profanes, il le fait avec un tact et un discernement qui ajoutent à sa pensée une force nouvelle. Familier avec le langage sublime des livres saints....

« *Il ne vise jamais à l'effet pour s'attirer les suffrages ; nul motif humain ne le guide. Homme apostolique, il cherche avant tout la gloire de Dieu et le salut des âmes ; et, s'il persuade et touche le pécheur, ce n'est pas en sacrifiant au caprice de la foule la sévérité des doctrines de l'évangile....*

« *L'expérience, cette vieillesse de l'âme, remplace déjà chez lui le nombre des années.* »

A Narbonne, à Castelnaudary, à Carcassonne, où il prêcha des octaves de pénitents, sa réputation fut la même. A Lyon, durant le carême de 1840, l'église de Saint-Niziers lui offrit de nouvelles joies en Jésus-Christ ; une foule extraordinaire, l'élite de la ville, se pressait pour l'entendre. Toutefois, on n'y distingua point un officier de marine.

C'est à cette époque toute récente qu'il reçut, par une lettre d'ami, la nouvelle de sa nomination d'aumônier de la *Belle-Poule*. Sa surprise fut grande. On le pressait de répondre ; « on n'attendait que la fin des préparatifs que commande une longue traversée pour appareiller (1). » Il prit la lettre pour une mystification, et ne répondit pas.

---

(1) Page 13. Les lignes guillemetées sont extraites des Souvenirs de Sainte-Hélène, par M. Coquereau.

J'oubliais une chose peu importante en elle-même, mais essentielle à la vérité des faits : c'est qu'il avait quitté Lyon depuis peu pour se rendre à Narbonne où il présidait une retraite. Bientôt les journaux publièrent le choix du gouvernement ; il vit son nom bien écrit en toutes lettres ; le doute ne fut donc plus possible : il prit la poste, et vint à Paris.

« Je pus alors dans deux audiences royales, qui me furent *accordées*, remercier leurs majestés de la faveur toute spéciale qu'elles m'avaient *accordée* (1). »

Qui avait provoqué cette nomination ? « Pourquoi moi, et non un autre ? dit ingénuement M. Coquereau (2). » Lui-même l'ignorait.

Me voilà revenu aux soldats de marine. Ceux-ci n'avaient point oublié l'abbé *bon enfant*. M. de Joinville, leur camarade et leur chef, avait dû demander quel était ce M. Coquereau, et recevoir des réponses magnifiques. Quand il fut question du fameux voyage, le prince dit à Louis-Philippe : « J'ai votre affaire. » Or ce jour-là M. Olivier dînait au château. « Au fait, reprit M. Olivier, c'est

(1) Page 14.
(2) Page 80.

2

l'homme qui vous convient. » On passa outre à plus de six cents demandes; et M. Coquereau fut nommé.

M. Coquereau, dans l'ouvrage déjà cité, a décliné lui-même ses titres.

« Ma famille, *du reste*, s'était associée à la gloire de l'empire. Mon père avait servi pendant plus de trente ans; deux de mes oncles avaient conquis au prix de leur sang le grade de colonel, et l'un d'eux était mort sur le champ de bataille. »

Avant son départ, M. Coquereau salue le nouvel archevêque de Paris. « Il me parla de mes nouveaux devoirs; je ne demandai rien de plus; pour les devoirs ordinaires et journaliers du prêtre, je pouvais regarder vingt années de sa vie. »

Le 14 juin, il était à Toulon.

Je ne hais point M. Coquereau pour les compliments qu'il débite à ses compagnons de traversée, et j'aime sa malice, lorsqu'il écrit : « tous voulaient aller briser les chaînes de l'empereur, comme si tous avaient demandé à les partager. » Car il y eut alors bien des ridicules d'héroïsme, et, plus que jamais peut-être, des palinodies honteuses.

Bref, l'aumônier de la *Belle-Poule* était à bord.

« Je fus présenté, dit-il, à l'état-major, dont l'accueil

gracieux ne se démentit pas un instant pendant les cinq mois de notre navigation..... Grâce aux bons soins du commandant, une chambre m'avait été réservée dans sa batterie. L'ouverture d'un sabord dont on avait retiré le canon, me donnait les choses les plus précieuses *à la* mer : de l'air et du jour. Je pris aussitôt possession de mon appartement, en plaçant au-dessus de mon secrétaire un petit Christ.... Le 7 juillet, les passagers furent consignés ; le 8, je pris les ordres du jeune commandant.

M. l'abbé, en quoi pourrai-je vous rendre agréable le séjour de la frégate ? Telles furent, ajoute un peu trop solennellement M. Coquereau, ses premières paroles !

« A sept heures du soir, M. de Joinville donna le signal du départ. »

Je pense intéresser mes lecteurs en leur mettant sous les yeux le morceau suivant, qui rentre parfaitement dans mon sujet.

Le 12 Juillet était un dimanche, j'avais hâte que ce jour arrivât, pour voir de quelle manière je pourrais célébrer la sainte messe ; je savais bien que des fois il m'y faudrait renoncer : le vent, la mer, y feraient obstacle. Mais le douze, le ciel était magnifique, c'était un début heureux; nous courions grand largue, et la frégate, appuyée par la presque totalité de ses voiles, n'avait qu'un mouvement peu sensible. Après avoir pris les ordres du commandant, je fis tout préparer dans la batterie. Telle était à peu près la disposition des lieux. A l'arrière, s'élevait un autel avec sa décoration ordinaire, ses flambeaux, ses cartons, son tabernacle surmonté d'une croix et une riche garniture de dentelles. Le pavillon danois, avec sa croix écarlate, en faisait le fond; des tapis s'étendaient sur le pont. A quelque distance de l'autel, établi à bâbord, un triple rang de chaises était disposé pour le prince, son aide-de-camp, le commandant en second, son officier d'ordonnance, et les illustres passagers qui composaient la mission; de l'autre côté, l'état major, une ligne de sentinelles formaient la haie, derrière laquelle se tenaient les tambours, la musique, enfin tout l'équipage, depuis le grand mât jusqu'à l'avant; le tout encadré par soixante canons montés sur leurs affuts. A onze heures, le tambour annonçait le saint sacrifice, il avait remplacé la sonnette d'usage; à l'élévation, il battit aux champs, et ce fut un moment à troubler délicieusement l'âme, que ce silence profond qui régnait partout. Sur le pont, où se tenait la bordée de manœuvre, tous se découvrirent, la brise seule parlait à la mer, la mer répondait à la brise ; et qui eût compris leur langage nous eût traduit un sublime cantique. Après la communion, pendant que le prêtre récitait la prière pour le roi, la musique l'exécutait en suaves harmonies. Telle fut notre première messe à bord de la frégate. Le spectacle en fut imposant : l'auguste sacrifice, le lieu, la présence de Son Altesse Royale, des généraux, des députés, des officiers de l'équipage en tenue d'inspection et dans l'attitude la plus sévère, imprimaient à cette scène un caractère religieux qui réagissait sur tous. Beaucoup, je crois, désirèrent comme moi qu'elle pût se renouveler souvent.

Je ne suivrai pas *la Belle-Poule* sur la mer, et à Sainte-Hélène. Mais il est bon d'examiner l'écrivain après avoir rendu justice à l'orateur.

Ce n'est point là, il faut en convenir, son plus beau côté. Voici la première chose qui se remarque à l'ouverture du livre : l'auteur n'a pas l'habitude d'écrire. Sa phrase est faible et pénible ; sa pensée a peine à se faire jour sous l'écorce mal polie de l'expression. Il est emphatique et surabondant. La grammaire elle même éprouve des affronts.

Evidemment, les *Souvenirs* ne sont pas le fruit de longues veilles et de labeurs incessants. Hélas! on n'arrive, en tout, à la vraie science, qu'après de grandes initiations, et la publicité maltraite ceux qui jouent avec elle.

M. Coquereau débute par un panégyrique de Napoléon; c'est fort bien. Les restrictions qu'il admet généreusement donnent du prix à sa louange; et il y a là un cachet de sincérité, telle qu'on en voit peu aujourd'hui. Toute admiration se conçoit, du reste, comme toute exécration, quand on parle de cet homme prodigieux.

Mais M. Coquereau est fils d'un conseiller de préfecture de Laval, démissionnaire en 1830 par refus de serment; il a compté dans sa famille plusieurs chefs de cette chouannerie, qui, elle aussi, fut une majestueuse chose; c'est pourquoi je lui signale, comme produit d'une distraction funeste, les mots suivants.

« Aussi, sauf quelques malheureuses organisations à qui le sens de ce qui est juste et louable semble avoir été refusé, tous applaudirent à ce projet du gouvernement. (L'expédition de Sainte-Hélène.) »

Les légitimistes n'avaient rien à faire ici. L'injure est assez vive et gratuite pour qu'on la repousse au nom de la délicatesse et du patriotisme, assez inutile d'ailleurs pour qu'on l'omette au nom du goût et des principes du style. Louis-Philippe, j'aime à le croire, ne demande point qu'on ravale ses adversaires pour le relever; si M. Coquereau s'imaginait lui faire un sacrifice agréable, il s'est probablement trompé. Donc, il a commis non seulement une faute, mais une maladresse.

Il affirme de plus un fait absolument faux; car on a vu des hommes qui jugeaient Bonaparte avec sévérité, sans être *des organisations malheureuses;* et, parmi ceux qui n'eussent pas voulu le déshériter de son rocher, se sont inscrits MM. de Lamartine et Châteaubriand.

Tel a été l'excès du zèle ou de l'imagination chez M. Coquereau. Une fois sorti des limites, il a cru s'élever, et il a seulement biaisé. Péchant par le fond, et conséquemment par la forme, tantôt son expression s'affaisse et se contrefait sous le poids d'une pensée pleine de vent, tantôt l'idée vient se noyer péniblement dans une vaporeuse combinaison de discours. Je cite au hasard :

« Chose étrange ! enseignement admirable de la Providence ! nous partions pour chercher *dans son aire, devenue son tombeau, le grand aigle ;* nous partions des mêmes lieux où lui-même, quarante-cinq années avant, avait pris son vol ! »

Ces lignes terminent le chapitre intitulé : *Toulon ;* car les *Souvenirs* sont divisés en quatre parties : *Toulon, la Traversée, Sainte-Hélène, le Retour.*

Je demande ce qu'il y a *d'étrange* dans cette coïncidence, si ce n'est que M. Coquereau nous la signale ; quelle possibilité de rapports entre les termes de ce paragraphe ; où se trouve enfin l'*enseignement admirable ?*

On lit, à la page 15, cette définition d'un paquebot, *coureur de la Méditerranée.*

« Ces coursiers d'une nouvelle espèce, soufflant la fumée par leurs naseaux brûlants, soulevaient en grondant sous leur rapide sillage, la *poussière humide.* »

Et à propos d'un paquebot de la Corse qui rencontra l'équipage :

« Joyeux il partait ; il allait dire à une mère

qu'après vingt-cinq années de proscription, le corps de son enfant lui serait rendu ! »

Singulier hableur que ce Corse-là ! car la mère n'a rien vu et ne verra rien de pareil ; nul n'avait promis à la Corse de lui rapporter le corps de l'empereur.

Je donne un autre exemple :

« Je priai la douce Marie de nous être propice, et de remplacer pour nous le manteau noir des tempêtes par l'azur rayonnant de son *manteau bleu*..... Telles étaient mes pensées et *quelques autres...* Je m'endormis (1). »

A la page 119, il est écrit :

« Je pris aussitôt les devants ; *et, présentant* à monseigneur le prince de Joinville l'eau bénite, *il* en jeta sur le cercueil. »

On sent que les pages me font défaut pour analyser toutes ces citations ; je les propose aux réflexions et à la sagacité du lecteur.

L'esprit de parti, qu'on a pu remarquer dans certains passages, ne sied pas à M. Coquereau ; sa nature est avant tout la franchise, et, qu'on me permette ce mot, la rondeur. Quand il opère par

---

(1) Page 33.

combinaison, il dépasse ses moyens, et il devient gauche. Son livre lui-même vient à l'appui de ce que j'avance.

Il se dégage parfois de ces préoccupations politiques; alors il s'abandonne au genre descriptif où il excelle; il sème au hasard les couleurs les plus variées et les plus riches; l'esprit pétille à la surface.

« Le 16 au soir, nous apercevions les feux de Cadix... J'allais donc voir l'antique Gadès, la ville que, dans ses jours de puissance, Tyr, la reine de la Méditerranée, avait *envoyé bâtir* sur l'Océan. Que de ruines majestueuses j'allais parcourir! Quels parfums d'antiquité j'allais respirer! Je m'empressai de monter sur la dunette; je crus rêver. Au lieu de ces teintes indécises, de cet air grave et solennel, de ces monuments que le temps a rongés, et dont la mer en les battant emporte chaque jour un débris, j'avais sous les yeux une ville de vingt ans, avec tous les caprices de la jeunesse; ceignant d'une main, sous un rayon de soleil, la large écharpe blanche qui forme sa ceinture, de l'autre retenant dans une forte digue la mer, pour se mirer coquettement dans la transparence de ses ondes contraintes au repos. Cadix peut être âgée de trente siècles, mais Cadix ne peut vieillir. Il y a trop de limpidité et de clarté dans l'air; son soleil est trop brillant, ses brises trop molles; elles caressent, mais n'altèrent pas ses traits. Couchée nonchalamment, on peut le dire, entre deux mers, elle se délasse du calme de l'une par le spectacle des fureurs de l'autre. Entre les mains d'un maître fort, elle pourrait *jeter* son poids dans la balance; mais il lui faudrait s'agiter, prendre peine, *jeter* à la mer ses riches toilettes, ses dentelles de granit aux fins tissus mauresques, ses minarets d'Orient, ses terrasses de Palerme, ses orangers qui embaument ses brises; il lui faudrait le bruit des armes, et Cadix n'aime que le bruit des fêtes; il lui faudrait du mouvement, et Cadix n'aime que le repos. Non, Cadix vivra encore des siècles, et Cadix ne vieillira pas. »

Jules Janin signerait ce joli morceau, et celui-ci, page 149 :

« L'Arabe s'attache à sa cavale, et pourquoi? parce qu'elle est belle, sa cavale, parce que sa crinière est luisante, sa tête bien portée, ses jambes fines, son galop rapide; parce qu'elle entend sa voix, l'emporte sur ses rivales, quand il faut à la course disputer un noble prix; qu'elle hennit en présence du danger, que son œil s'allume, ses naseaux s'enflamment, ses oreilles se dressent au sifflement de la flèche ou au bruit du canon.

« Ainsi pour le marin est sa frégate : il la connait, son nom est glorieux, il fut consacré par un baptême de sang ; sa nef est élancée, sa mâture élégante, ses courbes souples et gracieuses : il sait ses allures ; comment sur une belle mer elle glissera sans mouvement et sans bruit; comment un jour de tempête ardente, elle battra contre les lames, le vent qui feront gémir sa membrure et craquer ses mâts; c'est sur son pont qu'il a assisté à ces grandes scènes qu'il est donné au marin de voir seul, la lutte des éléments déchaînés. Avec elle il a promené partout son pavillon ; par elle, il l'a fait glorifier et respecter, et s'il a fallu le venger, il l'a vue au feu, sa frégate, rugissante, se débattant dans un effroyable duel, vomissant la mort, présentant à l'ennemi ses flancs sans s'occuper du boulet qui percera sa coque, de l'abîme dans lequel elle tournoiera, du feu, de l'incendie qui va dévorer ses agrès et ses voiles : dites maintenant en la voyant agir, si le marin doit aimer sa frégate. »

Il y a un fort beau récit sur la mort du jeune d'Harcourt à la page 82.

« Un élève de marine avait quitté la France embarqué sur le *Lancier* : c'était sa seconde campagne. Il était parti comme on part quand on est jeune, joyeux, insouciant de l'avenir; que peut-il promettre autre chose que fêtes, plaisirs, croix qui se porte noblement sur la poitrine, épaulettes aux grains flottants sur les épaules, quand on a dix-sept ans et déjà l'aiguillette mêlée de soie d'azur et d'or. Il était donc parti, en laissant à sa mère qui pleurait, un consolant espoir de retour. La traversée devint pénible pour l'enfant; sa poitrine s'attaqua, et le rude climat de l'île Maurice qu'il avait gagné, aggrava sa position.

« Un bâtiment marchand faisait voile pour l'Europe; on pensa que la patrie, les soins d'une mère, rétabliraient sa santé; et sur le bâtiment marchand, le jeune malade partit pour l'Europe. Mais, par l'effet de la mer, le mal chaque jour empirait; une si longue traversée devenait impossible; le bâtiment relâcha à Sainte-Hélène, et repartit, laissant au soin du consul français, le jeune officier. Deux mois se passèrent dans des alternatives pleines d'inquiétudes et d'espérances. Mais la plante avait été arrachée trop jeune de son sol; peu à peu ses couleurs s'éteignirent, elle se flétrit, elle se dessécha, un soir elle tomba. . . . .

« Pauvre enfant! ainsi mourir à dix-huit ans!... à deux mille lieues des siens, sur un sol étanger, sur une terre protestante!..... Sans prière sur sa tombe!..... Avant de quitter Paris, sa noble mère, madame la duchesse d'Harcourt (car c'était son fils), m'avait prié de lui ramener son enfant. Avant de quitter Toulon, je ne pouvais plus lui promettre que de lui en rapporter les restes. Adorons les conseils de Dieu; résignés, sommettons-nous. N'oublions pas que c'est aux âmes d'élite qu'il réserve les plus rudes épreuves. »

Là, en dévoilant comme malgré lui les qualités de son cœur généreux, M. Coquereau a montré que le temps, le travail et la patience pourraient faire de lui un écrivain supérieur; c'est beaucoup. J'aurais à dire bien des choses sur ce sujet; mais il faut, comme toujours, abréger et se contenter d'un simple aperçu. J'abandonne les *Souvenirs* malgré leurs qualités, et j'y reviendrai malgré leurs défauts. Veuillez, cher lecteur, en faire autant, et je vous promets en dernier résultat plus de plaisir que d'ennui.

Lisez surtout à la fin du volume les réflexions

suivantes, si graves, et d'une si austère raison (1) :

« Nous n'entrerons point dans le détail de cette grande cérémonie. Beaucoup l'ont vue, et les cent voix de la presse l'ont racontée à tous; et puis, que ferait ici la nomenclature d'un programme? A dix heures, le cortège se mit en marche. Renfermé dans la voiture qui m'avait été réservée, je pus à mon aise me livrer aux pensées que me suggérait l'ensemble des dispositions prises. La curiosité pouvait se satisfaire, mais l'aliment manquait à des sentiments plus élevés, et dont le besoin se faisait plus profondément sentir. Là, se déployait dans toute sa pompe l'élément humain; là, manquait tout-à-fait l'élément chrétien. Pour la population de Paris qui ne pouvait être admise aux Invalides, ce fut un spectacle, une fête payenne, *un apothéose mondain;* et pour un homme que l'on conduit à sa dernière demeure, fût-il pâtre ou empereur, rien ne peut remplacer devant Dieu la prière, et devant les hommes les impressions salutaires des solennités religieuses. Ce n'est pas assez de dire : il faut moraliser; les mots ne font

---

(1) Il s'agit ici de la cérémonie funèbre qui eut lieu aux Champs-Elysées, lorsque les cendres de l'empereur entrèrent dans Paris.

rien aux choses : vous ne moralisez point avec des paroles, mais avec des faits : c'est le seul langage intelligible à tous ; et quel enseignement meilleur pouvait-on donner aux esprits qui s'agitent dans de prétendues réformes, que l'enseignement même de la mort ? Il fallait que tous pussent contempler dans sa nudité le cercueil de l'Empereur : chez tous, sous mille couleurs, resplendissait le souvenir de sa gloire ; tous en auraient touché au doigt la vanité, beaucoup le danger. J'en appelle à ceux qui ont vu le cortège funèbre descendre la Seine. Le cercueil drapé d'un manteau de roi, sur le pont du bateau, isolé, solitaire, sans ornements, autres que la Croix, un autel où priait le prêtre du Seigneur ; cette simplicité ne parlait-elle pas à l'âme un langage plus éloquent ! On l'a trop souvent oublié : dans les grandes choses, la simplicité est la sœur du sublime.

« A deux heures, le cortège était arrivé aux Invalides. A l'entrée de la chapelle royale se tenait Monseigneur l'Archevêque de Paris, suivi d'un nombreux cortège ; l'illustre prélat fit les prières d'usage. Porté sur les épaules des marins qui l'avaient escorté pendant tout le trajet, sous les ordres de S. A. R. le prince de Joinville, le cercueil arriva sous le dôme, où le Roi, entouré de toutes les illustrations de l'état, s'était avancé pour le recevoir. S. M. pressa la main de son fils. — Sire, dit le jeune prince, je vous remets le corps de l'Empereur Napoléon. — Je le reçois au nom de la France, répondit le Roi. Et, se tournant vers le général Bertrand : « Général, sur le cercueil de l'Empereur, placez son épée.

« Aussitôt la cérémonie religieuse commença.

« Prosterné à deux genoux, je remerciai Dieu du succès de notre lointain voyage. Là, ma mission était terminée : j'avais remis entre les mains de Monseigneur l'archevêque de Paris les restes mortels de l'empereur Napoléon, que j'avais été chargé d'exhumer et d'accompagner de l'île Sainte-Hélène en France, au nom de la religion.

On voit qu'en résumé M. Coquereau est un homme de courage, de science et de foi, mais sujet à des inadvertances dans les jugements qu'il porte, et trop peu persuadé encore que la chose la plus difficile du monde soit de faire un livre.

Son caractère de prêtre et sa qualité même d'aumônier militaire ne lui donnaient aucun droit de maudire serait-ce le trop célèbre Hudson Lowe, comme il l'a fait (1), et de nous déclarer dogmatiquement que la tentative du prince Louis fût *insensée*. Le prêtre est fait pour bénir ou pour guérir ; et lorsque l'iniquité est trop grande parmi les hommes, pour qu'il intervienne comme un ange de douceur et de consolation, il se détourne et se renferme dans son silence : c'est la seule invective que Dieu lui permette.

On sait comment Louis-Philippe le récompensa lors de son retour. Ce prince dut oublier certains antécédents de famille (2) auxquels j'ai fait allusion, et sur ce second point, il s'exécuta de bonne grâce. On dirait même qu'il a un penchant pour ces sortes d'impartialités, plus politiques qu'on ne pense.

Encore une fois, M. Coquereau, en mêlant aux libres expansions de son âme des restrictions insignifiantes ou injurieuses, s'est fourvoyé.

J'ai parlé de ses antécédents et des antécédents

---

(1) « Hudson Lowe, vous ne mourrez pas, vous êtes immortel de l'immortalité de la honte. » — On ne connait pas bien la vérité sur Hudson Lowe.
(2) J'ai dit que le père de M. Coquereau n'avait pas voulu reconnaître en 1830 le gouvernement nouveau.

de sa famille. Ceci me donne occasion d'entrer dans des détails circonstanciés.

M. Félix Coquereau est né à Laval (Mayenne), le 27 novembre 1808.

Son père, comme nous l'avons vu, servit avec honneur sous l'empire, et participa très efficacement, comme conseiller de préfecture, à l'administration de son département. En 1830, il vit avec peine ce qui se passa, n'adopta pas les institutions nouvelles, et, sans aucune opposition bruyante, rentra dans la vie privée. Il est mort en 1832, Chevalier de Saint-Louis, de la Légion-d'honneur et de l'Ordre de la Réunion.

Par sa mère, mademoiselle de Cormerey, fille d'un maire de Laval, M. Coquereau se trouve allié de très près au Cardinal de Cheverus, archevêque de Bordeaux, et à M. de Hercé, évêque de Nantes. Il a deux frères : l'un, son aîné, est sous-chef de bureau au ministère de la justice ; l'autre, plus jeune que lui, s'est aussi fait prêtre ; il reste à Laval auprès de sa mère.

Après avoir passé quelques années dans différentes institutions de sa ville natale, Félix Coquereau fut envoyé au lycée de Nantes. Je n'ai point d'observations à faire sur cette première partie de son existence. Il fut ce que sont à peu près tous les autres, fort mauvais écolier, paresseux, doué toutefois d'heureuses dispositions pour l'étude; et il remporta des prix. Qui n'a pas remporté des prix (1) ?

A quinze ans il entrait en rhétorique, à Rennes. A dix-sept ans, il avait terminé sa philosophie, et subissait avec avantage son examen de bachelier-ès-lettres, dans la même ville.

Sa vocation pour l'état ecclésiastique ne se déclara pas de bonne heure. Il se destinait au barreau. Il vint à Paris, et fit ses cours de droit sous la surveillance d'un ami de famille chez lequel il demeurait. Je l'ai rencontré sur les bancs de l'école; et je fus frappé dès lors de son étonnante ressemblance avec M. Jules Janin. Au fait cette ressemblance est vraiment remarquable.

Lorsqu'il eut obtenu son diplôme d'avocat, il se rendit à Laval, mais avec des intentions qu'on était loin de lui supposer. Le jeune Coquereau était

---

(1) Les écoliers de la Bretagne, du Languedoc et de l'Orléanais jouissent d'une réputation charmante; et ce n'est pas d'aujourd'hui : « à Toulouse, à Rennes et à Orléans, dit Rebuffus, les étudiants sont si turbulents que, quand deux d'entre eux ont résolu d'interrompre une leçon, ils forcent le professeur à descendre de chaire. »

homme du monde, élégant, ami des plaisirs choisis, et répandu dans la société. Un jour ses amis apprirent qu'il était au séminaire de Malestroit dans le diocèse de Vannes; on chercha la cause d'une détermination si violente et si subite, on ne la trouva pas; la providence sait ce qu'elle fait; elle ne dit pas tout aux hommes.

Je ne puis dire ce qui lui arriva durant son séjour de trois ans à Paris. Il y a toujours dans la vie de chaque homme un moment fatal, ou plutôt, comme j'ai coutume de le dire, providentiel. On ne saurait définir les agitations qui troublent alors le cœur, les révélations douloureuses auxquelles l'esprit s'initie. Nulle main profane ne doit toucher au voile qui recouvre le jeu mystérieux des passions et de la nature.

Donc, loin de moi l'idée de rechercher les causes qui amenèrent l'entrée de M. Coquereau dans l'état ecclésiastique. Quelles qu'elles fussent, la suite les a sanctifiées. J'aime à penser même qu'elles furent saintes dès le principe.

C'est à la veille de sa promotion au sous-diaconat que survint la révolution de juillet. La terreur fut au comble dans les rangs du clergé : les persécutions s'organisaient sur le plan de 93; et après les menaces, pouvaient surgir les spoliations et les échafauds. Lorsque le peuple s'est échappé, on l'arrête difficilement.

M. Coquereau dut y réfléchir; mais il n'hésita pas. Dieu l'avait appelé; il répondit : me voici; et il fit le pas redoutable.

Or, M. Jean de la Mennais, frère de l'illustre philosophe, était supérieur de la maison où M. Coquereau étudia la théologie, M. l'abbé Blanc directeur, et M. Rohrbacher, professeur de dogme. D'où l'on pourra conclure qu'il fit partie d'une école fameuse; j'y consens pour sa plus grande gloire; car c'est dire qu'il a une place parmi les sommités du jeune clergé; et c'est rappeler l'abnégation sainte avec laquelle il se soumit comme ses confrères au jugement infaillible de Rome.

Une fois sur les bancs de la théologie, l'étudiant volage et mondain de Paris devient un personnage grave et studieux. Sans renoncer tout-à-fait à sa gaité naturelle, puisque Dieu lui-même est gai, et déteste les âmes moroses, *hilaris est Deus*; sa franchise avait pris un autre caractère; sa vivacité s'était dirigée tout entière vers le goût des bonnes œuvres. Ses condisciples n'ont pas oublié combien il était affectueux et dévoué. La piété, tout en évitant les formes disgracieuses que trop souvent on lui donne, était chez lui pleine d'aménité, j'ose dire même, séduisante.

Bientôt les études de droit qu'il avait faites, lui donnèrent un grand avantage sur les autres pour les hautes questions de théologie; il en profita comme on s'y attendait, et fut bientôt un des sujets brillants de son cours, où il avait pour confrère M. de Hercé, son parent, aujourd'hui évêque de Nantes. Il subit ses examens pour les ordinations d'une façon distinguée.

Six mois avant d'être ordonné prêtre, il quitta M. Jean de la Mennais pour entrer au séminaire de Rennes, maison des missionnaires, où il acheva son cours. Il reçut la consécration des mains de M. de Lesquien en 1833.

Il exerça ensuite le ministère pendant deux ans dans le département de la Sarthe. Je ne sais s'il occupa plusieurs places.

Je lis sur mes notes qu'il fut nommé vicaire d'une paroisse de Laval, mais que son curé prit ombrage de lui, pour beaucoup de motifs, ce qui nécessita bientôt une séparation. Les griefs articulés contre M. Coquereau sont d'une nature singulièrement bénigne : on lui reprochait l'élégance de sa mise, sa gaité trop enfantine, son avidité insatiable pour la prédication, son *excessive* popularité, ses opinions trop larges sur des matières controversées en théologie. Est-ce-là ce qui le fit venir dans la capitale ? Est ce précisement, comme d'autres l'ont dit, son goût déterminé pour la chaire, et la nécessité de trouver un plus grand théâtre que Laval pour lui donner de l'expansion ? Si vous jugez la question intéressante, je vous l'abandonne.

Quoi qu'il en soit, M. Coquereau vint à Paris; il y fut accueilli fort bien par M. l'archevêque et les principaux curés. Dès la première année de son séjour, il commença cette longue série de carêmes et de retraites qu'il continue encore maintenant. Appelé tour à tour, on pourrait même dire à la fois, dans les églises de Saint-Philippe-du-Roule et des Missions, de Saint-Eustache et de Saint-Germain-des-Prés, de Notre-Dame-de-Lorrette et de Saint-Thomas-d'Aquin, ses talents furent bientôt appréciés selon toute leur valeur, et on pressentit qu'avec du travail, de la modestie et du temps, comme je l'ai déjà dit, il pourrait devenir l'émule de nos bons prédicateurs.

M. Olivier surtout le recherchait. Je dois à M. Olivier de dire qu'il aime à mettre en évidence les jeunes prêtres. La cure de Saint-Roch, pour ceux qui arrivent de province, est souverainement hospitalière; j'en sais plusieurs qui, après avoir été froissés par des mésaventures fâcheuses, se sont présentés à lui, et l'ont trouvé d'un dévouement admirable.

M. Coquereau n'a fait nulle part autant de sermons qu'à Saint-Roch. Ses conférences du dernier carême avec M. Olivier témoignent d'un progrès remarquable. Sa pensée, à mesure qu'il croît en âge, se nourrit et se corrobore; son style devient de plus en plus correct et nerveux. Sans revenir sur son livre, où j'ai trouvé de quoi applaudir et de quoi reprendre, j'aime mieux ses discours. Est-ce qu'il les a soignés davantage? Est-ce un effet du débit, ou le prestige de son extérieur, qui est fort avantageux?

Il a quelque chose du style coloré de Lacordaire et de la fougue de M. Combalot, bien qu'il n'égale encore ni l'un ni l'autre de ces orateurs. Sa voix est sonore, son geste libre et pressé, son élan plein d'ardeur. Toutes ces qualités chez lui sont même empreintes d'un léger caractère d'exagération qui doit tomber avec le feu de la jeunesse. Jusqu'à nouvel ordre, ce n'est point un mal.

Parmi les éloges bien mérités qu'on a donnés à M. Coquereau, il y en a un qui, à mon avis, ne lui convient pas. Le jeune orateur n'est point classique, il s'en faut de beaucoup. Il appartient plus à l'école de M. Victor Hugo qu'à celle de M. Frayssinous. Ses hardiesses n'ont point de terme, lorsqu'il s'en permet. Il verse à flots, plutôt qu'il ne distribue avec art, les couleurs de la poésie, si elles lui tombent sous la main ; le fracas séduit son imagination. Je saurais bien dire quels sont ses auteurs de prédilection, et ses rêves.

Quant à son extérieur, j'ai dit et je répète qu'il y a dans sa physionomie quelque chose de M. Jules Janin. Je suppose bien que ni l'un ni l'autre ne m'en voudra pour ce rapprochement : même figure, même taille, même embonpoint ; bien plus : même tournure, même démarche, même sans-façon dans l'intérieur, même son de voix, mêmes goûts d'ameublements, même *joyeuseté*, pour employer le mot de saint François de Sales. Que si quelqu'un s'avise de restreindre ma comparaison, je le veux bien ; toujours est-il qu'à son dernier entretien du dimanche de Pâques à Saint-Roch, un journaliste m'aborda, et me dit à l'oreille : « Est-ce que Jules Janin s'est fait prêtre (1)? »

(1) M. Jules Janin et M. l'abbé Coquereau se ressemblent

C'est à la suite d'un de ses sermons que M. Coquereau a reçu la lettre suivante par laquelle je termine :

MON CHER ABBÉ,

« Que ceux qui se sont moqués de vous doivent enrager maintenant ! Voilà plus d'une demi-heure qu'on m'entretient du sermon que vous avez prononcé à Saint-Roch ; ma mère en est enchantée, et je m'estime heureux de vous annoncer que le Roi vient de signer votre nomination au canonicat de Saint-Denis. »

Il me reste à conclure : je suis embarrassé. M. Coquereau n'a point encore d'assiette fixe; il ne forme point, à vrai dire, une personne publique. Sa vie est un effort et un mélange. Il appartient à l'avenir. Comme toutes les natures fermentantes, ambitieuses du beau, séduites par l'appât de la gloire, mais jeunes et faibles, il vise à la règle, mais il n'y atteint point ou il la dépasse, et toujours héroïquement. S'il réussit, c'est par hasard, pour retomber bientôt. Ses qualités ne se dessinent pas bien parmi ses dé-

à tel point, qu'un jour il prit envie à l'un d'eux (on n'a pas su nous dire lequel) de vérifier l'exactitude du fait par lui-même: il résolut donc de faire une visite à son *Sosie*. « Je viens, Monsieur, dit-il en se présentant à lui, savoir lequel de nous deux est Jules Janin *ou* l'abbé Coquereau. »

fauts ; on les confond invinciblement ; et les jugements, portant sur des points si divers, prennent d'eux-mêmes un air de contradiction. Rien donc ne serait plus difficile que de formuler sur son compte une pensée. J'ai laissé suivre à ma plume les impulsions contraires et nombreuses que je sentais, dans toute la réalité de leur désordre, selon tous les caprices de cette nature inconsistante. S'il en est résulté de la confusion, c'est positivement à cause de mon exactitude.

Je donne rendez-vous à M. Coquereau, dans cinq ou six ans, chez son éditeur, s'il veut faire imprimer un ouvrage qu'il commencerait dès aujourd'hui ; puis à l'église de Notre-Dame, où il recueillerait la succession de MM. Lacordaire et Ravignan ; et là, nous prendrons rendez-vous pour dix années après dans un évêché quelconque.

Paris.—Imp. de A. APPERT, passage du Caire, 54.

Biographie du Clergé Contemporain.

M. GUILLON,

Evêque de Maroc.

A Appert édit Passage du Caire, 54.

n'a souv...
Man...

Num ex...

il fut le...
vécu jusqu'à ce...

...ses inquiét...
...ladie grave n'est venue depuis ...acer ses jours.
Avec ses quatre-vingts ans, M. l'évêque de Maroc
n'éprouve aucune infirmité; il n'a pas encore de...
15e livr.

A. Appert édit. Passage du Caire, 54.

M. GUILLON,

ÉVÊQUE DE MAROC.

> Malheureux, vous m'outragez ; mais ces mêmes outrages, chacun ici vous les rendra bientôt. SOPHOCLE, OEdipe-roi.
>
> Après trente ans de révolution.... qui n'a souvent changé de rôle? (On rit.)
> MANUEL, séance du 6 déc. 1819.
>
> Nùm exstat facultas theologiæ ?
> M. N. S. GUILLON, évêque de Maroc, doyen de la faculté de théologie.

Marie Nicolas Sylvestre Guillon naquit à Paris le 1ᵉʳ janvier 1760, d'une famille pauvre et chrétienne; il fut le dernier de quatre enfants, et le seul qui ait vécu jusqu'à ce jour.

Toutefois la faiblesse de sa complexion avait d'abord inspiré de vives inquiétudes; mais aucune maladie grave n'est venue depuis menacer ses jours. Avec ses quatre-vingts ans, M. l'évêque de Maroc n'éprouve aucune infirmité; il n'a pas encore dé-

Voici comment il obtint que la dernière moitié fût supprimée. On venait de mettre au concours la bourse dite de Collot, du nom de son fondateur. Le collège de Sainte-Barbe, affilié au collège du Plessis, semblait être en possession de ce bénéfice littéraire. Les rivaux étaient nombreux et redoutables. Guillon sortit victorieux de la lutte, il en eut tout l'honneur et tout le profit.

Un compliment en vers qu'il fit à l'ancien évêque de Comminges, M. d'Osmond de Médavy, un jour de confirmation, lui valut des témoignages bien précieux: il fut recommandé par le prélat au marquis d'Osmond, à l'abbé d'Osmond, depuis évêque de Nancy, puis au savant Barthélemy, l'auteur du *Voyage du jeune Anacharsis*, qui devint son ami.

La connaissance de ce dernier lui procura celle du comte d'Albaret, si fameux dans les mémoires du temps par la singularité piquante de son caractère expansif et chevaleresque, ami de tout le monde en général, et de la maison d'Orléans en particulier.

M. d'Albaret présenta plus tard le jeune Guillon à la princesse de Lamballe, et dans les salons du vénérable marquis d'Estampes, qui étaient le rendez-vous des souverains de l'Europe et de toutes les illustrations intellectuelles du moment : Delille, Maury, de Boismond, de Voisenon, Marmontel, Ducis, La Harpe, etc., etc.

Voici une lettre que M. Guillon écrivait alors à un de ses condisciples; elle est curieuse comme étude du cœur humain :

« Je suis transplanté sur un sol tout-à-fait étranger; je suis au milieu de ce qu'on nomme le grand monde... Il n'y a que moi de plébéien, et... je me sens tout honteux de n'être que cela; j'ai sans cesse à repousser des doutes auxquels je n'avais jamais songé... Je ne vois pas ce que nous autres peuple avons à gagner au commerce des grands, parce qu'il nous fait contracter leurs défauts, et encore pour ne faire de nous que de maladroits imitateurs... Je deviens questionneur, sceptique.... »

Rentré dans son collège en 1777, il suivit le cours de seconde; et c'est alors qu'il débuta dans cette carrière des lettres qu'il a parcourue depuis si intrépidement. C'était commencer de bonne heure, et surtout porter bien haut ses prétentions dès l'abord; car il n'entreprit rien de moins qu'une *Histoire universelle de l'apologue*. Il y a une chose qui justifie toutes les présomptions, à savoir le talent. S'il s'y joint le succès, que peut-on demander de plus? Le jeune auteur fit donc bien ce qu'il fit.

Ses maîtres ne pensaient point ainsi : ils manifestèrent d'une manière si énergique leur mécontentement, qu'il en conçut une peine profonde, et résolut de quitter le collège du Plessis. Il fut de lui-même se présenter chez le principal du collège Louis-le-Grand, M. Bérardier, qui écouta sa requête avec indulgence et le reçut parmi les boursiers.

L'élève de M. Bérardier se consola de ses récentes mésaventures en apprenant que l'Académie des Inscriptions, sur le rapport de M. de Brecquigny, avait accueilli favorablement l'*Histoire de l'Apologue* (1).

Depuis la suppression, à jamais déplorable, des Jésuites, le collège Louis-le-Grand ressortissait de l'Université, c'est assez dire que la discipline religieuse n'était pas la même, et la force des études non plus. Ce collège n'était composé que de boursiers, parmi lesquels se trouvaient les Robespierre, aussi mauvais écoliers que possible (2); Camille Des-

---

(1) Restée manuscrite, mais refondue par l'auteur dans son *Commentaire des Fables de La Fontaine*.
(2) L'auteur du livre intitulé : *Histoire de la conjuration*

moulins, Saint-Just et Fabre d'Eglantine, beaucoup plus distingués alors que les deux autres, comme peut-être ils l'ont toujours été. A côté de ces hommes, il y en avait d'une autre sorte : M. de Cheverus, qui fut dans la suite cardinal, M. Husson, l'illustre médecin, M. Rémard, curé de St-Jacques-du-Haut-Pas, M. Auger, ancien supérieur du collège Stanislas, etc., etc. Guillon fut assez heureux pour se maintenir toujours dans la dernière catégorie.

Après son année de philosophie, il resta quelque temps encore à Louis-le-Grand. Des conseils respectables et une sorte d'instinct pour l'enseignement l'engagèrent à entrer dans l'instruction publique. Il se présenta, fut reçu aggrégé pour la rhétorique, et ne tarda pas à être mis en exercice.

Un évènement imprévu lui découvrit alors quelles pouvaient être les vues de la providence à son égard.

Madame de Lamballe avait pour lecteur M. Gabon, docteur et procureur de la maison de Navarre. Celui-ci étant mort, le comte d'Albaret, aidé de

---

de *Robespierre*, affirme que l'aîné sortit du collège sans savoir les quatre règles de l'arithmétique. Est-ce bien vrai ? est-ce possible ?.. On l'accusa d'avoir voulu empoisonner un M. Delanoue, son maître, à la suite d'une punition ; ce qui est vraisemblable.

l'abbé Barthélemy et du marquis d'Estampes, recommanda M. Guillon qui obtint d'abord cette place, et ensuite celle de premier bibliothécaire, qu'il a conservée jusqu'au 3 septembre 1792.

Il était encore laïque lorsqu'il publia, en 1787, ses *Mélanges de littérature orientale*.

Quelques traductions de saint Jean Chrysostome, entreprises *par le seul amour* de la langue grecque, furent communiquées par l'abbé Godescard à l'ancien évêque de Beauvais, qui voulut connaître l'auteur, et se l'adjoignit comme collaborateur à l'important ouvrage : *Orator sacer*. En ce temps même sa détermination fut prise de publier en français une *Bibliothèque choisie des Pères grecs et latins ;* et c'est alors aussi que sa vocation se décida.

Il fut présenté par M. de Sénez à M. de Juigné, archevêque de Paris, qui abrégea pour lui les interstices ordinaires, et lui conféra, avec le sacerdoce, la première place dans l'établissement des Eudistes, rue des Postes. Il débuta dans l'église de Saint-Germain-l'Auxerrois par un discours dont les papiers publics parlèrent avantageusement, et à la suite duquel il fut nommé aumônier de madame de Lamballe. Cette charge consistait en leçons régulières sur la littérature du pays et des principaux écrivains; la reine Marie-Antoinette y assistait quelquefois. Sur l'invitation de ces deux nobles femmes, aussi admirables que malheureuses, l'abbé Guillon publia un ouvrage intitulé : *La Fontaine et tous les fabulistes, ou Commentaires critiques, historiques et littéraires sur ce fabuliste, comparé avec ses modèles et ses imitateurs*. M. Jules Janin a donné une édition nouvelle de ces Commentaires, en 1835.

La révolution fermentait. Avec elle survint la fameuse Constitution civile, le grand scandale de nos jours. M. Guillon n'hésita point à la repousser comme entachée de schisme et de rébellion. Dès 1791, il annonça, sous les auspices de l'abbé Barruel, une *Collection ecclésiastique* ou *Bibliothèque raisonnée des écrits publiés pour ou contre*. Barruel était en nom, mais le seul et véritable auteur fut M. Guillon, qui conduisit son travail jusqu'au douzième volume in-8°. C'est dans le quatrième que parut la première édition du *Parallèle des révolutions* qui produisit une vive sensation, même dans les pays étrangers. Là sont retracées les principales révolutions religieuses et politiques qui, dans les différents siècles, avaient bouleversé les états sous prétexte de les régénérer ; et, par l'analogie des scènes et des acteurs, l'auteur semblait prophétiser le dénouement du drame qui n'était encore qu'à ses premiers actes.

Ces protestations courageuses devaient lui attirer des persécutions. Le Comité de section du Luxembourg fit plus d'une fois des perquisitions rigoureuses dans son domicile, indiqué en tête de l'ouvrage. On crut s'être saisi de lui, en arrachant à son lit de souffrance un pauvre prêtre qui fut traîné aux Carmes et assassiné.

Vous savez comment périt madame de Lamballe. M. Guillon était seul, poursuivi, et sans défense. Il était sans argent et sans autre famille que celle par qui son enfance avait été si généreusement secourue; mais elle-même ayant été ruinée par le remboursement des rentes et par le papier-monnaie, n'avait à lui offrir qu'une stérile compassion. Il fut trouver une dame Pastel, qui dans ses jours heureux l'avait aimé comme une mère, et qui accueillit de même son adversité. Les moments pressaient; il s'agissait de fuir; on eut bientôt pris un parti. On se jeta au hasard dans un cabriolet de place qui menait à Sceaux. Vers le milieu du chemin parut une bande de *patriotes* venant d'Orléans, où ils avaient égorgé les prisonniers. L'un d'eux s'élança au devant de la voiture, et s'adressant au conducteur : « As-tu là, s'écria-t-il, des aristocrates ? » Il reçut une réponse négative, et passa outre.

Arrivés à Sceaux, les voyageurs étaient à peine entrés dans une auberge tenue par la femme Chalumeau, que le maire se présenta pour enregistrer leurs noms. Sur la réponse de Madame Pastel : « Écrivez, dit le maire, la citoyenne veuve Pastel, avec ses quatre enfants. » Ce qui fut fait. Le vague de cette indication sauvait au prêtre l'embarras de déclarer ou de taire son nom. Il prit désormais celui de Pastel, sous lequel ont paru plusieurs de ses ouvrages.

Instruit de sa nouvelle résidence, le duc de Penthièvre lui fit parvenir une gratification de 1200 fr. par l'abbé Lambert son confesseur et son historiographe; il s'en servit pour louer une petite maison à l'extrémité du pays, y transporter sa bibliothèque, et se livrer à l'étude de la théologie et de la médecine ; c'est à Sceaux qu'il a passé les années les plus orageuses de la révolution.

« L'abbé Guillon, dit la *Biographie Michaud*, courut se cacher à Sceaux sous un nom qui n'était pas le sien ; et, *par mesure de prudence*, ayant cessé de traiter les matières ecclésiastiques, il se fit médecin. » Est-ce une réflexion toute simple et sans malice? serait-ce un blâme? ou l'auteur de la notice, qui évidemment a rédigé celle qui la précède sous la rubrique *Aimé Guillon de Lyon*, serait-il très particulièrement intéressé à rabaisser l'un des deux homonymes pour exalter l'autre? Comment croire qu'on puisse reprocher à un homme de sauver honnêtement sa tête, en échangeant pour le ministère évangélique celui de la médecine, qui, elle aussi, est un *sacerdoce du dehors*. Le premier était impossible ou n'était possible que par l'exercice du second; c'était une heureuse pensée que celle de faire servir l'un de passe-port à l'autre.

Lorsque la révolution du 9 thermidor eut ouvert les prisons, M. Guillon se rendit dans les environs de Meaux pour se livrer plus librement à l'art de guérir; il portait toujours le nom de Pastel. Il revint bientôt à Paris, et s'établit dans l'Ile Saint-Louis où il obtint en sa qualité nouvelle quelques succès (plus 800 fr. de rente qu'il touche encore).

Cependant il s'occupait toujours de matières religieuses : il fit paraître en 1795 un écrit *sur le respect dû aux tombeaux et l'indécence des inhumations* qui se pratiquaient alors. En 1798 il publia la *Collection des brefs de Pie VI sur la révolution française,* que le pape Grégoire XVI rappelle avec éloge dans un bref adressé à M. Guillon lui-même.

Ce fut alors que le prétendu Pastel reçut la visite d'un prêtre, M. Aimé Guillon.

Ils s'étaient connus autrefois, et ils avaient eu même un commencement de correspondance. M. Aimé était vicaire d'Ainet, diocèse de Lyon, et auteur de quelques écrits où il se déclarait hautement contre les doctrines de M. Charrier de la Roche, mort évêque de Versailles. Il était adressé à l'ancien lecteur de Madame de Lamballe, par l'abbé Jauffret. L'accueil fut empressé. D'importants services furent rendus au nouveau venu.

Mais tout-à-coup M. Guillon de Lyon fut arrêté comme auteur d'une *Histoire du Siège de Lyon* et de *l'Almanach du Polichinel Théophilanthrope*, où La Réveillère-Lepeaux était attaqué personnellement. Il fut donc amené au tribunal révolutionnaire, et il voulut se défendre lui-même. Mais comment? je n'ai pas peur de le dire.

Ton nom? dit le président. — Guillon, répondit l'accusé. — Es-tu l'auteur du livre incriminé? — Non, citoyen. — Es-tu prêtre? — Pas du tout. Pourtant, fit le juge, c'est un nommé Guillon prêtre qui a écrit l'Almanach? — Justement; mais je ne suis pas cet homme-là. Il y a un individu portant le nom de Pastel et qui s'appelle comme moi; qui se dit médecin et qui est prêtre.

La biographie Michaud applaudit à ce tour d'adresse. Tant pis !

Ce M. Guillon n'est pas étranger, selon certains dires, à la doctrine janséniste. Je sais des personnes malignes qui l'accusent de lire son bréviaire dans *l'Augustinus.* On en a vu qui ne le disaient pas du tout, et qui faisaient aussi bien. Libre à lui de s'intituler M. de Mauléon. Il y avait une différence essentielle à établir, je veux dire essentielle à la réputation de M. l'évêque de Maroc sous le rapport de l'orthodoxie, sous d'autres rapports peut-être... M. Silvestre-Nicolas-Marie Guillon doit donc pour ce fait quelque reconnaissance à M. Aimé Guillon *de Mauléon.*

Le prêtre médecin fut encore poursuivi, et ne se défendit pas; il prit la fuite, et s'enferma chez l'ancien président de Brevannes, non loin de Paris. C'était encore la providence qui le conduisait. Un jeune homme également distingué par ses avantages naturels, par l'éducation et la fortune, voulut s'arracher la vie, infortunée victime d'un désespoir

3

amoureux. M. Guillon fut appelé comme médecin; il accourut. Le jeune homme s'était manqué; il était résolu de s'achever. « La providence, a-t-il écrit lui-même, en parlant de M. l'abbé Guillon, se servit de son double ministère de médecin du corps et de médecin spirituel pour me sauver de mes propres fureurs. » De premiers soins furent donnés, bientôt la cure fut complète, et le récit de cette aventure fut publié par celui qui en avait été le héros.

La lettre qu'il écrivit à ce sujet fait l'introduction d'un *Entretien sur le suicide*, ou *conférence sur le courage philosophique comparé au courage religieux*, autre ouvrage dont M. Lebertre, neveu de M. de Maroc, donna une nouvelle édition en 1836.

On était alors en 1802.

La tranquillité dont M. Guillon jouissait depuis quelque temps fut troublée par un fait d'une autre conséquence.

Après la mort du cardinal de Larochefoucauld, archevêque de Rouen, certains membres du chapître auquel était dévolue la juridiction, parlaient de faire revivre l'ancienne pragmatique-sanction pour le choix du successeur. M. Guillon consulté dans la question, répondit par quelques notes sur le Concordat et les élections populaires. Ces notes n'étaient pas destinées à voir le jour, mais M. Jauffret les ayant portées à la connnaissance de M. Portalis, le ministre des cultes en réclama l'impression. Chose étonnante! d'un autre côté, ces notes étaient déférées à Fouché. Les dénonciations venaient des évêques constitutionnels, qui alors étaient occupés d'une transaction avec le saint siège par l'intermédiaire du gouvernement français et de l'archevêque de Corinthe, Monsignor Spina. Fouché ordonna l'arrestion de l'auteur, il l'enferma au Temple sans jugement. Dans la saisie de ses papiers, la police s'était emparée d'un manuscrit sur Bonaparte dont elle tenait fortement à connaître l'auteur. Il était du marquis de Thomé qui l'avait confié à M. Guillon sous le sceau de la confession ; celui-ci refusa constamment de répondre aux questions qui lui furent adressées sur ce sujet. Mais M. de Brevannes et ses deux fils, mis dans la confidence par le marquis lui-même, finirent par obtenir que l'auteur avouât tout au ministre ; et après une légère remontrance, on accorda l'élargissement du prisonnier. Rendu à la liberté, M. Guillon fut nommé par le cardinal de Belloy, chanoine honoraire de Notre-Dame, bibliothécaire de l'archevêché, et chargé à ce titre de ramasser dans les deux vastes dépôts des Cordeliers et de Saint-Louis, de quoi former un ensemble de 18,000 volumes. Il fut ensuite désigné pour la chaire de rhétorique au lycée de Bruxelles; il n'y resta pas long-temps. Le premier consul l'attacha comme auditeur théologien de la légation française au cardinal Fesch son oncle. Parti avec M. de Châteaubriand, il revint avec lui, et fut appelé à prêcher dans Saint-Sulpice un jour de fête patronale. Son discours sur *l'autorité de l'église romaine* a été imprimé. Il prononça deux autres discours à l'occasion du sacre de Bonaparte et de la victoire d'Austerlitz. Sans contester beaucoup d'éloges donnés par l'orateur à l'homme puissant, il en est qui me paraissent excessifs en politique et fort suspects sous le rapport de la théologie. Dieu n'est pas assez grand devant Bonaparte, et les autels ont trop besoin du bras humain pour se relever de leur ruine. M. de Fontanes jugeait différemment des choses; il avait ses raisons que je connais bien; il récompensa M. Guillon en l'appelant à la chaire de rhétorique du Lycée Bonaparte; et, lorsqu'il s'agit quelque temps après de rétablir la faculté de théologie, il le nomma professeur d'éloquence sacrée et doyen.

Cette dernière charge ne fut pas acceptée, M. Guillon la revendiqua pour Burnier Fontanel qui avait commencé à l'exercer sans émolument.

M. de Fontanes fit accepter en échange à M. Guillon la fonction d'aumônier du collège Louis-le-Grand, vacante par la mort de l'abbé Bastiou.

Le professeur ouvrit son cours par une dissertation sur l'éloquence des Saints Pères; et chaque année de son enseignement a été marquée par des discours d'ouverture sur l'éloquence du barreau, le rétablissement des études ecclésiastiques, la prédication moderne, etc., soit en latin, soit en français, imprimés pour la plupart.

Enfin, en mars 1822, parut la première livraison en deux volumes de la *Bibliothèque choisie des Pères,* interrompue tout-à-coup par l'honnête faillite du libraire Méquignon, reprise un an après et poursuivie avec exactitude jusqu'au vingt-sixième volume. Le succès de cet ouvrage est constaté par les réimpressions et les contrefaçons qui se succédèrent, mieux encore par les rivalités sourdes ou déclarées, et par les plagiats effrontés auxquels il donna lieu.

Je raconte, bien qu'avec répugnance et dégoût, l'anecdote suivante : en 1800 parurent les deux premiers volumes d'une collection latine de tous les Pères, entreprise par une société de prêtres; elle avait échoué complètement, quand le libraire s'avisa de recourir à M. Guillon. Il obtint, à force de sollicitations, que le nom de M. de Maroc fût placé en tête de ladite collection; le consentement fut donné, mais à la condition que le nom du collaborateur, et celui de M. l'abbé Cailleau surtout, seraient également indiqués. Tout-à-coup la fortune du livre changea, et en 1830 le nombre des souscripteurs excédait 1480. M. Guillon ne s'était réservé que la direction générale; à cet effet, il se tenait chez lui des réunions périodiques où le travail était concerté. C'est dans une de ces réunions que fut arrêté le plan d'une nouvelle édition de *Saint-Chrysostome*. L'abbé Guillon se chargea de l'exécuter, et M. Cailleau en parut fort satisfait; il voulut lui-même publier un travail nouveau sur *Saint-Augustin*. « Il rapportait, disait-il, des bibliothèques de Rome et du Mont Cassin, des richesses inconnues; saint Augustin y avait la meilleure part. » Des doutes s'élevèrent à l'instant sur leur authenticité; M. Guillon consulté n'hésita pas à répondre, après un sérieux examen, que les sermons publiés sous le nom du saint docteur étaient tout-à-fait indignes de lui ; il le prouva dans ses *Observations critiques*, où il ne s'est pas permis la moindre expression offensante pour l'éditeur. M. Cailleau prit feu ; il répondit d'abord par une lettre insérée dans *l'Univers*, et ensuite par une brochure.

Ni la majesté de la loi chrétienne, ni le redoutable et sacré caractère du pontife, ni ses quatre-vingts ans, ni les bienséances les plus communes, rien n'est respecté dans l'ignoble lettre dont il s'agit; l'auteur y fait un emploi savant des qualifications les plus dégoûtantes. Les termes vulgaires des halles se fécondent et se propagent sous sa langue; il est une expression vile que je n'ose employer, et qui seule peindrait son acharnement à invectiver contre M. Guillon.

Celui-ci garda le silence. Il persiste apparemment à croire que saint Augustin n'a jamais commis les sales absurdités et les sottes ignorances qui lui sont imputées, sous le nom de *Nouveaux sermons inédits* (1).

---

(1) Comme j'ai coutume de ne rien affirmer que je ne prouve, voici plusieurs exemples :

« Descendit angelus..... Quæ cum prolixiùs cogitans æstuaret, et angeli præsentiam furtivis visibus notat, hæsitavit; aspexit in eam Gabriel... et ait : Ne timeas. Tunc Maria hæc angelica verba auscultans, et, prudentissima Virgo, per-

Je n'ai pas besoin d'analyser les *Observations* de M. l'évêque de Maroc, ce serait les gâter. L'écrivain démontre que le manuscrit apocryphe renferme des erreurs philosophiques et de linguistique, des impiétés au point de vue de la foi, des immoralités repoussantes, des barbarismes et des solécismes, un *galimatias effroyable* (1).

Tournons la tête. La *Bibliothèque des P. P.* devait marcher de front avec l'*Histoire ecclésiastique,* faite concurremment. M. Guillon avait consacré à l'un

pendens, ait : Quomodo fiet istud? habebo filium quæ nescio virum? portabo fœtum quæ fugio partum? quemadmodum vacuo utero generabo quod non concipio? mamillis aridis undè præbebo labiis infantis sugere postulantis, quando torum mei cubilis nec incentivus amor possederit juvenilis, nec amplexus aliquando conceperit maritalis? (Pag. 54 et seq.)

« Virgo auribus imprægnabatur (pag. 110). » Sur Zacharie, père de saint Jean-Baptiste: « Erat Zacharias senectute marcidus, genitatibus forte privatus ; ita erat neglecta conjux, convenire, impotentes, juventutis flore siccato, infirmis artibus, exhausto naturali vigore, cessaverant. Nervorum vincula non poterat motitare (pag. 289-292). » Parlant de la fille d'Hérodiade : « Impudicis rotata flexibus. (Page 288, etc., etc.

(1) *Seculo illo (decimo) quo nullum fuit indoctius et infelicius.* Baron. *ad ann.* 900, n° 1 ; Onuphrius, Bellarmin., lib. IV, cap. 13, *de Romano pontific.* — *Incedebis* pour *incedes*, pag. 102. — Imperator loquitur et *tremitur.* — *Carnata* majestas, pag. 184. — *Viator platealis in algis halecibus* pour désigner Israël marchant à travers la mer Rouge. — *Aliquanti* pour *quidam,* pag. 153. — Alapæ *pollutæ,* pag. 221.

et l'autre ouvrage quarante années de sa vie. MM. Emery, Barruel et Frayssinous l'avaient approuvé hautement ; il emporta donc le manuscrit à sa maison de campagne de Montfermeil, et il y mettait la dernière main, lorsqu'à la seconde invasion de 1815, sa bibliothèque fut incendiée avec tous ses manuscrits.

C'était l'époque de la restauration. M. Guillon ne fut pas de ceux qui, selon Manuel, virent les Bourbons avec répugnance. Il partagea pleinement l'enthousiasme universel avec M. Guizot, le maréchal Ney, Louis-Philippe et plusieurs autres. Après avoir brûlé son encens sous les pieds de Bonaparte, il eut encore dans sa cassolette de quoi embaumer les rois légitimes? si ce fut un mal et une contradiction de sa part, je m'abtiens de le dire affirmativement; mais peut-être y aurait-il moyen de le justifier sans trop d'escobarderie : car enfin, la patrie est *une*, l'humanité est *une* ; dans un sens plus absolu encore, elle est immuable, et c'est d'elle qu'il est écrit : *salus populi suprema lex esto*. La logique en induit ceci : entre deux hommes, l'un travaille imperturbablement pour le bien public comme fonctionnaire de l'état, en dépit des changements de personnes ; l'autre subordonne à certaines conditions individuelles et purement nominales son concours plus ou moins direct à la gestion des intérêts sociaux ; quel est le plus fidèle en réalité? évidemment, c'est le premier. Je n'assume pas la responsabilité de cet argument.

Qu'elle ait été répréhensible ou digne d'éloges, la conduite de M. Guillon, dans ces circonstances difficiles, eut un but sur lequel on aurait tort de le chicaner. Ce fut d'abord de suivre aveuglément les desseins du bon Dieu, et ensuite d'invoquer la justice des gouvernants en faveur de l'ancienne Sorbonne, du rétablissement des grades et des études théologiques. S'il plaida en vain, ce n'est la faute ni de ses intentions ni de son talent. L'abbé Nicolle était arrivé d'Odessa; créature du premier ministre, M. de Richelieu, il n'eut pas de peine à se faire nommer recteur, et par là grand-maître de fait de l'université ; or ses débuts sont curieux à noter : il commença par substituer à ce nom révéré (sauf exceptions) de Sorbonne, celui d'*Académie de Paris* qui était une grosse sottise ; il jucha sur la chaire des docteurs, et coiffa burlesquement du bonnet sacramentel ces petites figures de rhéteurs bavards qui s'y maintinrent depuis ; il transforma l'église en une salle de théâtre.

M. Frayssinous, pour des raisons qu'il serait peu prudent d'approfondir, jugea que M. Guillon, chéri et respecté comme un père dans le collège Louis-le-Grand dont il était aumônier, tiendrait mieux une autre place; et il le contraignit d'autorité à accepter des fonctions d'inspecteur que d'ailleurs il n'exerça pas longtemps; car à la même époque le duc d'Orléans lui confia l'instruction religieuse de ses enfants, et madame la duchesse d'Orléans le fit son aumônier. C'est en cette qualité qu'il prêcha le carême aux Tuileries en 1824.

L'année suivante, il fut nommé chanoine honoraire de Saint-Denis et membre de la légion d'honneur. M. Guillon prétend qu'il dut ces promotions à la bienveillance de son ami, M. de Croï, cardinal archevêque de Rouen, plutôt qu'à son mérite. Il les dut à l'un et à l'autre également.

M. le prince de Croï était alors à la tête de la grande aumônerie. J'ai indiqué la nature de ses démêlés avec M. de Quélen, lors du convoi de Louis XVIII; il s'en ouvrit à M. Guillon qui, après un mûr examen de la question, le convainquit de la légalité de ses prétentions et de la nécessité où il était de réclamer, par un *Mémoire historique et critique sur les chapelles royales en France*. Il est à regretter que cet ouvrage n'ait pas été imprimé. Je voudrais savoir si jamais plus M. de Quélen ne s'est rappelé cet incident, après 1830 surtout.

Nous voici donc de rechef en 1830 ; c'est un pas inévitable et rude à faire pour chacun de nos personnages. L'histoire ne cite pas une révolution plus embarrassante pour le clergé, tant elle fut capricieuse et subtile dans sa simplicité ! On a fait grand bruit d'un discours prononcé par M. Guillon, à la Sorbonne.

Une lutte de quelques heures suffit pour précipiter du trône le monarque qui y DORMAIT PAISIBLEMENT... *Le sacerdoce fut longtemps divisé en deux camps : l'un faible, timide, arborant pour bannière ces mots :* RENDEZ A CÉSAR CE QUI EST A CÉSAR ; *l'autre présentant un corps d'armée soutenu par de puissants auxiliaires et par de vastes espérances. Le ciel s'est évidemment prononcé par cette longue suite d'évènements extraordinaires qui font l'histoire de ces dix dernières années.* » (1). J'ai là-dessus mon opinion que je garde pour moi.

L'année 1831 fut pour M. Guillon une année fatale. Nommé évêque de Beauvais, il attendait ses bulles depuis six mois, lorsque survint l'affaire du

(1) Jugement de M. Guillon lui-même sur ce fait.

fameux Grégoire. Je laisse M. Guillon s'expliquer lui-même :

« Le jeudi 5 mai, le jour à peine commencé, je fus, dit-il, appelé par M. Grégoire, pour l'assister à ses derniers moments. J'ignorais même qu'il fût malade et qu'il résidât à Paris. N'avait-il pas sa paroisse, son curé, à qui sa propre juridiction déléguait le droit et le devoir de courir après la brebis qui méconnaît la voix du pasteur, à plus forte raison quand c'est elle qui en implore l'assistance. Etait-ce bien à moi, à l'auteur du *Parallèle des révolutions*, de la *collection des brefs du pape Pie VI*, etc., que pouvait s'adresser un tel message? à ces questions il me fut répondu que le vœu particulier, itérativement exprimé par M. Grégoire, ne permettait aucune méprise. Je ne balançai plus à engager ma parole, et ne tardai pas à me rendre auprès du malade qui invoquait au nom de la charité et de la fraternité chrétienne, les consolations du saint ministère.

« Je fus accueilli avec toutes les démonstrations de la reconnaissance. Le vieillard épuisé par l'âge, par la souffrance, par les plus pénibles émotions, mais toujours ferme dans son langage, fixa sur moi ses yeux baignés de larmes, me tendit la main, serra la mienne; je l'embrassai.

« Plusieurs personnes étaient présentes. Elles m'instruisirent des démarches faites auprès du curé de l'Abbaye-aux-Bois et de M. l'archevêque, d'une correspondance engagée entre les deux prélats, des conditions imposées à M. Grégoire, de ses réponses. A ce récit fait en sa présence, lui-même mêlait ses observations, la protestation consignée dans son testament *qu'il voulait vivre et mourir au sein de la religion catholique romaine,* les marques de communion qu'il affirmait avoir données au Saint-Siége, les témoignages qu'il en avait obtenus du cardinal de Belloy, d'un grand nombre d'évêques, et dont il me fit exhiber les originaux. Avait-on le droit d'exiger de lui plus que n'avait fait Pie VII, dont le concordat en 1804 avait abrogé les sévères ordonnances rendues par son prédécesseur contre les évêques de la constitution de 1791?

« M. Grégoire nous parlait sans amertume du refus opposé à ses instances, avec attendrissement du bonheur qu'il aurait eu de voir son premier pasteur, M. l'archevêque de Paris, et de recevoir de sa main les gages de la réconciliation.

« Je convenais qu'il était difficile de s'entendre de si loin, que des lettres ne pouvaient pas suppléer une visite que M. l'archevêque n'aurait pas manqué de lui rendre sur son invitation, s'il eût été libre; *mais on savait trop qu'il ne l'était pas.*

« Les déclarations du malade ne permettaient pas de croire à son changement d'opinion sur les matières controversées; mais était-ce le moment de les remettre en question? On m'avait entendu lui rappeler, et plusieurs fois, à lui-même, les jugements portés contre les erreurs de la constitution civile; et m'adressant à M. Grégoire : « Vous voici, « lui avais-je dit, comme notre divin maître sur le « mont des Oliviers. Si un ange du ciel venait vous « apporter ainsi qu'à lui le calice amer, à la con- « dition de le boire jusqu'à la lie, le repousseriez- « vous? Imiteriez-vous Jésus-christ? » A quoi il avait répondu : *Pater mi, si non potest hic calix transire nisi bibam illum, fiat voluntas tua.* Quel sens attachait-il à ces paroles? Dieu seul en peut être le juge. Toujours me donnaient-elles quelque espérance.

« Je m'entretins de nouveau avec les personnes que j'avais rencontrées près de lui, des inquiétudes que donnaient les résistances respectives de M. de Quélen et de M. Grégoire, des bruits sinistres déjà répandus sur l'évènement, des troubles qui ne manqueraient pas d'en être les conséquences, des vengeances dont on menaçait et l'église, et le presbytère, et la communauté des dames de l'Abbaye-aux-Bois. L'effroi était tel, que les bâtiments de cette maison étaient déjà abandonnés....

« Bientôt les indices les plus formidables firent croire qu'il était à toute extrémité : il invoquait avec les plus vives instances les derniers secours de la religion. Tout entier à la pensée du terrible préjudice qui pouvait en résulter, je ne vis plus dans le vieillard mourant que l'homme près du naufrage à qui toute sorte de main jette la planche du salut. Toutefois, avant de procéder à l'administration, j'eus la précaution de rappeler, ainsi qu'il est attesté par les témoins, que je me regardais dans la circonstance comme le ministre de la nécessité; que s'il y avait une apparente infraction aux règles de la discipline, elle se trouvait, comme parle saint Augustin, *abondamment compensée par le grand précepte de la charité qui se fait toute à tous ;* que, loin de désobéir aux lois de l'église, c'était, au contraire, en suivre l'esprit, et me conformer à ses ordres précis, que de ne désespérer, dans aucun temps, de la divine miséricorde. Je donnai l'extrême-onction, mais non le saint viatique. Je n'oubliai pas, après l'administration, de rappeler au malade qu'au cas où il échapperait à la crise actuelle, il devait s'engager à suppléer par la déclaration la plus franche, la plus explicite, à l'irrégularité qu'imposait l'urgence du moment.

« M. Grégoire répondit à tout, renouvela publiquement sa confession, prit Dieu à témoin qu'il mourait soumis à l'église catholique, apostolique, romaine, à son chef, centre de l'unité, hors de la communion duquel il n'y a point de salut à espérer, croyant et approuvant tout ce que croit et enseigne l'église universelle, condamnant tout ce qu'elle condamne.

« Une pareille profession de foi dans ce moment décisif où les intérêts terrestres s'évanouissent, pouvait-elle laisser le moindre doute? Comment aurais-je pu suspecter le chrétien résigné, le chrétien pénitent qui, se comparant lui-même au larron mourant à côté du Sauveur, demande avec larmes à être déposé sur la paille et sur la cendre, et lègue cinq cents francs à la paroisse où il mourra, et quatre mille francs comme *fondation d'une messe annuelle pour ses calomniateurs et ses ennemis morts et vivants?*

« Je dressai procès-verbal de cette administration, pour être transmis au roi, ainsi qu'à M. l'archevêque, avec les signatures des témoins et de M. Grégoire.... »

La *Quotidienne* jeta les hauts cris ; l'*Ami de la Religion* en fit autant. Tous les deux n'aimaient pas Grégoire le républicain, et M. Guillon l'évêque *juste-milieu*. De plus, il faut l'avouer, l'orthodoxie selon toutes les apparences était en péril ; il y avait lieu vraiment de s'alarmer. L'*Avenir* se jeta au travers des évènements avec sa foi et sa fougue ordinaires. De rudes attaques furent dirigées contre M. Guillon, de rudes coups portés à sa réputation et à ses espérances. M. de Quélen protesta hautement contre cette *violation scandaleuse* des règles canoniques. M. Guillon se soumit.

Il ne s'en tint pas là. Il porta aux Tuileries sa démission de l'évêché de Beauvais ; il écrivit à Rome, abandonnant sans nulle réserve sa conduite au jugement infaillible du Pape ; et plus tard, publia une rétractation qui, alors même qu'elle ne serait pas une œuvre de logique et de foi, serait un admirable exemple de modestie.

Il reçut enfin les bulles qui l'instituaient évêque de Maroc *in partibus ;* et ce ne fut ni pour lui ni pour ses diocésains, si peu qu'il en ait, un titre stérile. Car, informé par le consul, M. Méchin, de la détresse où se trouvaient les chrétiens d'Afrique, abandonnés par l'Espagne, il leur a fait distribuer plusieurs fois de nombreux secours; voilà pour le premier chef. Pour un autre, il a écrit, dit-on, et fait imprimer à 50 exemplaires un mandement que MM. les Maroquins auraient assez bien reçu.... par la poste et le bateau à vapeur. C'est une satisfaction naïve et de genre patriarcal que l'excellent prélat s'est donnée. Je me sens ému en écrivant ces lignes ; je me trouve bien profane de sourire ; et j'aimerais à croire que, pour le fait même de son mandement d'outre-mer, Louis-Philippe l'a créé officier de la Légion-d'Honneur.

Du reste, si M. Guillon n'avait pas ce qu'il appelle le fardeau de l'épiscopat, quant à l'administration ; d'un autre côté il travaillait à la gloire de l'église avec une activité toute pastorale.

Ici j'examine les intentions plutôt que le fait. Il crut voir, lui aussi, dans les débuts de M. de La Mennais, les indices certains d'une grande chûte ; et aujourd'hui, de ce que l'évènement se trouve conforme à ses prévisions, il en induit que celles-ci étaient justes ; ce qui pourrait bien n'être qu'un sophisme.

C'est pourquoi il écrivit l'*Histoire de la nouvelle*

hérésie du dix-neuvième siècle, ou *Complète réfutation de M. de La Mennais.*

A la mort de M. Lemercier, doyen de la Sorbonne, M. Guillon avait été nommé pour le remplacer. Parvenu à la cinquante-quatrième année de son exercice dans l'instruction publique, et à la quatre-vingtième de son âge, il pensait sans doute que la mort seule voudrait le déposséder d'un ministère qu'il aime pour lui-même et pour des souvenirs bien chers à son cœur. Or, le 6 décembre 1840, M. Affre fut trouver M. l'Evêque de Maroc, et lui dit : « *Je veux reconstituer la Sorbonne, mais il me faut pour cela votre démission.* — Mais, Monseigneur, quelle raison ?..... — Vous avez quatre-vingts ans, ET, A VOTRE AGE, ON N'EST PLUS BON A RIEN (textuel). — Comme doyen, je suis révocable, mais inamovible comme professeur. — Eh bien, je vous casse comme doyen ; et si vous *n'acceptez pas* votre démission comme professeur, J'IRAI DIRE PARTOUT QUE VOUS SEUL M'EMPÊCHEZ DE RÉTABLIR LA FACULTÉ DE SORBONNE.

La reine ne pouvait croire à ces paroles ; elle daigna demander à M. Affre ce qui s'était passé : « Madame, répondit le nouvel archevêque, *quand j'aurai quatre-vingts ans, je n'attendrai pas qu'on me demande ma démission.* » Nous verrons bien. Puisse toutefois M. Affre n'avoir pas quatre-vingts ans avant d'en avoir cinquante !

M. Guillon donna sa démission ; il n'a protesté contre la violence qu'en rééditant un discours où il défend l'enseignement et les anciennes traditions du cours de théologie ; et M. Affre a nommé en sa place un M. Glaire, qui explique passablement le texte original des Psaumes ; rien n'empêche encore les plaisants de s'amuser à l'endroit de la Sorbonne. M. Bautain, qui l'eût protégée de son éclat réel, a été mis à l'écart. M. Jager n'a eu qu'un siège à l'ombre. M. Affre bannit la langue latine des études publiques ; bientôt il en bannira tout ; et ses employés alors se trouveront à la hauteur de leur mission.

Que va donc faire M. Guillon pour se venger ? Il battra M. Affre sur les épaules de MM. Salvador, le docteur Strauss et Gibbon ; il établira contre eux la divinité de Jésus-Christ, par les écritures et les pères qu'il possède prodigieusement, par les témoignages traditionnels et par la raison. Nous gagnerons à la vengeance, et les vaincus n'y perdront pas.

Les faits n'ont pas manqué à cette esquisse, comme trop souvent ils manquent pour d'autres.

La longue vie de M. Guillon s'est passée au soleil, dans des agitations et des péripéties de toutes sortes. C'est une histoire. Heureux d'avoir trouvé des actions qui elles-mêmes sont des vertus, j'ai pu me dispenser de ces interprétations raisonnées que nécessite une existence cachée ou peu agissante; mon travail en doit tirer quelque avantage, et pour l'instruction de ceux auxquels je le destine, et pour le cachet de variété que je m'efforce de lui imprimer.

Que de choses je pourrais dire encore? Combien il me serait doux d'écrire ce que m'ont raconté les habitants de Montfermeil sur *Monseigneur!* Et ce brave *Condottiere*, qui me conduisit pour la première fois chez M. Guillon, comme j'écoutais avec religion ses récits animés, rustiques et pittoresques sur les bienfaits dont la *commune* se trouve inondée, *foi de Pierre*, et l'affection qui environne *Monseigneur!* Si vous l'aviez vu comme moi, ce vénérable Prélat, d'une angélique bonté, d'une aménité ravissante, souriant de bonheur au souvenir de son enfance et des succès d'autrui!... O cher lecteur, vous auriez bien des colères contre l'éditeur qui m'a renfermé dans une prison de 36 pages.

N'ayant pu citer les nombreux ouvrages de

M. Guillon suivant leur ordre chronologique, je les réunis ici en deux classes :

Ouvrages de littérature et autres.

Mélanges de littérature orientale ; 1 vol. in-12. Paris 1788.

Mémoires insérés dans le Journal Encyclopédique, dans les Mélanges de littérature étrangère et autres, sur divers objets de critique et d'érudition.

Histoire universelle de l'Apologue (manuscrite).

La Fontaine et tous les Fabulistes, ou Commentaire critique, historique et littéraire des fables de La Fontaine ; 2 vol. in-8 et in-12. Paris 1803 et 1835.

Promenade savante au jardin des Tuileries, ou description de ses monuments ; 1 vol. in-12 et in-8.

Mémoires sur les maladies nerveuses, à part et dans le Journal Encyclopédique.

Du respect dû aux tombeaux et de l'indécence des inhumations actuelles ; 1 vol. in-8. An VII de la république.

Entretiens sur le suicide. Réfutation des doctrines de J.-J. Rousseau, Montesquieu et de madame de Staël et autres, en faveur du suicide ; Paris 1802, in-12, et 1836, in-8.

Edition des leçons de la nature, par Sturm et Cousin Despréaux ; 4 vol. in-12.

Exposé de ma conduite auprès de M. Grégoire à ses derniers moments. Paris 1831.

Ouvrages religieux et ecclésiastiques.

Méditations eucharistiques, par madame Louise de France, carmélite de St-Denis.

Collection ecclésiastique, ou Bibliothèque raisonnée des écrits publiés pour et contre la constitution civile du Clergé : 12 vol. in-8. Paris 1791 et 1792.

Parallèle des révolutions ; 1 vol. in-8.

Collection des Brefs du pape Pie VI, avec la traduction en regard ; 2 vol. in-8.

Discours du pape Pie VI sur la mort de Louis XVI, traduction du latin en français, avec notes ; 1 vol. in-8.

Essai critique et historique sur la pragmatique, le concordat et les élections populaires ; 1 vol. in-8. Paris.

Dissertation de Bossuet sur les psaumes, traduites du latin en français, avec notes ; 1 vol. in-8. Paris 1822.

Edition des sermons du P. Lenfant; 8 vol. in-12.
Eloge de M. de la Mothe d'Orléans, mort évêque d'Amiens, avec notes, couronnée par l'Académie de cette ville; 1 vol. in-8. Paris 1809.
Discours sur l'autorité de l'Eglise romaine, prononcés dans l'église de St-Sulpice; 1 vol. in-8. 1802.
Panégyrique de Saint Louis, roi de France, prononcé en présence de l'Académie française; 1 vol. in-4. 1815.
Trois discours prononcés à l'occasion du sacre de l'empereur, etc. 1806, 1807, 1808.
Discours sur le rétablissement des études en Sorbonne.
Autres prononcés dans les séances d'ouverture de la Faculté de Théologie, 1813—1829.
Bibliothèque choisie des Pères grecs et latins, ou Cours d'éloquence sacrée; 26 vol. in-8.
Histoire de la nouvelle hérésie du XIXe siècle, ou réfutation de M. de La Mennais; 3 vol. in-8. Paris 1835.
Histoire générale de la philosophie ancienne et moderne jusqu'à nous; 2 vol. in 8. Paris 1835.
Œuvres complètes de saint Cyprien, traduction nouvelle avec notes; 2 vol. in-12. Paris 1837.
Modèle de l'éloquence chrétienne en France depuis Louis XIV jusqu'à nos jours, ou Choix des prédicateurs de second ordre, rédigé dans l'ordre de l'année apostolique, précédé de l'Histoire de la prédication française, depuis saint Bernard jusqu'aux temps modernes; 2 forts vol. in-18. Paris 1837.
Observations critiques sur les nouveaux sermons inédits attribués à saint Augustin. Paris 1838.
Discours sur l'attentat du 28 juillet.
Discours funèbre sur la mort de la princesse Marie.
Discours latin et français sur la nécessité de la langue latine dans l'enseignement de la théologie; nouvelle édition, 1841.
Examen critique des doctrines de Gibbon, de Strauss et de Salvador; 2 vol. in-8 (sous presse).

1er mai 1841.

Paris.—Imprimerie de A. APPERT, Passage du Caire, 54.

Biographie du Clergé Contemporain

M. BOUVIER.

Evêque du Mans.

A. Appert édit. Passage du Caire, 54

M. BOUVIER

ÉCOLE DU MANS

> Celebriora tantum systemata exqui-
> et eorum propagare volui.
> J. BOUVIER, Institut. philosoph.

> Nous ne sommes point, jusqu'à un cer-
> tain point, de cartésien, beaucoup moins
> encore de leibnésien, enfin nous disons-les
> à l'avenir de l'Avenir; mais nous serons
> toujours philosophe chrétien et catholique romain.
> J. BOUVIER, Ibid.

En ces temps de perturbations civiles, c'est une mitre difficile à porter que celle de M. Bouvier.

Invoqué par des opinions contraires, au nom d'un catholicisme, par les légitimistes qui ne conçoivent pas [...] aux fleurs de lis aux trois branches; par les républicains, dignes enfants de celui qui appelait Jésus-Christ un sans-culotte, et qui trouvait dans l'Évangile la sanction de leurs théories

Biographie du Clergé Contemporain

Mr BOUVIER
Évêque du Mans

A. Appert édit. Passage du Caire, 54

M. BOUVIER,

ÉVÊQUE DU MANS.

> Celebriora tantùm systemata exposui, et nullum propugnare volui.
> J. BOUVIER, Institut. philosoph.
>
> Nous ne voulons point porter le nom de cartésien, beaucoup moins celui de lamnésien, surtout depuis les témérités de l'AVENIR; mais nous serons toujours philosophe chrétien et catholique romain.
> J. BOUVIER, Ibidem.

En ces temps de perturbations civiles, c'est une mitre difficile à porter que celle de M. Bouvier.

Invoqué par des opinions contraires au nom du catholicisme : par les légitimistes qui ne conçoivent pas une croix sans fleurs de lis aux trois branches ; par les républicains, dignes enfants de celui qui appelait Jésus-Christ un *sans-culotte*, et qui trouvait dans l'Évangile la sanction de leurs théories extrêmes; enfin par le gouvernement de Louis-Philippe, dont les inclinations ecclésiastiques se développent étrangement; placé, entre les coups de fusils qui partent des trois points, à la tête du diocèse du Mans, ce berceau de la chouanerie, ce perpétuel foyer des insurrections les moins condamnables; et cependant étranger par devoir aux questions nominales de la politique; complice involontaire mais essentiel du fait, alors même qu'intérieurement il le condamne, contre le droit qu'il connaît et qu'il vénère; ministre de paix avant tout, un évêque pourra t-il échapper au péril d'une position pareille? Quelle prudence elle exige dans sa conduite présente! quelle pureté dans ses antécédents! et, si j'ose le dire, quelle prédestination!

Mieux que personne, M. Bouvier réunissait toutes ces conditions presque impossibles.

Doux et calme par nature, il avait assez d'impassibilité pour ne rien craindre de son imagination; doué d'ailleurs d'une prodigieuse patience d'observation et d'une aptitude non moins grande à pénétrer jusqu'au fond des esprits et des choses, son sang-froid ne pouvait être de l'indifférence ou de l'inaction. Ainsi de deux qualités adverses, mais rapprochées providentiellement et modifiées suivant certaines règles morales, se forme une seule et même vertu, la plus belle qui soit, lorsqu'elle est bien comprise, à savoir la prudence.

Je n'admire point, dit Pascal, un homme qui possède une vertu dans toute sa perfection, s'il ne possède en même temps dans un pareil degré la vertu opposée.

En remontant, du jour où nous sommes, au berceau de M. Bouvier, voici ce que nous trouvons :

Il appartient à une famille du peuple, religieuse et royaliste sans doute, mais sans influence possible et sans engagement d'état, seule responsable de ses convictions, indépendante de toutes choses, excepté du travail de ses mains; sous ce rapport, M. Bouvier n'a rien à désirer.

A un autre point de vue, ses avantages ne sont pas moindres.

Ouvrier lui-même avant d'entrer dans un séminaire, il touche par cette partie aux classes inférieures; il les a dépassées sans perdre leur estime qu'il s'était largement acquise; au contraire, l'estime s'est accrue en proportion des dignités, ce qui est le terme souverain du mérite.

Prince de l'église, il a su recouvrir ses insignes

d'une pieuse et intelligente modestie, et le grand monde n'a point repris en lui la gauche arrogance d'un parvenu ; il s'est fait pardonner une fortune subite et méritée, et de plus sa roture d'hier, chose impardonnable pourtant !

Homme de science, théologien distingué, ses *Traités* sont répandus dans les deux mondes, et nul n'a imaginé de croire que sa réputation fût usurpée, grâce aux flatteurs qu'il ne pouvait ni pousser aux places ni payer. La partie intéressée dans ses spéculations de librairie, ce sont les pauvres; nouvelle prérogative qui l'élevait aux yeux des partis, et l'investissait d'une autorité immense.

Professeur depuis 1808, il avait élevé tout le clergé du Maine, qui l'adorait ; or, on obéit toujours de bon cœur à ceux qu'on aime ; et l'obéissance alors était capitale, comme elle l'est aujourd'hui et le sera toujours.

Sur la question de savoir si Dieu l'a suscité comme l'homme nécessaire du moment dans une administration redoutable, qu'on prononce après avoir lu ce qui précède; je joins, du reste, à cet exposé purement énonciatif, les faits biographiques détaillés qui en sont la confirmation et la preuve.

Jean-Baptiste Bouvier naquit le 17 janvier 1783, de Jean-Baptiste Bouvier et de Renée Delhommeau. Il était l'aîné de six enfants.

Son frère, le seul qu'il ait eu, est mort sous les drapeaux de Bonaparte, en défendant ce que défendent les soldats.

J'ai appris naguère que ses sœurs, mariées à d'honnêtes fermiers, avaient beaucoup d'esprit et de bon sens; l'un vaut mieux que l'autre. Heureuses les villageoises qui ont le bon sens de n'avoir point d'esprit! mais plus heureuses mille fois si, dirigeant vers une fin supérieure ce double attribut de l'âme, elles en font une cause de sanctification pour elles et d'édification pour les autres. Telles ont été ces excellentes femmes; telle fut principalement madame Lemaitre qui vient de terminer en 1840 une vie toute pleine de saintes œuvres.

On sait partout que le père de M. l'évêque du Mans exerçait la profession de charpentier.

Saint Joseph n'en avait point d'autre. Saint Grégoire VII, dit une vieille légende, lorsqu'il était petit, jouait dans la boutique de son père, le charpentier Hildebrand. Il ne parlait pas encore. Toutefois on remarqua, non sans émotion, qu'en assemblant au hasard des débris de solive, il avait formé ces mots de la Bible: *In omni terrâ dominabitur*, il dominera le monde entier.

On ajoute plusieurs anecdotes complètement fausses dont j'omets de parler. A voir l'excès de croyance qu'obtiennent en ce monde les plus violentes absurdités contemporaines, on se prend à douter de l'histoire tout entière, et quelquefois à la nier absolument. Dieu veuille qu'on n'ait pas raison.

Jamais M. Bouvier n'a été recueilli par un curé de campagne, sur une route abandonnée; jamais il n'a étudié son rudiment en gardant les moutons. Dès un âge tendre, ses goûts et ses dispositions pour l'étude se firent connaître, mais non pas en dehors des limites communes; et sa famille désirait vivement les seconder. Bien des raisons s'y opposaient: le manque de fortune, le malheur des temps, que sais-je? De manière ou d'autre pourtant, il reçut des leçons particulières. Ses progrès furent rapides; en quelques années il fit ce qui exige chez d'autres (épouvantable abus du despotisme universitaire ou d'un vieux préjugé!) la plus belle moitié de la vie; et, sans avoir passé par cette interminable filière des degrés scolastiques, il fut trouvé bon pour suivre un cours de philosophie. C'est pourquoi il entra en 1804 au collège de Château-Gonthier. Sa position pécuniaire s'était-elle améliorée? Est-ce qu'une âme bienfaisante et selon Dieu subvint aux frais de son éducation (1)? Je n'en sais rien. Il y a ici une chose certaine, c'est que l'église eut de quoi s'en réjouir.

L'année suivante, il passa de Château-Gonthier au Séminaire d'Angers. Celui du Mans n'était pas encore rétabli. Alors se révélèrent à lui les premières merveilles de cette science qu'il a depuis cultivée avec amour et sans relâche. Une place lui fut bientôt marquée au premier rang parmi ses confrères en théologie. Ce qui du reste le distinguait, ce n'était pas précisément une grande intrépidité d'argumentation, une verve éblouissante; car en tout temps M. Bouvier s'énonça de façon simple ou un peu pénible, et ne risqua sa pensée qu'à bon escient, après des épreuves en quelques sortes géométriques. Il excellait à saisir le côté vicieux d'un syllogisme, à coordonner les

---

(1) Pendant qu'il étudiait en particulier, une dame de Meslan lui avait prêté des livres; quand il n'en eut plus besoin, il voulut les rendre; cette dame lui dit: « Garde-les, tu me les rendras quand tu seras évêque. » La dame vit encore. M. Bouvier, depuis qu'il est évêque, lui a présenté de nouveau ses livres, qui n'ont pas été acceptés, comme on le pense bien.

diverses parties d'une thèse ; sa mémoire, aidée par l'application la plus opiniâtre, servait en esclave docile et ingénieuse la parfaite rectitude de son jugement. Il était dès-lors un théologien plutôt qu'un étudiant de Morale et de Scolastique; ses maîtres le définissaient ainsi.

A quoi bon rappellerai-je qu'il se tira merveilleusement de ses examens pour les ordres, de ceux au moins qu'on lui fit subir, car le futur évêque du Mans fut exempté de plusieurs par surabondance de capacité ; ce que l'on croira très volontiers.

Il reçut, en 1808, la consécration sacerdotale, et célébra sa première messe au Mans, sous les yeux de son père et de sa mère qu'il a perdus depuis.

Quelle douce chose surtout que la présence d'une mère en ces occasions solennelles ! J'ai connu en 1830 un jeune diacre. A la veille de son ordination, au milieu même de la nuit, on lui annonça que sa mère était subitement tombée malade, la pieuse femme qui depuis tant d'années attendait dans la joie de son cœur cette belle journée du lendemain ! Son fils arrive, et c'est à peine s'il peut entendre un dernier adieu ; elle expire. Le jeune diacre n'est pas encore prêtre.

M. Bouvier revint ensuite à Château-Gonthier où il professa durant trois ans la philosophie. S'il est vrai qu'il conçut alors l'idée de revoir et d'expurger les fameuses *Conférences d'Angers,* je le félicite de ce projet, et je regrette qu'il ne l'ait pas conduit à fin. C'est là une mine précieuse, mais qui assurément, en dépit de certaines prétentions contraires, renferme un dangereux alliage ; nous y reviendrons en parlant de M. Paysant et d'une opinion qu'il a récemment formulée sur le sujet. Angers est une ville théologique d'une vieille renommée ; le Solitaire a bien des raisons de l'aimer et de s'en plaindre ; elle a bien des trésors qu'il réclame.

M. de Pidol, évêque du Mans, rappela M. Bouvier en 1811, pour lui confier une chaire de théologie. Personne n'en fut étonné. Les anciens du sanctuaire l'accueillirent avec une sorte d'enthousiasme, présageant pour le diocèse une heureuse restauration des études de leur temps, si supérieures et si fortes. Ils ne s'abusaient pas. Les sujets formés par M. Bouvier sont pour la plupart très distingués ; depuis lui, les travaux des classes, en s'élargissant, se sont affermis et élevés. Encore un pas, et le clergé qu'il dirige devient un modèle accompli pour tous les diocèses de France.

L'affection dont il était environné, la sagesse dont il avait fait preuve dans le conseil comme directeur du séminaire, toutes ses qualités, aussi éminentes que modestes, fixèrent sur lui les yeux de l'autorité, lorsqu'il s'agit de nommer un supérieur. Il fut choisi en 1819, et, l'année suivante, M. de la Myre lui conféra le titre de vicaire-général.

Le nouvel évêque était entré au Mans avec l'intention d'y faire venir des sulpiciens ; il n'y songea plus, lorsqu'il eut vu M. Bouvier.

C'était effectivement plus qu'il n'en fallait. Sans posséder au même degré tous les immenses avantages de ce savant et saint homme, bien des ecclésiastiques se trouvent dans chaque diocèse, et mieux que des étrangers quelconques, en état de se former des frères pour le sacerdoce : ils sont naturellement au fait d'une routine locale qui est inappréciable ; initiés dès l'enfance à la vie et aux usages de leurs compatriotes, ils parlent leur idiôme et sont attachés à eux en quelque sorte par un intérêt commun de famille ; ils sont nés et doivent mourir sous leurs yeux avec leurs mérites ou leurs faiblesses possibles ; ils n'ont point d'esprit de corps, et peuvent adapter leurs formes d'enseignement et de direction aux besoins relatifs de leurs subordonnés. Je le répête, les diocèses ne sont pas si pauvres et si à dédaigner qu'on doive chercher ailleurs du talent et de l'autorité.

M. de la Myre eut à s'applaudir tout d'abord de son courageux retour sur lui-même ; et c'est pour donner à M. Bouvier un témoignage de reconnaissance et de haute estime, qu'ayant senti venir toutes les infirmités de la vieillesse, il se reposa sur lui du soin de son troupeau.

Encore une fois, sa confiance se trouva bien placée. M. Bouvier fit bénir, comme de coutume, son administration ; et, quand le successeur de M. de la Myre, M. Carron, prit possession du siège en 1829, il trouva toutes choses dans l'état le plus désirable. Lui aussi voulut, autant que possible, récompenser un zèle et une intelligence si rares : il nomma M. Bouvier son premier grand-vicaire.

M. Carron vécut trop peu de temps. Après quatre années d'épiscopat, il s'est endormi dans le Seigneur, honoré, chéri et vénéré comme un saint, digne à tous égards de son oncle, l'illustre abbé Carron.

Alors tous les vœux se portèrent sur M. Bouvier, à peu d'exceptions près. Il gouverna d'abord l'église du Mans en qualité de vicaire capitulaire, puis bientôt des pétitions nombreuses parvinrent au ministre. « On avait assez attendu, disait-on ; ses droits se trouvaient écrits dans le cœur de tous les fidèles et autres ; il était le bienfaiteur du pays ; il en était l'enfant ; il en était le père. Sa grande réputation d'écrivain catholique demandait qu'on le mît en évidence, moins encore pour son honneur que pour la gloire du département de la Sarthe. On serait fier d'avoir un évêque, dont chacun pouvait dire : il est un des premiers théologiens de l'époque. « Mille autres allégations aussi instantes, aussi précises, aussi vraies. Louis-Philippe les entendit, et les avait devancées dans ses conseils ; il présenta donc au souverain pontife M. Bouvier, et l'élection fut ratifiée par cette autorité souveraine, qui devrait d'ailleurs être la seule pour toutes ces occurrences.

Ceci eut lieu le 22 novembre 1833, aux applaudissements du monde catholique.

Ecoutons l'*Univers* du 3 décembre suivant :

« A une nouvelle si heureuse pour l'Eglise de France, qu'il nous soit permis d'épancher publiquement notre joie... Félicitons le gouvernement de la nomination qu'il vient de faire. Science profonde, piété exemplaire, prudence rare, zèle éclairé, réputation intacte et cependant immense, connaissance parfaite de son diocèse, toutes les vertus comme tous les talents sont réunis en M. Bouvier pour en faire un excellent évêque.

« Ainsi, nous ne craindrons pas de le dire, les plus grands amis de l'Eglise, le Clergé français lui-même, n'eussent pu faire un meilleur choix que celui de l'écrivain dont les doctrines éclairent et édifient la plupart des diocèses de France. »

Je cite d'autant plus volontiers la feuille dirigée à cette époque par M. l'abbé Migne, qu'elle résume expressément toute la précédente partie de ma notice.

M. Bouvier fut sacré dans la cathédrale du Mans, le 21 mars 1834, jour de la compassion de la Sainte Vierge, par M. l'archevêque de Tours son métropolitain, assisté de trois évêques. Une foule immense était accourue pour le voir, et presque tous les prêtres diocésains avaient pris part à cette imposante cérémonie. Ce fut un jour de grande fête pour le département.

M. Bouvier prit, le même jour, possession de son siège, nomma un supérieur du séminaire bien digne de lui succéder, et choisit pour ses grands vicaires deux hommes de mérite : MM. Bourmeau et Besnier.

Or il est certains détails que j'ai voulu passer jusqu'ici pour ne pas interrompre le cours d'une narration sérieuse; la règle que je me suis imposée de tout dire, lorsque je le puis sans scandale, veut que je revienne sur ces particularités plus ou moins intéressantes et vraisemblables.

Vous souvient-il qu'on a parlé plus haut de l'aristocratie mancelle et de ses préjugés enfantins, sinon tout-à-fait méchants, contre M. Bouvier?

Lorsqu'il eut reçu sa nomination, dit la chronique du pays, la question fut de savoir quelles *armes* il choisirait, puisqu'il faut qu'un évêque ait des *armes;* ce qui occupait plus les salons que le titulaire lui-même. Un plaisant s'avisa de lui envoyer sous pli une devise ainsi conçue : *De stercore erigens pauperem ;* proposition qui ne serait pas sans esprit, s'il était vrai, comme plusieurs l'affirment, que M. Bouvier naquit dans un petit village appelé *la Crotte;* pour ma part, je suis convaincu d'une chose, c'est que, dans l'hypothèse, M. Bouvier l'eût rejetée par l'unique motif qu'elle eût paru trop prétentieuse.

L'écusson de M. Bouvier porte simplement une croix, et un pélican d'ancienne rubrique.

Les faiseurs de bons mots, qui sont une puissance réelle et formidable parmi nous, en sont pour leurs frais de finesse au vis-à-vis de tels hommes; c'est en effet de ces hommes qu'on peut dire aussi, que tout ce qu'ils daignent toucher devient or.

La *société* ne s'en tint pas là. Comme la fête de saint Joseph approchait, les *lions* de l'endroit furent trouver les charpentiers et leur tinrent à peu près ce langage : « Eh! bonjour, Messieurs; savez-vous que le nouvel évêque est un des vôtres? Une idée!!! (car ces messieurs en ont.) Présentez-vous *en corps* au séminaire où il réside *encore* (le rapprochement fit rire ces messieurs) pour lui donner une aubade. (*Haut.*) Il vous recevra fort bien. (*A part.*) Il sera bien attrapé. »

Les compagnons trouvaient la chose naturelle; ils se présentèrent donc dans la grande cour du séminaire. Lorsqu'on avertit M. Bouvier de ce qui se passait : « Faites-les monter, répondit-il sans manifester d'étonnement. « Non, reprit-il, ma chambre est petite; ils n'y tiendraient pas tous; je descends. »

Il leur fit une allocution de quelques minutes, la plus simple et la plus amicale, tendit la main à celui qui le complimenta, vida sa bourse dans la poche du plus jeune, et les invita joyeusement à revenir chaque année, ce qu'ils n'ont pas manqué de faire.

En se retirant, la *société* des compagnons criait par les rues : « Vive M. Bouvier! » Les pères eurent une histoire charmante à raconter le soir devant leurs petits enfants; et la *société* de ces Messieurs ricana dans l'ombre.

Loin de moi pourtant l'idée d'attribuer tant de mesquineries à la généralité. Il est au Mans bon nombre de familles fort nobles qui n'en furent nullement complices; et ceux même qui les commirent ne confessent-ils pas maintenant qu'ils étaient fous de sacrifier à une petite morgue nobiliaire toute leur profonde et indéfectible estime pour M. Bouvier?

Puisque je m'occupe de réparer des omissions volontaires, joignons un correctif à ce que j'ai dit de l'enseignement sulpicien. S'il me paraît inutile toujours, et parfois nuisible, qu'on appelle cette congrégation dans les départements pour diriger les jeunes lévites dans l'étude de la théologie élémentaire, il en est autrement des grands cours qu'elle professe à Paris. Une fois formés sur le moule de leurs mœurs natives, rien n'empêche, dans mon opinion, qu'ils ne viennent compléter leurs travaux sous des maîtres tels que MM. Carrière et Laloux. Au contraire, il n'en peut résulter qu'un immense bien.

Pourquoi ? Parce qu'alors ils se trouvent en contact avec les sujets les plus brillants de la France, et qu'en ce cas aucun conflit ne peut surgir entre des vues *à priori* d'administration générale et des institutions locales obstinément enracinées ; spectacle que donnent malheureusement plusieurs diocèses livrés aux sulpiciens.

Je crois pénétrer ainsi la pensée de M. Bouvier lui-même qui, sans admettre ces derniers chez lui, leur envoie chaque année des jeunes gens, pour les rappeler, *quand ils se sont perfectionnés*, disent plusieurs, *dans la science ecclésiastique*.

N'oublions pas qu'il subvient aux frais de leur pension, ce qui d'ailleurs ne suppose point du tout qu'il soit riche. La charité a trouvé bien des secrets depuis dix-neuf siècles, et entre autres celui de donner beaucoup sans rien posséder.

C'est ainsi qu'on se demande encore comment le fils du charpentier put donner à sa ville épiscopale cette belle et vaste maison où habitent les frères des écoles chrétiennes, et faire dire de lui qu'il est *le père nourricier du Mans*.

Non, M. Bouvier n'a pas amassé de richesses ; son patrimoine, quelque minime qu'il fût, a été diminué par ses aumônes. Le luxe qu'il recherche, c'est sa bibliothèque et le bonheur de vêtir ceux qui sont nus; son lit trouverait place sur les trois planches d'un séminariste ; et la splendide abondance de ses festins, quand il est seul, n'a jamais fait pleurer un petit savoyard grelottant sous ses vitres. S'il souffre, pour se conformer à l'usage, les honneurs d'un équipage et de deux valets, demandez aux pauvres ce qu'ils en pensent, et croyez qu'ils ne gémiront pas.

L'élévation, qui est l'écueil de tant d'autres, n'a été pour lui qu'un moyen de montrer qu'il en était digne. Sa vie est restée ce qu'elle était, d'une simplicité parfaite, visible et précieuse à tous. M. Bouvier eût pu habiter cette maison de verre dont parlait le romain Drusus.

Il accueille avec une affabilité paternelle les plaintes de ses prêtres ; satisfait à leurs réclamations, s'il se peut; sinon les console et les encourage ; et toujours il est béni. Nul ne sait mieux donner un conseil, parce qu'au monde personne n'est plus en droit d'en donner et n'abuse moins de son droit.

Toutefois son premier abord n'est pas exempt d'une certaine froideur qui tient un peu de la défiance et de la timidité; c'est qu'indépendamment de sa bonté naturelle, M. Bouvier possède une intelligence forte et pénétrante ; il connaît assez l'humanité pour douter des hommes, et pour savoir qu'à moins de les avoir étudiés et définis individuellement, selon l'urgence des occasions, on s'expose à des erreurs funestes. Telle est la position d'un évêque et de tout supérieur : son jugement, par cela même qu'il se prononce pour l'un, condamne l'autre; il lui incombe de ne formuler des décisions qu'à bon escient.

Après cet instant d'hésitation, M. Bouvier se rassure; son visage s'empreint d'une douce expression; ses paroles ne tombent plus une à une; il devient expansif, et tout son cœur s'en va. J'ai là, sur ma table, trois lettres écrites par des ecclésiastiques du Mans au sujet du pontife. Si elles ne traitaient de matières trop personnelles, et en termes fort étendues, je les citerais ici.

L'une me révèle un trait de dévouement qui tient de l'héroïsme antique, je veux dire qu'il rappelle ces prodigieux actes de l'épiscopat, aux époques ecclésiastiques primitives; dans l'autre, je trouve la confirmation d'une idée qui n'est pas nouvelle en moi, c'est que les âmes les plus pures sont les plus tolérantes, ou si l'on ne veut point de ce mot, les plus abondantes de commisération pour les faiblesses du prochain. Que ne puis-je vous montrer par quelles voies ingénieuses la charité procède pour tirer de l'abîme ceux qui s'y précipitent, et des sentines impures en faire des vases d'élection? La troisième m'est adressée par un curé de campagne qui, après avoir été victime des plus injustes comme des plus atroces délations, dans un diocèse voisin, se réfugia auprès de M. Bouvier: le prélat l'entendit, se rendit compte de l'affaire, la médita quelque temps, et convaincu de l'innocence du pauvre curé, se chargea d'en reférer à son Ordinaire. Une correspondance s'établit; l'affaire changea de face. Aujourd'hui le curé occupe un poste supérieur, digne indemnité de son martyre. J'étais autorisé à publier leur histoire, mais je n'ai pas voulu être d'intelligence avec leur modestie.

M. Bouvier n'est pas positivement un homme d'éclat, soit comme administrateur, soit comme écrivain, soit dans le commerce habituel de la vie; je l'ai dit souvent: son suprême mérite, c'est une raison profonde, unie à beaucoup d'humilité. Et voilà pourquoi on rencontre partout des traces de sa passion de bienfaisance, sans le prendre, pour ainsi dire, au fait; ordinairement du moins.

Il n'est rien dans l'administration qui ne soit examiné et réglé par lui. Ni la difficulté du chemin, ni l'éloignement des lieux, ni les dangers particuliers à ce pays, rien n'empêche qu'il ne fasse tous les ans sa visite pastorale dans une grande étendue de son vaste diocèse. Il apporte une attention scrupuleuse aux études et à la tenue du séminaire, assiste régulièrement aux examens qu'il préside, comme on le pense bien, de façon plus qu'*honoraire*; et semble toujours là dans sa sphère naturelle.

A l'occasion du séminaire, si le gouvernement ne s'est pas emparé de ce magnifique édifice en 1831 et 1832 pour en faire une caserne, j'aime à publier que nous le devons à M. Bouvier.

Effectivement, un magistrat peu catholique, mais ami des institutions de juillet, voulait faire évacuer le séminaire, pour arrêter la levée de boucliers qui eut lieu au Mans à cette époque; magistrat homme d'esprit! disent mes notes. M. Bouvier fut le trouver; il lui parla modérément, ce qui était dans sa nature; sérieusement, ce qui était méritoire. Il lui exposa en termes simples ce qu'il enseignait et ce qu'il défendait aux jeunes ecclésiastiques. Je ne sais s'il se fit comprendre; toujours est-il qu'enfin il parut ouvrir les yeux au magistrat, et se l'attacha tellement qu'il en reçoit encore aujourd'hui des lettres pleines d'affection et sans doute d'esprit.

J'ai rompu la chaîne des faits pour me jeter dans une digression qui sera facilement pardonnée. Il n'est pas facile de parler de M. Bouvier sans tomber dans le panégyrique ; je voudrais être plus souvent exposé à cet inconvénient là ; car j'aime encore mieux admirer que reprendre.

Je continue à réparer les omissions. En 1825, lorsqu'il n'était encore que supérieur du séminaire, M. Bouvier fit un voyage à Rome pour gagner l'indulgence du grand jubilé, et satisfaire ses inclinations scientifiques. Il parcourut l'Italie, et interrogea tous les souvenirs de cette terre nommée par le poète la mère des grandes choses et des grands hommes : *magna parens frugum* . . . . *magna virorum*. Il raconte ses *impressions* avec un charme réel, et surtout avec une vérité qui ne fait point songer aux *impressions* de M. Dumas.

Avant de retourner en Italie avec M. Bouvier, j'ai voulu savoir s'il y avait fait, comme on l'a dit, l'expédition de Bonaparte ; on se trompe, il n'a jamais été au service. Compris en 1803 dans les *levées en masse*, il se rendit à Brest pour y trouver un remplaçant, tomba malade presqu'aussitôt ; et comme conscrit, passa les trois quarts des sept mois qu'il y resta, à l'hôpital militaire. Déjà ses études étaient fort avancées. Il trouva enfin le remplaçant qu'il cherchait, et revint à Château-Gonthier pour les terminer.

Je sais fort bien du reste qu'en redressant ces inexactitudes de l'opinion, j'ôte à mon récit de son intérêt et de sa poésie ; j'en suis fâché pour mon amour-propre d'auteur, mais, dit Ammien Marcellin, *veritas vel mendacio corrumpitur, vel silentio.*

Dans les mêmes conditions de véracité, je ne puis taire ce qui suit. M. Bouvier, lors de son second voyage en Italie, assistait à une cérémonie en société de plusieurs prélats ; le hasard voulut qu'il se trouvât placé à côté de M. le duc de Bordeaux, qui passait lui-même à Rome ; le jeune prince l'apercevant demanda son nom aux personnes de sa suite, et s'attendait probablement, comme prince français et comme exilé, à quelques démonstrations. M. Bouvier se tint sur la réserve, et ne dit mot.

Il est difficile de croire que l'homme qui n'a jamais rien demandé à personne et à qui tout le monde demande, ait fait preuve en cette occasion d'autre chose que d'une grande prudence. Le cœur a des affections bien légitimes souvent que l'esprit doit comprimer. Il y a un temps et une heure qu'il ne faut ni demander ni laisser passer.

Ceci du reste regarde la politique dont nous sommes convenus de ne faire cas. La plus intéressante question que puissent soulever les voyages de M. Bouvier s'attache à ses ouvrages. A part l'édification qu'il désirait en tirer pour lui-même, son esprit large et investigateur puisait à cette source magnifique des énergies nouvelles; il retranchait ou ajoutait à ses œuvres selon des témoignages puissants et irréfragables; il lisait dans la physionomie bienveillante du souverain pontife que ses Traités avaient réjoui l'église, avant même d'avoir entendu son approbation bien expresse. Il consultait les membres de la sacrée propagande; s'enquérait, sur les points même controversés, de la doctrine la plus suivie au centre de la catholicité; il revenait dans son diocèse avec plus de confiance et d'autorité que jamais.

M. Bouvier a composé beaucoup d'ouvrages. Je ne repète point qu'ils sont universellement appréciés, en Europe, aux Etats-Unis, et jusqu'en Asie. Pour qui les a lus, cela se conçoit; et c'est d'ailleurs chose parfaitement connue.

Dernièrement encore, il reçut une lettre d'un missionnaire Manceau, partant de Macao pour le Tonquin, qui lui annonçait que son Cours de philosophie est adopté dans une bonne partie de la Chine. M. Tabert, vicaire apostolique de la Cochinchine, qui vient de mourir à Calcutta, l'a traduit pour le faire suivre dans toute l'étendue de sa juridiction.

Cet ouvrage, n'eût-il que le mérite d'avoir corrigé la philosophie de Lyon, je me joindrais de tout mon cœur aux suffrages qui viennent d'être signalés.

« Dans les petits séminaires et dans beaucoup de collèges, on enseigne, dit M. Bouvier, la philosophie de Lyon; mais il n'est pas un professeur qui n'y reprenne beaucoup de choses, qui n'en corrige, n'en passe, ou n'en ajoute beaucoup : de là des confusions déplorables; de là une source d'incrédulité pour plusieurs, comme je l'ai malheureusement vu souvent. »

Mais il a bien d'autres avantages : par exemple, celui d'une disposition parfaite dans les plans, et d'une clarté admirable dans la pensée et le style. Comme livre élémentaire, il est le meilleur que je connaisse.

Je le dis sans restriction pour ce qui touche aux matières positives ou de foi absolue, soit en religion révélée, soit au point de vue de la morale naturelle. Mais s'il s'agit des sujets abandonnés aux disputes des hommes, et de discussion libre, bien qu'ils soient par voie de conséquence souverainement importants, je change d'avis.

Ainsi M. Bouvier a prononcé ces mots que je prends pour épigraphe : « *celebriora tantùm systemata exposui*, *et nullum propagare volui ;* » et ces autres : « Nous ne voulons point porter le nom de Cartésien, beaucoup moins celui de *Lamnésien*, surtout depuis les témérités de l'*Avenir*, mais nous serons toujours philosophe chrétien et catholique romain. »

Il a dit ensuite : « Plusieurs avaient expliqué ce qu'ils entendaient par cette nouvelle méthode, de manière que nous ne voyions plus guère de différence entre eux et nous, nous avions conçu l'espoir d'un accord parfait; par cette considération, j'avais adouci, autant que possible, ma doctrine sur la certitude, dans mon édition de 1830. »

M. Bouvier ajoute cependant, à la fin de sa préface, qu'il rejète de toutes ses forces le système du sens commun; et, comme confirmation et justification de son idée, il affirme que le général des jésuites à Rome avait porté en 1827 un décret pour empêcher qu'aucun membre de la société n'enseignât, quelque part que ce fût, les doctrines de ce nouveau système : prohibition qu'il admet pour ainsi dire comme dogmatique ou plutôt définitive. Accordez l'auteur avec lui-même.

Je m'arrête, parce que j'ai peur. Entendez-vous qu'on m'accuse encore d'encenser M. de La Mennais sur son autel renversé?

Mais M. Bautain n'est pas M. de La Mennais; j'en parle donc tout à l'aise. Je demande comment M. Bouvier, l'homme du monde le moins irritable et le moins caustique, s'est pris tout-à-coup d'une sainte colère contre M. Bautain ; en vérité, il y a même du fiel dans les plaintes, et de l'acharnement dans l'insistance. Comme je dois publier bientôt la biographie du professeur de Strasbourg, je ne cite point ici la petite sortie de M. Bouvier; elle viendra bien en son lieu, avec les pièces explicatives.

Ceci posé, je passe des personnalités aux choses. M. Bouvier me paraît avoir abordé plusieurs sujets dangereux pour des intelligences de dix-huit ans, lorsqu'il traite les questions *de l'esclavage moderne, de la forme de gouvernement qui est préférable,* etc., etc. Le temps et l'espace me manquent pour donner autre chose que des indications vagues, et montrer que ses conclusions n'émanent pas de prémisses bien incontestables. Grotius, Puffendorf et Barbeyrac, qu'il cite avec complaisance, n'ont pas donné à leurs paroles le sens qu'il leur prête ; en lisant ces publicistes, non pas par fragments, mais de suite, on sent qu'ils arrivent à des fins que n'admettrait pas leur commentateur. Qui jamais a pu dire qu'*absolument* l'homme eût le droit de renoncer à sa liberté ? Parce que les nègres fatigués de la traite et de l'état de monstrueuse misère où les avaient jetés les colons, se soulevèrent un jour et massacrèrent leurs bourreaux (1), comment M. Bouvier conclut-il de là raisonnablement que l'esclavage est dans la nature ? Et comment peut-il arriver à cette parole : « donc la monarchie est le *meilleur des états* », en écrivant ces autres paroles inexplicables chez un homme pareil (page 260 3ᵉ vol.) « *in republicâ enim omnes jus suffragium emittendi habent ; omnes ad honores et divitias tendere possunt; faventur desideria altiùs ascendendi, ulteriùs pro-*

---

(1) Page 224.

grediendi ; etc., etc. » Sous le régime constitutionnel, MÊMES INCONVÉNIENTS ! etc., etc.

Tout-à-l'heure M. Bouvier remontait à l'origine du pouvoir, et l'expliquait (page 244) comme ferait un poète ; puis il critiquait ces passages de Rousseau, C. S. 3-18 : « De ces éclaircissements il suit que les dépositaires de la puissance exécutive ne sont point les maîtres du peuple, mais ses officiers, etc., etc... Il est dans l'ordre naturel que le grand nombre gouverne et que le petit soit gouverné ! 3-4 etc., etc. » pensées que j'estime d'une exactitude infinie, pour peu qu'on veuille ne pas les détourner de leur vrai sens. (*Voyez* l'ouvrage.)

Or je vous prie de croire que je m'élève ici contre des raisonnements, mais que je ne définis point une conviction. *Le Solitaire* n'a point d'opinion politique à mettre au jour.

C'eût été pour moi une occupation douce et utile, et pour mes lecteurs, j'ose le croire, un plaisir, si j'avais pu analyser tous les cours de M. Bouvier, ceux de théologie surtout. Au fait, les gens du monde perdraient-ils à les lire ? Ils y trouveraient, certes, moins d'ennui que dans une foule de romans.

La Théologie de M. Bouvier est devenue un livre classique dans plusieurs séminaires de France et de l'étranger; elle a eu plus de retentissement encore que sa Philosophie ; l'une et l'autre méritaient leur fortune. Ce qui frappe, dès l'abord, en étudiant ses divers Traités, c'est leur simplicité et l'ordre excellent de leur ensemble. Or, un écrivain n'arrive à ce double caractère qu'après beaucoup de travail secondé par beaucoup d'intelligence. Et de fait, M. Bouvier peut passer pour l'un des hommes les plus laborieux de notre époque, ne donnant au sommeil que ce qu'il ne peut lui ôter, ne cherchant de loisir que dans la variété des objets qui l'appliquent.

Cependant, parmi tous ses ouvrages de dogme et de morale, il en est trois que je préfère aux autres : ceux intitulés : *De Regibus, de jure et justitiâ,* et *de Ecclesiâ.*

Le premier prouve que M. Bouvier cultive la science des lois. Puisse-t-il en donner le désir et l'amour à tous ceux qui se destinent au ministère ecclésiastique ! les anciens ne faisaient aucune différence du prêtre au magistrat, et ils avaient raison... Suarez vous dira pourquoi, dans son gros chef-d'œuvre sur le sujet.

Rapprochant des législations positives les notions générales du droit, le second Traité commence par un exposé de doctrines sur les principes d'équité naturelle applicables à la direction des consciences ; puis M. Bouvier commente avec sa lucidité ordinaire le texte de nos Codes. Je sais un président de chambre à la Cour Royale de Paris qui disait à son fils, la veille d'un premier examen : *Repassez dans Bouvier, c'est un bon manuel.*

Sur son *Traité de l'église*, je fais une seule observation. Il m'a semblé comme toujours qu'en restreignant ses propositions pour ménager je ne sais quelles susceptibilités nationales, M. Bouvier perdait de sa hauteur. Un écolier le réfuterait lorsqu'il raisonne contre les prérogatives du pape contestées en France ; et en vérité c'est trop de faiblesse pour se poser en face de Bellarmin, Melchior Canus, Billuart, Liguori, Veith, etc., etc. Je n'ai pas bien compris non plus comment on peut ménager les despotiques prétentions de Louis XIV dans la question du droit de régale, ses violences sacrilèges et hypocrites contre Innocent XI, et la conduite non moins scandaleuse des évêques de Pamiers et d'Aleth, de Bossuet lui-même en 1681 et 1682, lorsqu'on attaque si largement et si victorieusement cette constitution civile du 24 août 1798, où se rencontrent de hideuses choses sans doute, mais avec quelques idées salutaires de réformation, mais à visage découvert (1).

Certes, ma désolation serait grande, s'il arrivait qu'on voulût voir ici une accusation contre l'orthodoxie de M. Bouvier. Mieux que personne, je sais qu'un homme pareil domine d'avance tous les soupçons, et je ne m'estime point assez ridicule *pour allumer une chandelle au soleil*. Si je me suis bien expliqué, j'ai fait entendre tout simplement que sur certains points les argumentations du théologien me paraissaient peu nourries et embarrassantes par défaut de développement ou d'à-propos : j'aurai occasion de prouver ce que j'avance.

« Je recevrai toujours avec reconnaissance, dit M. Bouvier, les avis qu'on voudra bien me donner (2). »

L'œuvre par excellence de M. Bouvier, celle qui le résume tout entier, c'est son *Traité des indulgences :* pas une proposition contestable dans ce livre, pas un raisonnement qui ne soit souverain.

« Convaincu, dit-il lui-même, de l'utilité d'un

(1) Par exemple : Art. 7. Il faut avoir rempli quinze ans les fonctions du ministère pour être évêque. — Art. 22. L'évêque ne pourra destituer, etc., etc., que de l'avis de son conseil. (Le tort de ces articles c'est d'avoir voulu être des lois.
N'est-ce donc pas une dérision que cette condamnation de Santarel par la Faculté de Paris, en 1622, comme défendant Bellarmin, le *bienheureux* Bellarmin ?
(2) Inst. phil.

ouvrage de ce genre, j'avais eu la pensée de m'en occuper vers le temps du jubilé qui devait être célébré en 1826, si personne ne le faisait auparavant. Je me suis procuré de longue main tous les matériaux dont j'avais besoin, j'ai plusieurs fois écrit à Rome; et dans le voyage que j'ai eu la consolation d'y faire pour visiter les saints apôtres, et gagner le jubilé de l'année sainte, j'ai obtenu des renseignements et acquis des ouvrages importants relativement à ce sujet. »

Il existait déjà plusieurs travaux de ce genre: P. Collet, Théodore du Saint-Esprit (1), et le religieux Ferraris avaient fait les plus remarquables; mais avec le temps étaient venues de nouvelles matières; en mettant à profit le Bullaire romain, et les documents de ses devanciers, M. Bouvier les agrandit et les compléta.

Sauf ma déférence pour l'avis des sages, je pense qu'il y a encore une lacune dans ce Traité.

En lisant le titre, l'idée se reporte involontairement vers une époque à jamais lamentable pour l'Eglise: celle de Luther. Alors les indulgences furent attaquées non seulement dans leur mode de distri-

---

(1) Carme déchaussé, consultant de la congrégation des indulgences.

bution, mais aussi par le fond même de leur essence. Luther, comme on sait, ne voulait pas que le pontife suprême fît fructifier pour la gloire de Dieu les dons de Dieu, c'est-à-dire qu'il recueillît en échange des indulgences la cotisation des fidèles, afin d'en consacrer le résultat à la fondation de la plus belle basilique du monde. En épiloguant sur des matières si compliquées, il en vint bientôt à les détourner de leur sens et à les dénaturer tellement, que les populations égarées doutèrent d'abord, puis tombèrent dans une confusion profonde, et finirent par ne plus croire. A voir le point de départ, on conçoit que de conséquence en conséquence les choses devaient aboutir à ce point, et à la subversion totale du catholicisme, si elle était possible. Il appartenait à M. Bouvier d'entrer dans ces considérations, qui sont du reste une partie intégrante de son sujet; or, il n'a pas dit un seul mot de tout cela.

Je souhaite vivement qu'il les ajoute à une édition nouvelle.

En résumé, M. l'évêque du Mans est une des gloires contemporaines de l'Eglise et de la France. Comme écrivain, ses titres sont nombreux et indéclinables; il a un nom que j'inscris à côté de Billuart, au-dessus de Tournély et de Bailly. Comme administrateur, le diocèse du Mans lui doit ses importantes fondations, son clergé admirable, l'ordre et la paix, et le bonheur de faire nombre parmi les populations les plus religieuses du royaume. Dans sa vie privée, nul homme n'inspire mieux et plus généralement l'affection; nul ne sait faire plus d'heureux, et utiliser au profit de tous, sans en rien prendre pour lui-même, les honneurs qui lui sont imposés; nul ne s'est trouvé digne au même degré de l'humble avantage de son obscurité originelle, comme de l'avantage qu'il eut d'en sortir. En un mot, toute l'ambition d'un prêtre appelé à l'épiscopat, doit être d'approcher le plus possible du modèle qui lui est offert dans la personne de M. Bouvier.

Chose rare assurément! le Solitaire, qui n'a pas encore écrit une notice sans éprouver de petites oppositions de la part des amis ou des ennemis intimes de ses personnages, se croit sûr de n'en rencontrer aucune aujourd'hui, dût-il raconter les différends des Bénédictins de Solesme et de M. Bouvier (1). M. Bouvier seul trouvera ses éloges exagérés, et les justifiera ainsi, sans le vouloir.

Parmi les prélats que désignait la voix publique, pour succéder à M. de Quélen, M. Bouvier n'a pas

(1) Il en sera parlé dans la notice de M. Guéranger, le savant abbé de cet ordre.

été le moins souvent nommé. Je ne puis dire si le gouvernement lui fit à ce sujet des ouvertures ; mais je sais fort bien que ce fut la pensée de plusieurs ministres.

Ceux qui aiment l'habile canoniste et l'administrateur vigoureux dans M. Affre, n'eussent point déploré assurément chez son compétiteur involontaire l'absence de ces avantages. De plus, son extérieur est plein de dignité, son attention scrupuleuse dans l'accomplissement des rubriques ; sans avoir un organe ravissant, il a la voix juste, et il sait les règles du chant, choses qu'on aime à Paris.

Pour les juges méticuleux, voici quelques mots encore :

Sa figure est maigre, mais d'une expression grave et spirituelle, son teint légèrement coloré, son front chauve, élevé et découvert ; sa lèvre inférieure un peu proéminente. Ses beaux yeux bleus annoncent la pieuse sérénité de son âme et la grâce de son esprit.

Il est parfaitement peint au Mans dans la salle du chapitre et au séminaire ; mais ce n'est point ici l'affaire du biographe. Je renvoie au dessinateur.

Artiste oublieux ou systématique, qui n'a pas mis la croix d'honneur sur la poitrine de M. Bouvier !

Paris.—Imprimerie de A. APPERT, Passage du Caire, 54.

Biographie du Clergé Contemporain.

M. DONNET

Archêveque de Bordeaux.

A. Appert édit. Passage du Caire, 54

M. DONNET

DE BORDEAUX

Archevêque de Bordeaux

A. Appert édit. Passage du Caire, 54

M. DONNET,

ARCHEVÊQUE DE BORDEAUX.

> C'est la religion chrétienne qui est la seule philanthrope par excellence.
> **CHATEAUBRIAND**, Génie du Christianisme. IVe part., liv. III.

> Nous pouvons saisir la vertu de façon qu'elle en deviendra vicieuse, si nous l'embrassons d'un désir trop âpre et trop violent. L'immodération vers le bien même, si elle ne m'offense, elle m'étonne et me met en peine de la baptiser. L'archer qui outrepasse le blanc fault comme celui qui n'y arrive pas.
> **MONTAIGNE**, Essais, liv. I, ch. 29.

> Évêques et prêtres, nous ne formerons qu'un seul corps.
> **M. DONNET**, Lettre pastorale.

Voici une Biographie que j'ai véritablement faite avec mon cœur, sous l'impression que m'ont laissée les Mandements de M. l'Archevêque de Bordeaux, lorsque j'eus le bonheur de les lire.

Ainsi disposé, j'ai senti courir ma plume sur le papier, si bien que au lieu de trente-six pages elle en eut bientôt couvert le double.

Or, pour obéir à des exigences raisonnables, je me suis vu forcé de retrancher çà et là de nombreux passages, par fois au dépens de la pensée.

Ferdinand-François Auguste DONNET naquit le 16 Novembre 1795 à Bourg-Argental, petite ville du Forez, entre Saint-Etienne et Annonay; et, ce jour-là même, fut baptisé par M. Fontaine, curé de la paroisse, vénérable vieillard non assermenté, qui trouvait un asile sûr dans chaque maison.

Son père exerçait la médecine; plus catholique à tous égards que ne sont ordinairement ses confrères, il eut l'honneur de déplaire aux Jacobins de son chef-lieu, et fut appelé en jugement. Pour tout moyen de défense, il prit la fuite; c'était bien raisonner. M. d'Aviau, alors archevêque de Vienne, avait fait de même. Les deux exilés se rencontrèrent sur les montagnes du Pila où ils cherchaient l'un et l'autre un refuge, et il s'établit entre eux des rapports d'intimité. Il y a dans le malheur bien des trésors, pour qui sait les y découvrir !

M. Donnet perdit de bonne heure ce respectable père; il conserva sa mère jusqu'en 1827. C'était une femme d'une érudition peu ordinaire, et surtout d'un jugement parfait.

A l'âge de deux ans, en 1797, il fut béni par M. d'Aviau, ce noble ami de sa famille; en 1802, il le vit encore.

Ecoutons-le.

« L'espèce de culte que nous nous étions accoutumé à lui rendre dans notre cœur, remontait aux jours mêmes de notre enfance.

« C'était dans son premier diocèse, alors que l'homme de Dieu gravissait les montagnes, le bâton du voyageur à la main, *évangélisant les pauvres, laissant venir à lui les petits enfants;* c'est alors que, petit enfant nous-même, nous eûmes le bonheur de le contempler, de recevoir ses caresses. *Oh! qu'ils nous parurent beaux, les pieds de cet ange de paix!* de quelle pieuse et touchante émotion notre âme fut pénétrée! et qui sait quel rayon d'amour échauffa notre cœur, pressé sur celui d'un pontife qui était tout amour, et qui nous apparaissait comme l'image de la divinité parmi les hommes! Ce sont là de ces impressions que tous les événements de la vie n'effaceront jamais; celui-là même qui les avait produites a daigné les renouveler par des marques touchantes de son souvenir, quand nous vînmes recueillir ses dernières paroles sur son lit de cruelles douleurs et d'angélique patience (1). »

Lorsqu'il fut dans sa huitième année, on le confia aux soins de M. l'abbé Aude qui venait de terminer l'éducation de Messieurs de Tournon, et qui fixa pour trois ans sa résidence à Bourg-Argental. Cet excellent homme, d'une vertu aimable et d'un talent distingué, est mort depuis, laissant dans tout le Forez d'impérissables souvenirs.

Des mains de M. l'abbé Aude (2), Ferdinand passa au collège d'Annonay où il termina ses études. Ce collège est encore dirigé par les prêtres qui s'y trouvaient alors. Le proviseur, M. l'abbé Tourvieille, qui lui fit faire à douze ans sa première communion, a prêché les deux premières retraites pastorales que son élève ait données, comme coadjuteur de Nancy et comme titulaire de Bordeaux.

En novembre 1813, M. Donnet entra au grand séminaire St-Irénée à Lyon.

(1) Lettre pastorale de M. l'archevêque de Bordeaux, à l'occasion de sa prise de possession et de son installation 1837.
(2) Auteur de quelques Réflexions sur le Concordat.

Sur son enfance et sa jeunesse, je ne sais rien autre chose, sinon que le lycéen n'était pas fort laborieux, et que le séminariste passait à bon droit pour le plus paresseux de sa classe. N'allez pas croire pourtant qu'il s'endormît dans l'insouciance et la torpeur : ici l'espiègle faillit cent fois se noyer en gravissant les rives escarpées de la Deume, cette jolie miniature de fleuve; là, et toujours du même cœur, il affrontait l'œil de ses professeurs de théologie, et, pour réciter une leçon demandée, saisissait le cahier de son voisin, le lisait intrépidement, acceptait comme siens les compliments, s'il y en avait à recevoir; sinon, les réprimandes; et n'en était pas moins réputé à bon droit l'un des sujets les plus distingués de son cours.

J'ai deux observations à faire :

D'abord, ceux qui aiment les indiscrétions me permettront de leur dire le nom de l'officieux voisin ; les hommes circonspects sont priés de ne pas savoir que c'était le digne abbé Perrin, aujourd'hui prêtre administrateur à Saint-Nicolas-des-Champs de Paris.

Je remarque, en second lieu, que les faits précités pourraient être mal édifiants, s'ils restaient incompris. Cette légèreté du caractère, évidemment préjudiciable sur quelques points, présente aussi d'immenses avantages, lorsqu'elle s'unit à des qualités excellentes du cœur; elle prolonge, pour ainsi dire, l'enfance, et semble perpétuer avec elle la candeur, l'ignorance des choses mauvaises, et toutes les saintes félicités de l'innocence native. Pour s'initier au vice, il faut s'aboucher avec les conseils des pervers, et réfléchir; pour le consommer, on cherche l'ombre. Tel est généralement le fait des natures hâtives; les autres n'ont ni l'idée ni le temps de s'arrêter; elles aiment le soleil, père des bonnes inspirations, et puisent la vie à ses rayons d'où elles sont écloses.

Erasme a fait *l'Éloge de la folie ;* l'espièglerie n'est pas de pire condition.

S'ensuit-il toutefois qu'un écolier doive laisser à d'autres le soin d'étudier pour lui? Comme la question m'embarrasse, je dis : Non ; mais j'en fais une autre : Si l'écolier veut et peut devenir par cette méthode, une des illustrations véritables de l'Eglise, qui a droit de l'en empêcher? Ceci me rappelle un passage de Cassien : « *Apollinarius dummodò sis, uti Apollinarius licet esse.* Sois lui, et sois comme lui. »

M. Donnet ayant fini ses cours avant le temps, fut fait professeur au collège communal de Belley, et quelque temps après ordonné prêtre. Son ordinaire, qui le connaissait bien, ne fut point effrayé de ses dispositions enfantines. Il l'apprécia comme avait fait un pape de Saint-Exupère, évêque de Cahors.

« Vif, joyeux, ami des bons mots, hardi jusqu'à la témérité, adroit sans dissimulation, savant sans peine, accueillant de la meilleure grace du monde *les railleries* et les mauvais traitements, doué d'une intégrité de mœurs, qui était rare dès ces temps-là, il fut appelé aux ordres sacrés en 328. »

Les railleries, qui le croirait? M. Donnet ne les évita pas toujours. Je sais qu'à l'époque de son entrée au séminaire, durant toute la première année, il fut en toutes lettres le jouet de ses condisciples. L'un d'eux m'écrit qu'il passait même alors pour une espèce d'*idiot*. Révoltez-vous, lecteur, je vous trouve naturel et fort juste ; mais M. Donnet passait pour un *idiot*. Peu s'en fallut qu'il ne rentrât dans ses foyers, au détriment d'une vocation précieuse. Comment s'expliquer cette étrangeté? Comment arriva-t-il qu'après un an, le moqué devint le moqueur, et se fit immédiatement la réputation de *farceur* (1) qu'il a, moyennant certaines réserves, conservée depuis? Vous pouvez vous en informer.

Nous avons vu M. Donnet à son début dans le ministère évangélique. Je n'avais point dit qu'il fut tonsuré en 1813, et fait sous-diacre en 1817, à Lyon; puis diacre et prêtre en 1819, à Grenoble.

Aussitôt après sa consécration sacerdotale, on le nomma vicaire de La Guillotière, où il resta pendant un an.

Il passa l'année suivante, à la maison des hautes-études, fondée dans l'ancienne Chartreuse de Lyon, par M. le cardinal Fesch. MM. Dufêtre, Marcel et Charbonnière, M. Suchet, grand-vicaire actuel d'Alger, plusieurs autres prédicateurs plus ou moins remarquables, sont sortis de cette retraite. M. Donnet s'estima heureux de partager leurs travaux et leur bonheur (2); il s'en montra digne surtout. Après avoir exploré de nouveau ce

(1) Qu'on me passe cette expression; aussi bien que personne, je sais qu'elle est triviale, et qu'il s'agit ici d'un homme vénérable. J'aurais pu facilement en choisir une plus recherchée, mais celle-là est consacrée, je l'aime mieux. Je la renvoie à qui lui prêterait un sens qu'elle n'a point ici.

(2) Cette société de prêtres a été fondée par Saint-Charles Borromée. Ceux qui la composent s'appellent les *Oblats*.

domaine immense de l'oraison, le dernier secret du génie, et soumis à la plus rigoureuse épreuve les notions théologiques qu'il avait précédemment acquises, il composa un corps de discours, et commença ses missions sous la conduite de M. de Chamon.

Il parcourut ensuite plusieurs villes du Lyonnais, de la Bresse et du Languedoc : Charlieu, Ambierle, Millery, Pont-de-Vaux, Saint-Étienne, Saint-Chamont et Tournon. A une date postérieure, j'examinerai le genre particulier de son éloquence, et quels fruits elle a dû nécessairement produire. Hâtons-nous, et abrégeons pour ne rien omettre.

Irigny, petit bourg situé à deux lieues sud de Lyon, fut, en 1822, le théâtre d'une émeute. A quels propos? Peu importe. Toujours est-il que des tentatives avaient été faites itérativement pour rétablir la paix, et qu'elles restaient inutiles, lorsque l'autorité jeta les yeux sur M. Donnet, et le nomma desservant de cette succursale; on appréciait déjà son esprit de conciliation.

A peine arrivé à Irigny, le nouveau pasteur se fit connaître de ses brebis, et les connut lui-même; toutes se réunirent dans l'affection qu'il leur inspirait ; et en quelque temps, il n'y eut plus apparence de discorde.

C'est là que M. de Monblanc, archevêque de Tours, alors coadjuteur de M. du Chilleau, vint le prendre pour lui confier la direction de ses missions diocésaines.

Les supérieurs ecclésiastiques de Lyon le cédèrent pour cinq ans au prélat. Il partit, et il évangélisa Chinon, Bourgueil, Amboise, Montrésor, Loche, Cormery, Neuvy-le-Roi, Richelieu, Vouvray-sur-la-Cise, Vernoux, Rochecorbon, Sainte-Maure, Champigny, Neuillé-Pont-Pierre, Saint-Paterne, Saint-Christophe, etc.

Il avait pour compagnons de ses travaux, les ecclésiastiques que j'ai nommés en parlant de la *chartreuse*. Son zèle, aussi infatigable alors que dans ses excursions premières, fut encore une fois couronné par des succès réels. J'ai visité la Touraine, et je sais qu'il n'y laissa pas des impressions d'un instant.

Il fut nommé vicaire-général de Tours.

M. l'évêque de Blois venait de prendre possession de son siège. Il n'avait pas de grand séminaire. Il pria M. Donnet et quelques hommes attachés à sa société, de combler cette lacune déplorable ; il le nomma supérieur et chanoine honoraire, et il lui confia en même temps la direction du petit séminaire.

Les deux maisons étant presque contiguës, la surveillance pouvait s'exercer facilement sur l'une et sur l'autre. Rappeler tous les sujets disséminés dans les diocèses voisins, et dont une bonne partie s'était attachée à des administrations étrangères, à celle d'Orléans surtout, mûrir et coordonner un plan d'études, le réduire à l'application, fondre en une seule et uniforme méthode d'éducation une multitude infinie de principes puisés à des sources diverses, former le matériel de ces établissements et leur assurer un avenir, et les placer, sur tous points, au niveau de ceux qui vivent ailleurs depuis des siècles, ce fut l'affaire d'une année pour M. Donnet. Saint-Paul a dit qu'avec de la foi, l'homme soulèverait des montagnes.

Cependant, M. Donnet laissa bientôt les deux séminaires entre les mains de MM. Coindre, Lyonnet et Dormant. Il établit à Blois une succursale de la maison des missionnaires de Saint-Martin, et reprit le cours de ses prédications à Vendôme, Romorantin, Saint-Aignan, Mondoubleau, Saint-Dié, etc., etc. recueillant toujours dans la joie de

Dieu et de son cœur, les fruits de grace les plus abondants.

Le *Solitaire* était alors un bien jeune homme. Il fit partie d'une retraite prêchée par M. Donnet à des écoliers, et vous allez voir comme il eut peur.

L'auditoire se composait de diverses sections; il y avait ce qu'on appelle *les grands*, *les moyens* et *les petits*; j'étais de ces *petits*. Un jour, ma section manqua d'exactitude et n'arriva qu'après l'exorde d'un discours *sur l'enfer*. Plutôt par discrétion qu'autrement, chacun se précipita, et ce fut à qui s'assiérait le premier, le plus près possible de la chaire; pour abréger le chemin, on escalada les bancs; en trois sauts, comme les coursiers d'Homère, de l'un à l'autre, on arrivait à son but. Au moment où je rivalisais d'agilité avec mes confrères, mon pied, mal posé, glisse sur l'angle d'un tabouret, je roule avec un fracas horrible sous les bancs qui se renversent et me recouvrent. L'orateur ne s'était pas encore arrêté; à cet instant même, sa voix part comme un tonnerre, et j'entends ces mots : *Allez, maudit, au feu éternel!*

Je me sentis décidément en enfer, et je restai sans vie sur la place pendant plusieurs minutes; je n'ai jamais été plus malheureux ; il en faut moins pour mourir.

Revenu à moi, je fus emporté loin de cette scène douloureuse, où j'aurais bientôt pris tous mes condisciples pour des *Astaroth ;* les auditeurs se remirent en place, et M. Donnet continua.

J'ai su qu'il s'était bien désolé d'avoir damné un homme pour la première fois ; il fit son discours suivant *sur le Paradis*, et nous en dépeignit les félicités en termes si ravissants que je souhaitai *d'y tomber pour n'en plus revenir.*

M. Donnet, en 1827, fut rappelé à Lyon, et nommé curé de Villefranche.

« Paroisse de Villefranche, objet de toutes nos affections pendant plusieurs années, et si chère à notre cœur, soyez bénie ! Vous nous avez été si tendrement unie que nous ne pouvons encore nous croire séparé de vous. Ah ! nous vous resterons toujours attaché, *absent de corps, mais présent d'esprit.* Vous n'êtes plus soumise à notre sollicitude paternelle ; elle vous suivra cependant, elle ne vous perdra jamais de vue (1).

A côté de ces lignes si touchantes et si belles

---

(1) Mandement pour le carême de 1836.

sous tous les rapports, j'aurais voulu placer l'expression des regrets qu'il laissa dans sa paroisse, et montrer, jusque dans ses plus mystérieux détails, la cause de tant de reconnaissance et d'affection réciproques, mais d'autres faits réclament l'espace qui me reste.

Sa nomination comme coadjuteur de Nancy et de Toul date de 1835.

On sait que, par suite de certaines dissensions plus ou moins civiles et religieuses, ce diocèse était sans évêque résidant depuis bien des années. Tous les efforts, tous les ménagements et toutes les promesses du monde, n'avaient pu faire que le titulaire fût réintégré dans son administration. L'opposition de la part des laïques était effrayante; de la part d'une fraction considérable du clergé, elle n'était pas moindre.

Est-il vrai que le gouvernement se constitua plusieurs fois l'avocat de M. de Forbin-Janson? ou, comme l'affirme ce prélat, le seul et réel obstacle qu'il eût à surmonter n'était-il autre que le gouvernement? La réponse présente des probabilités diverses.

Quoi qu'il en soit, le gouvernement fit proposer à M. de Forbin-Janson, un coadjuteur ou un évêque suffragant, lui laissant le choix du sujet, disent les uns; lui désignant M. Donnet, disent les autres. Je crois que le duc d'Orléans avait vu le curé de Villefranche, en traversant cette ville, et je suis sûr que M. l'évêque de Nancy avait fait chez lui un séjour de quelques semaines; ce qui suffisait, en tout cas, pour que l'un et l'autre pût l'apprécier, l'estimer, l'aimer et s'entendre merveilleusement sur le choix.

Il n'y eut donc point de contestation. M. de Janson dut écrire à M. Donnet, pour lui faire connaître ses désirs et les arrangements, même pécuniaires, qu'il prendrait avec lui; et, après lui avoir donné les informations essentielles, il lui déclara que le poste lui convenait, et qu'il convenait au poste; puis, en confirmation de sa parole, il réfutait les objections qui allaient se présenter au candidat, et il terminait par les protestations les plus vives et les plus sincères d'un inaltérable dévouement.

M. de Janson écrivait au Souverain pontife, le 27 février 1835 : « J'aimerais mieux un coadjuteur avec future succession qu'un suffragant... Je propose... M. Donnet, âgé de quarante ans, etc., etc. Étant coadjuteur, il aura plus de grace, d'autorité et de facilité pour administrer mon clergé et mon troupeau, adoucir les esprits et les rapprocher... Je n'en connais point de plus digne, de plus habile dans la science du sacerdoce qu'il pratique depuis seize ans, de plus indissolublement uni à la chaire infaillible de Rome, de plus pieux et de plus capable à tous égards... Son habitude de faire des retraites ecclésiastiques est un des grands motifs qui m'ont déterminé. Si jamais je rentrais dans mon diocèse, je pourrais l'employer encore à ce genre de ministère...

Je citerai la pièce en entier, dans une notice spéciale sur M. de Forbin.

M. Donnet fut préconisé à Rome, le 14 avril 1835. Il quitta Villefranche, le 4 mai; et fut sacré à Paris, le 31, dans la chapelle des Dames du Sacré-Cœur, par M. de Forbin-Janson lui-même, assisté de MM. de Meaux et de Versailles. Il arriva à Nancy le 8 juin.

Certes, comme l'avait dit son titulaire, la tâche était rude. Les discussions se réveillèrent à l'apparition de M. Donnet, plus violentes que jamais. On n'ignorait pas que M. de Janson, pour tout ou partie, avait provoqué cette nomination. Quelles que fussent les garanties offertes par les précédents du coadjuteur, on crut qu'il était naturellement sous le coup d'une influence détestée; une grande partie du clergé le reçut avec les égards dus à un ennemi puissant. Il y eut d'ailleurs des révoltes ouvertes; on était à la veille d'une nouvelle conflagration.

M. Donnet resta calme, prit le temps de réfléchir, et jugea qu'une retraite ecclésiastique pourrait produire d'excellents effets. Cette retraite eut lieu ; il ne s'était pas trompé.

Quand on entendit cette parole douce, simple, limpide et généreuse comme la pensée qu'elle exprime, quand on eut vu s'épanouir sur cette noble figure un sourire plein de bonheur, d'affection et de pieuse confiance, les idées changèrent; on sentit s'éteindre les préventions; on vit qu'au lieu d'un vil espion qu'on avait l'injustice de chercher en lui, on n'avait trouvé qu'un frère. La face du diocèse fut renouvelée.

« Notre espérance n'a pas été vaine, disait-il lui-même..... La manière affectueuse dont nous avons été accueilli est un heureux présage des bénédictions que le ciel semble promettre à notre ministère auprès de vous..... Ainsi se sont dissipées, presque aussitôt que nous nous sommes trouvé en face de vous, les inquiétudes qui avaient pu nous préoccuper à notre entrée dans ce diocèse (1). »

Il ne craignait point ensuite d'avouer qu'effectivement sa nomination n'était point étrangère à M. de Forbin.

« Combien ce témoignage..... sera consolant pour le vénérable titulaire qui n'a jamais cessé de s'intéresser à ce qui vous touche ! C'est à son choix que nous devons l'honneur de vous apporter le don du ciel dont les évêques sont les dispensateurs. Si donc nous vous connaissons, si nous vous aimons, c'est à lui, après Dieu, que nous en sommes redevable.

« Votre docilité seule peut préserver ce diocèse de ces cruelles collisions qui ont déchiré notre cœur dans les premiers moments où il nous fut donné d'habiter parmi vous, et dont nous pleurons encore les trop lamentables résultats (2). »

Non content de préparer les voies devant lui pour le libre exercice du ministère pastoral, M. Donnet s'était imposé en quelque sorte l'obligation de réhabiliter le prélat malheureux.

(1) Mandement pour le carême de 1836.
(2) Ibidem.

Lors de sa nomination à l'archevêché de Bordeaux, il écrivait en faisant ses adieux à Nancy.

« Nul de vous ne pourra croire que nous ayons pris de nous-même la résolution de vous quitter. Ah ! s'il en était ainsi, l'amertume que nous cause cette prochaine séparation nous ferait expier douloureusement une démarche inspirée par des vues trop humaines. Non, vous nous connaissez trop bien pour admettre une supposition si injurieuse à notre caractère.....

« Ne serions-nous pas en droit d'espérer que votre premier pasteur, depuis long-temps absent, et qui éprouve de son éloignement d'inexprimables souffrances, jouira à l'avenir des efforts que nous avons tentés pour adoucir les cœurs, et pour détruire la barrière qui empêche un père d'embrasser ses enfants ? Ce père tendre, vous connaissez son affection, son zèle, ses intentions généreuses ; il nous a ouvert bien des fois son cœur ; et, loin d'y trouver ni fiel ni amertume, nous n'y avons jamais trouvé que dévouement, que charité, un ardent désir de vous revoir et de vous consacrer ses talents, sa fortune, ses succès, sa vie entière. Vous êtes l'objet exclusif de ses pensées ; et si vous nous rendez la justice de reconnaître que nous ne nous sommes jamais fait le représentant d'aucun parti, que nous n'avons jamais confondu les choses de la terre avec les choses du ciel; si nous n'avons jamais mis une opinion, une passion, un intérêt à la place de Dieu, dont nous vous apportions les miséricordes..... si enfin vous avez trouvé sur nos lèvres un langage d'union, si nos doctrines ont été des doctrines de paix, nous n'avons été que fidèle à la mission que nous avions reçue; nous avons été l'exécuteur du mandat de concorde et d'amour qui nous fut remis par votre évêque, lorsqu'il nous préposa à la garde de ce qu'il avait de plus cher au monde.

« Accordez cette consolation et ce succès aux derniers efforts de notre ministère. Nous faisons plus que vous le demandez, souffrez que nous usions pour cette fois de l'autorité du commandement..... (1) »

Ces extraits sont un peu longs, mais singulièrement utiles, en ce qu'ils résument, comme fond biographique, le séjour de M. Donnet à Nancy, et parcequ'ils présentent, sur son caractère noble et sensible, la plus parfaite idée qu'on puisse avoir.

(1) Mandement de M. le coadjuteur de Nancy et de Toul à l'occasion de sa nomination à l'archevêché de Bordeaux.

C'est le 2 juillet 1837, qu'il prit possession de Bordeaux.

Si, une première fois, il avait consenti à quitter sa chère paroisse de Villefranche pour un évêché, de grandes raisons l'y déterminaient : à savoir l'espérance de sauver une église désolée, et celle de beaucoup souffrir pour la gloire de Dieu. Ici au contraire, il s'agissait d'une récompense et de sa gloire personnelle ; il opposa donc à sa nomination une très vive résistance, et on peut vraiment lui appliquer ce qu'un vieux poète disait de saint Désir.

 Eligitur, trahitur, sacratur et arce locatur (1).

Il faut bien répéter ce que j'ai dit de plusieurs autres. Après la mort de M. de Quélen, les journaux annoncèrent aussi que M. Donnet serait appelé à lui succéder. On donna cette nouvelle comme certaine durant plusieurs jours ; puis on devina qu'il avait repoussé toutes les propositions du gouvernement. C'était là une fable fort innocente ; car le vraisemblable n'est pas non plus toujours vrai. Ni directement ni indirectement, aucune offre ne fût faite alors à M. Donnet. Quand on lui apprit toutes ces

(1) Moysiacensia acta.

divagations de la curiosité publique, et la décision qui fut prise finalement, il se contenta de dire : *je suis heureux d'y voir tout autre que moi ;* ce qui n'était que modestie, et point du tout allusion satyrique dans son intention ; ce qui d'ailleurs sera susceptible de mille interprétations malignes.

Je m'arrête maintenant à enregistrer de point en point tous les actes de son administration diocésaine actuelle. C'est la plus belle partie d'une existence qui tout entière est éminemment belle.

En entrant à Bordeaux, il prit pour ses grands-vicaires MM. Barès, Gignoux et George. M. Barès qui avait été préfet du Puy à une autre époque vient de mourir ; M. George succède à M. Gousset sur le siège de Périgueux ; le premier remplacé par M. de Vésins, ancien préfet de Rodez et père de cinq enfants, le second par M. Martial, curé de Saint-Pierre.

Ayant trouvé les sulpiciens à la tête de son séminaire, il jugea convenable de les y laisser.

M. Hamon est supérieur du grand séminaire ; la direction du petit séminaire est confiée à M. Lacombe.

Puissent-ils réaliser une des pensées qui semblent dominer M. Donnet : celle d'établir parmi ses prêtres la plus parfaite union !

«Continuez, leur disait-il lors de son installation, continuez d'habiter la maison du Seigneur dans l'unanimité des sentiments, n'ayant tous que les mêmes affections, vous souvenant que l'union fait la force ; et ne souffrez entre vous d'autre émulation que celle des vertus et de la science...... Père saint, gardez vos enfants, afin qu'ils soient un, qu'ils soient consommés en un, et ne fassent qu'un cœur et qu'une âme (1). »

C'est pourquoi ses Mandements sont pleins d'exhortations à la mansuétude et à la charité. Ce qu'il admire par-dessus tout dans M. d'Aviau, c'est *son esprit de bienveillance et sa générosité ;* chez M. de Cheverus, c'est *cette patience à toute épreuve, cette douceur inaltérable, la modération,* cette vertu tout évangélique empruntée par la sagesse humaine à la morale du Dieu sauveur *qui n'eût pas éteint la mèche encore fumante, ni brisé le roseau à demi rompu,* la modération si compatible avec l'énergie et par laquelle il savait, chose difficile, gouverner en conciliant et *garder la mesure jusque dans le bien.*

« Evêques et prêtres, ajoute-t-il, nous ne formerons qu'un seul corps..... »

(1) Mandement à l'occasion de sa nomination à l'archevêché de Bordeaux.

Ces dernières paroles sont un engagement solennel qu'il a pris et maintenu.

Du reste, en traçant l'éloge de MM. d'Aviau et de Cheverus, il s'est peint lui-même à son insu ; il ne restait plus à son clergé que le soin de l'imiter, et son clergé l'a fait.

Fort de cette union bienheureuse, et secondé par le zèle de ses grands-vicaires, il tenta des améliorations ardemment désirées ; il réussit au-delà de ses vœux.

« Le moment arrive, dit-il, de rendre à notre diocèse cette inappréciable institution des conférences ecclésiastiques qui nous conserva le flambeau des sciences sacrées et l'esprit du sacerdoce..... Deux fois rétablies par nos derniers prédécesseurs, et deux fois interrompues par le malheur des circonstances, il est temps de les reprendre pour ne plus les abandonner.

Les conférences de Bordeaux avaient une vieille renommée. « Depuis le cardinal de Sourdis, *ce Borromée de la France,* ce bienfaiteur incomparable de l'église de Bordeaux, MM. de Béthune et de Bourlemont, Armand de Bezons, Voyer d'Argenson et de Maniban, ses successeurs, en avaient toujours fait une des premières obligations pour ur clergé ; et, afin de prévenir tout relâchement, ils avaient cru devoir menacer des peines canoniques quiconque s'en absenterait deux fois de suite sans une permission expresse du vicaire forain qui en demeurait chargé devant Dieu, ou sans des raisons urgentes qui devaient être soumises dans la huitaine à l'approbation des supérieurs (1). »

On remarque à la page 11 de cette lettre une parole que je livre aux méditations de tous les évêques du monde :

« Les travaux de chaque conférence nous seront soumis ; nous les examinerons avec soin, nous aimerons à apprécier le mérite de chacun, à discerner des talents qui peut-être ne nous étaient pas assez connus... »

Je signale ensuite à d'autres ces premières lignes de l'article 5 du *dispositif* :

« Tous les membres de la conférence dîneront ensemble chez M. le curé ; et aucun laïque n'y sera invité. Le dîner sera simple et modeste, et *il ne pourra y avoir plus de cinq plats.* »

M. Donnet ne croit pas que l'esprit humain n'ait désormais d'autre condition de vie qu'un

---

(1) Lettre pastorale.

mouvement rétrograde vers des époques achevées; contre l'opinion malheureusement répandue chez les dignitaires de l'église, il admet la possibilité, la nécessité, la réalité du progrès.

« Au milieu de ce mouvement qui emporte la société, le clergé, dit-il, ne doit pas rester stationnaire. Il faut vous souvenir que dans tous les temps le sacerdoce a devancé, a dirigé l'essor des esprits, et a exercé la royauté de l'intelligence.... Le prêtre est par état un homme d'étude, puisque *ses lèvres doivent être les dépositaires de la science, et que de sa bouche les peuples doivent apprendre les règles de la loi.*

« Or sa noble mission lui deviendra facile par les conférences, s'il est fidèle à apporter le fruit de ses études, à profiter des travaux de ses frères dans le sacerdoce, à leur soumettre les siens... »

M. Donnet discute ensuite cette question des conférences avec une lucidité admirable. Ici comme ailleurs, je me suis senti assez de bon sens pour comprendre que je devais quitter la plume, et le laisser parler lui-même. Si l'on en excepte quelques redondances, bien naturelles dans le laisser-aller d'une lettre confidentielle, ou d'un mandement qui n'est et ne doit être qu'une pieuse *causerie*, je trouve qu'après M. de Quélen, M. Donnet est celui de tous les prélats d'aujourd'hui qui écrive le mieux à ses fidèles. Le cœur et l'esprit surabondent à l'envi l'un de l'autre dans chaque ligne, dans chaque mot; il est d'une simplicité charmante, et d'une élégance naïve; on s'étonne de sa prodigieuse érudition sans presque s'en apercevoir autrement que par hasard, tant il sait la voiler ingénieusement, la fondre dans sa pensée propre, et se l'assimiler !

A côté de l'œuvre des conférences vient celle des retraites ecclésiastiques. M. Donnet possède, lui aussi, le don de se multiplier: « Je suis heureux, disait-il en 1837, d'avoir à transmettre le compte de l'œuvre de ces retraites... Jaloux de la voir s'agrandir, se perfectionner et s'étendre, j'ai dû en étudier plus particulièrement l'esprit et les règles, l'examiner à sa naissance, la suivre dans sa marche à travers les années qu'elle a déjà parcourues. Une œuvre si sainte ne saurait rencontrer un indifférent, encore moins un contradicteur. *Cinquante-trois anciens du sacerdoce* dont elle a adouci et soulagé les dernières années, ou dont elle console encore la retraite et les vieux jours, sont un hommage à son institution.

« Cependant elle éprouve quelque gêne en ce moment. Ses paiements n'ont pu être complétés... J'ai dû en rechercher la cause..... Je n'ai pas voulu connaître les noms des anciens prêtres qui à la naissance de l'œuvre n'ont pas souscrit pour elle. Mais une fois l'œuvre en activité d'après le vœu de la presque unanimité, il me semble qu'elle est devenue la dette de tous, si non par droit rigoureux, du moins par sentiment de réciprocité et de délicatesse..... Si nos collaborateurs en retard de souscrire se trouvaient eux-mêmes dans le besoin, nous serions disposés à venir à leur secours...

« Je suis convaincu, comme la commission, que ce retard ne provient dans aucun d'eux, ni d'un esprit d'indifférence, ni d'un calcul mesquin... sur un versement réduit à dix ou quinze francs... Je me bornerai à leur rappeler que.... liés par le sacerdoce à la grande famille ecclésiastique du diocèse, ils le sont par là même aux engagements qu'elle a pris... qu'héritiers de leurs pieux confrères dont ils tiennent la place, ils le sont devenus naturellement des obligations et des charges de cette même place (1). »

Je n'ai rien vu de touchant comme les sollicitudes paternelles, les plaintes et les redites même

(1) Lettre pastorale.

de ce bon archevêque. Je gâterais le morceau en le commentant.

Infatigable dans ses idées d'améliorations, toujours avide du bonheur et de la gloire de son église, il se porte en effet sur mille positions à la fois. Là, c'est une quête générale en faveur de la maison de Verdelais, *célèbre dans nos annales catholiques,* fondée et rachetée par M. de Sourdis en 1624 et par M. d'Aviau en 1821, édifice antique, sanctuaire vénéré qui menace ruine. Ici, par une ordonnance du 15 mars 1841, il institue dans son diocèse des archidiacres et des archiprêtres ; nomme archidiacres, MM. de Gignoux, de Vésins (1) et Martial, ses vicaires-généraux : le premier archidiacre de Bordeaux, le second de Bazas, le troisième de Libourne. MM. les curés de Saint-André, de Bazas, de Libourne, de Lesparre, de La Réole et de Blaye sont les six archiprêtres qu'il choisit.

Je lis dans sa lettre pastorale du 22 mars : « A dater du quatrième dimanche de carême, nous monterons plusieurs fois le jour dans la chaire de notre église métropolitaine. »

En dehors de ces actes, il veille sur l'existence de ses pauvres, *la portion du troupeau la plus chère à son cœur parce qu'elle est la plus malheureuse.*

(1) Aujourd'hui évêque d'Agen.

Il établit des règlements pour définir d'une manière précise les droits respectifs des curés et des maires touchant la sonnerie des cloches, et la garde des clefs de l'église. « Je profite de cette occasion, dit-il, pour vous prier de rechercher tout ce qui, dans votre paroisse, et en particulier dans votre église, peut intéresser la religion, l'histoire, les sciences, les beaux-arts, et de nous adresser sur ces objets une notice qui contienne les résultats de vos découvertes et de vos observations. Vous nous direz ce que vous savez touchant la fondation et la construction de l'église, ce qui s'y trouve de remarquable en fait d'architecture... Le petit séminaire manque d'une bibliothèque, pensez à lui dans vos dispositions testamentaires. Nous désirerions qu'il possédât un cabinet d'histoire naturelle : si vous aviez à lui offrir quelques collections de coquillages, etc., etc., vous nous rendriez un important service. »

Son mandement pour les victimes des inondations du Rhône est remarquable entre ceux qu'il a faits, sous le rapport du style et de la pensée. « Ces populations nous sont connues, dit-il, nous avons vécu au milieu d'elles; elles nous sont restées chères à tant de titres ! Nous en avons reçu il y a peu de temps encore, des marques si touchantes d'affection ! Et si une providence, quelquefois sévère, mais toujours adorable, vous réservait de pareilles épreuves, votre archevêque irait intéresser à vos malheurs ces mêmes populations dont la charité lui apparaissait si active, si intelligente dans des jours qu'il ne saurait oublier. Il en serait compris, et il reviendrait à vous les mains pleines des dons de leur reconnaissance.

« Bonne ville de Bordeaux, si féconde en sentiments généreux, que le ciel, en retour, te bénisse (1) ! »

En 1839, M. Donnet avait donné les mêmes preuves de dévouement pour les réfugiés espagnols.

Les opinions politiques de M. Donnet ne sont pas bien définissables dans nos terminologies parlementaires. Il n'y a point à la chambre des Députés une banquette où il pût s'asseoir ; ce qui signifie qu'il n'est, à proprement dire, ni légitimiste, ni doctrinaire, ni centre-gauche, ni juste milieu, ni démocrate ; il est archevêque (2), il a de

---

(1) Pour les Victimes du tremblement de terre de la Martinique.
(2) Boetius, cinquième évêque de Bordeaux, assiste au concile d'Orléans, de 480 à 507, et il signe le troisième, ce qui marque son rang d'évêque. *Histoire de Bordeaux.*

la bonne foi, du sens et de la charité, voilà sa Constitution ; il affecte le royaume de Dieu plus que le budget ou les portefeuilles. Sans être l'ennemi de César, il est l'ami du peuple, comme on l'a dit de saint Désir : « *Regi fideliter serviens, domini ut populi gratiam conservabat.*

Toutefois, M. Donnet défend la *nature divine de l'association* (Mandement pour les victimes de la Martinique) (1) ; ailleurs, il ose approfondir la plaie de la société : « Il y a des larmes dans tous les yeux, des gémissements dans tous les cœurs, la plainte est sur toutes les lèvres ; le monde se trouble dans les visions de l'avenir, et nous pouvons bien dire avec l'apôtre : « Le monde se trouble dans un douloureux enfantement ? Sera-ce la vie ? sera-ce la mort, qui sortira de ces cruelles étreintes ?.. » Et il en trouve le secret : « Voyez le pouvoir comme hésitant partout et doutant de lui.... »

Quand une assemblée provinciale excommuniait Arsicinius, pour avoir pris le parti de Gondebaud contre Gontran (588), « ces foudres ecclésiastiques, dit Guillaume de la Croix, ne préjudiciaient en rien à la sainte réputation du prélat, auprès des justes

---

(1) Væ soli, quia si ceciderit, non habet sublevantem se.

appréciateurs des choses. Quippe quùm proclivi sint animo in hujuscemodi civilibus dissensionibus, re nundùm satis compertâ, alteri adhærere parti, cui favendum sine culpâ, vel si non absque errore, autumes... » Le sens de ces paroles, en langue française, est qu'on a tort de juger trop brusquement les profils politiques de certains hommes, et que la *Gazette* n'excommuniera pas M. Donnet, à cause de sa circulaire *pour la fête du Roi et le baptême du comte de Paris*. Cette circulaire est encore un morceau ravissant de style, de philosophie et de douceur chrétienne.

On ne saurait assez dire, du reste, que M. Donnet ne joue pas un rôle politique, mais qu'il fait servir à la gloire de Dieu le peu de bien qu'il trouve parmi les hommes, sans se soucier beaucoup des tristes utopies qui nous tourmentent. Il sait le fond qui lui reste à faire sur la conscience des opinions, et les regarde passer comme les nuages sur sa tête, ou l'eau du fleuve à ses pieds; pour lui, comme pour nous, la Vérité est à Dieu, et *seule elle demeure éternellement*.

Pour aborder la vie privée de M. Donnet, en quittant sa vie publique, il y a peu d'espace à franchir. La dernière a, pour ainsi dire, absorbé l'autre, et ses qualités ont toutes pris un caractère social, pour que rien de sa personne ne fît défaut à la félicité d'autrui.

Ainsi, dans les relations intérieures même esprit, même douceur, même finesse de tact, même franchise, même intelligence. S'il prêche avec une étonnante facilité sur des sujets de morale ou de dogme, le charme de sa conversation toujours coulante et spirituelle nous fait songer à Fénélon; s'il sait tenir tête à l'orage et calmer un diocèse perdu, il a sur lui-même un ascendant non moins extraordinaire, et il vous accueille avec un sourire au moment où l'affreuse goutte lui dévore les jambes (1). Maurilion faisait plus, mais il ne faisait pas mieux.

S'il sut refuser les honneurs offerts à ses talents et à ses vertus, il sait aussi ravir à sa *représentation* et aux mets de sa table, le pain nécessaire pour ses chers indigents, et pour la pension des pauvres enfants qui se destinent au sacerdoce; s'il tient son rang, comme un père de l'Église, avec les rois, il

---

(1) Maurilio, dit Grégoire de Tours, urbis episcopus graviter ægrotabat ab humore podagrico, sed super hos dolores humor quos ipse commovit, magnos sibi cruciatus addebat. Nam sæpè cadens ferrum tibiis ac pedibus defigebat, *quo facilius cruciatum sibiampliùs daret.* La réflexion est profonde!

défend le faible contre le puissant, protège celui qui n'a point de soutien, est béni par les lèvres de la veuve, et se fait l'œil de l'aveugle, le pied du boiteux et le père des orphelins (1). Il va peu à la cour, et visite beaucoup les prisons et les hôpitaux, et ses séminaires où il reste volontiers de sept heures du matin à sept heures du soir. Je suis sûr qu'il connaît le nom, le caractère et la capacité de chaque séminariste, mais je doute qu'il puisse bien nommer par cœur et de suite tous les membres de la famille de Louis-Philippe. S'il convertit en chaire, sa puissance n'est point inférieure dans des relations confidentielles; tout le monde le sait, à Bordeaux. Celui qui, dans ses visites pastorales, court après l'humble brebis et la rappelle de son égarement pour la joie du ciel, celui-là travaille dans la noble modestie de son cœur à des conversions immenses. On m'a raconté que M. Donnet avait fait demander par M. de Châteaubriand et par l'aumonier de la conciergerie, pendant son dernier séjour à Paris, une audience à M. de La Mennais. Il voulait, disait-il, jeter son cœur à cette pauvre âme; oh! sans doute, éloigné des idées de haine et de sacrilège jalousie qui en ont

(1) Job.

poussé d'autres, M. Donnet devait réussir, si l'heure de Dieu avait sonné!

Je trouve dans une de ses lettres un mot qui suffirait pour faire apprécier son cœur :

« Dans notre visite pastorale, les mères sont invitées à nous présenter pendant le trajet de l'église au presbytère, leurs petits enfants que nous serons heureux de bénir. »

J'aurais voulu me résumer, si j'en avais eu le temps; et, si je n'avais craint les censeurs délicats, vous dire que M. de Bordeaux est d'une taille ordinaire, d'une constitution à toute épreuve, d'une physionomie spirituelle, animée ; que ses yeux respirent la bonté, que sa main est remarquablement belle et d'une grande blancheur. Je termine par un passage latin que je traduirai plus tard.

Nimirùm solemne nostris est præsulibus ut suorum morum integritate haud contenti, alios ad omnes sanctitatis numeros instituant informentque; nec satis illis est dedisse aliis documenta virtutum, nisi etiam eximiæ sanctimoniæ dent seipsos exemplar (1).

1ᵉʳ Juin 1841.

(1) Guillaume de Lacroix.

Paris.—Imp. de A. APPERT, passage du Caire, 54.

Biographie du Clergé Contemporain

Mgr BELMAS

Evêque de Cambrai.

A Appert édit Passage du Caire

Mirabeau plus éloquent que jamais défendit l'assemblée. Maury le surpassa, et se surpassa lui-même; il fit tout ce qu'il put, dit M. Thiers, pour se faire interrompre et provoquer des explosions.

Biographie du Clergé Contemporain

M. BELMAS,

ÉVÊQUE DE CAMBRAI.

> Les prêtres constitutionnels ne sont point coupables ; ils sont constamment demeurés attachés à la religion catholique.   BARRUEL, 52. Suppl.
>
> La Providence n'a pas permis que l'Église constitutionnelle ait rien changé à la doctrine de l'Église.
> EMERY.
>
> Ce fatal arrêt.... doit reléguer tous les ecclésiastiques du royaume entre l'apostasie et la proscription, entre l'indigence et le parjure.
> Discours de l'abbé MAURY, sur la constitution civile du Clergé. (Séance du 27 novembre 1790.)
>
> Quasi l'universalité des évêques de France, la majeure partie des curés, croient que les principes de leur religion, de cette religion que la persécution fortifie et qui ne connait sur la terre aucune autorité à laquelle elle doive céder, ne leur permettent pas d'obéir à vos décrets.
> Disc. de CAZALÈS, sur le remplacement des ecclésiastiques qui ont refusé le serment civique.
> (Séance du 26 janvier 1791.)

Mirabeau plus éloquent que jamais défendit l'assemblée. Maury le surpassa, et se surpassa lui-même ; il fit tout ce qu'il put, dit M. Thiers, pour se faire interrompre et avoir lieu de se plaindre.

Cazalès prit place après eux. Il s'agissait d'une grande question, si grande que son importance, quoi qu'on ait voulu dire, n'a pas diminué, et doit durer longtemps encore. L'assemblée constituante proposait une nouvelle circonscription territoriale des diocèses par suite de la division par départements. Elle soumettait à l'élection populaire les fonctionnaires ecclésiastiques ; renfermait dans certaines limites le gouvernement des évêques, et anéantissait bravement l'influence de la cour de Rome, sur les affaires de France, temporelles ou non.

« La démarcation des Diocèses, disait Mirabeau, est l'ouvrage des hommes. Des textes de l'Écriture, l'abbé Fleury et toute la tradition, prouvent que les premiers sièges furent conférés par le peuple. On reconnaîtra par les mêmes moyens que les différends entre les simples ecclésiastiques et les évêques sont en droit justiciables des synodes diocésains. » Il voque l'histoire et surtout les décisions des Parlements à l'appui de son opinion sur les rapports du clergé gallican avec le Pape. Il demande en outre que l'assemblée déclare déchu de son siége tout évêque qui recourrait au souverain pontife sur le sujet de la constitution civile ; et privé de son traitement, tout ecclésiastique qui aurait protesté contre les décrets de l'assemblée.

M. Thiers, dans une histoire qui n'est pas définitivement jugée, résume en peu de paroles, contre son ordinaire, toutes les raisons de Mirabeau.

« Quand on avait établi un tribunal d'appel dans chaque département, il était nécessaire d'y placer aussi un évêché. Comment, en effet, souffrir que certains évêchés embrassassent quinze cents lieues carrées, tandis que d'autres n'en embrassaient que vingt; que certaines cures eussent dix lieues de circonférence, et que d'autres comptassent à peine quinze feux; que beaucoup de curés eussent au plus sept cents livres, tandis que près d'eux, il existait des bénéficiers qui comptaient dix et quinze mille livres de revenus? L'assemblée, en réformant les abus, n'empiétait pas sur les doctrines ecclésiastiques, ni sur l'autorité papale, puisque les circonscriptions avaient toujours appartenu au pouvoir temporel. Elle voulait donc former une nouvelle division, soumettre comme jadis les curés et les évêques à l'élection populaire; et en cela encore elle n'empiétait que sur le pouvoir temporel, puisque les dignitaires ecclésiastiques étaient choisis par le Roi et institués par le Pape. »

Lucidité, dialectique, érudition, rien ne manquait au discours de Mirabeau, si ce n'est qu'il eût fallu moins de sophismes, et un moins vigoureux réfutateur que l'abbé Maury.

« Non, s'écriait celui-ci, l'un des objets les plus importants des *canons des apôtres* et des *constitutions apostoliques* a toujours été pour l'ordre pastoral, la détermination et le partage des juridictions et des territoires... Dès les premiers siècles, les conciles désignent les villes épiscopales et les cités métropolitaines ou patriarchales; ils défendent dès lors aux évêques d'exercer leurs fonctions hors du territoire dans lequel leur juridiction est circonscrite... L'église a souvent refusé de changer la distribution des métropoles ecclésiastiques, lorsque la puissance temporelle déplaçait les métropoles civiles. Ainsi, dans le cinquième siècle, le pape Innocent I décida que l'empereur, ayant divisé l'une de ses provinces en deux métropoles, on n'y établirait cependant point deux siéges métropolitains, parce que l'Église ne doit pas suivre la perpétuelle mobilité des choses humaines... Vouloir suppléer à cette mission apostolique par la délégation de la puissance civile, c'est renouveler, dans l'église, l'ancienne querelle des investitures par la crosse et par l'anneau, prétention à jamais insoutenable, dans laquelle les empereurs ont succombé pendant plusieurs siècles... Il est des évêchés que vous voulez supprimer (1); mais comment dépouillerez-vous ces prélats, réformés sans l'aveu de l'église, d'une juridiction qu'ils n'ont pas reçue de vous? Il est des diocèses dont vous étendez les limites; mais comment investirez-vous les premiers pasteurs d'une autorité spirituelle qui ne vous appartient pas à vous-mêmes? Enfin, il est de nouveaux sièges que vous prétendez ériger, comme s'il s'agissait simplement d'établir quelques tribunaux de district; mais de quel droit éleverez-vous, par une violation manifeste de territoire, des chaires épiscopales dans l'église, sans l'intervention, ni d'un comité, ni de son chef suprême qui peut seul, dans l'ordre actuel, en asseoir le fondement sur la pierre angulaire? De quelle puissance ces nouveaux évêques recevront-ils la mission sacrée, sans laquelle rien ne saurait effacer la tache originelle de l'intrusion....

« Dans les premiers siècles, et dans tous les temps, les curés ont toujours été nommés de droit commun par les seuls évêques qui en répondaient à la société. L'élection des évêques, au contraire, se

(1) Cinquante-trois évêchés.

faisait par le clergé et par le peuple, suivant la fameuse maxime de saint Cyprien : *Tous doivent élire celui à qui tous doivent obéir....* Mais alors, on n'avait pas imaginé, comme dans votre *sauvage Constitution du clergé*, d'attribuer le choix des évêques aux juifs, aux protestants, aux comédiens, et même au bourreau, en réservant ce droit à la simple qualité de citoyen actif. On procédait à l'élection en présence des métropolitains, des évêques de la province, et d'un évêque visiteur qui était député pour y assister. Ce n'était donc point l'élection, c'était la seule confirmation donnée par les évêques de la province, et ensuite par le métropolitain, qui investissait le nouvel élu de la juridiction spirituelle... » (1)

Ce projet, dont l'adoption a fait tant de mal, dit M. Mignet, tendait à reconstituer l'Église sur ses anciennes bases, et à ramener la pureté des croyances. Il ajoute que le Clergé attendait cette occasion d'exciter un schisme.

(1) Tant que j'aurai le pouvoir de nommer des évêques, je suis assuré d'avoir des lois et un évangile qui me plairont.
JACQUES Ier.
Par surcroît de raison, voici comment le fougueux abbé traitait son adversaire :
« Nous pourrions peut-être observer qu'il est des hommes qui ont perdu le droit de louer publiquement la vertu, et de s'ériger en censeurs du vice. »

Le souverain pontife, consulté par le roi Louis XVI, s'en était référé d'abord à la sagesse du clergé de France.

Des mandements furent dirigés contre cette constitution; des instructions pastorales la déclarèrent schismatique. Elle eut d'autre part des défenseurs enthousiastes.

Un homme d'une grande valeur intellectuelle, et d'une rigidité de mœurs qui n'a jamais été contestée, Grégoire monte à la tribune et prête serment; soixante députés ecclésiastiques suivent son exemple. — « Heureux jour! s'écrie l'évêque de Poitiers, où près de descendre dans la tombe, je puis devant une assemblée auguste exposer ma pensée! J'atteste devant le Dieu suprême qui nous jugera tous que, fidèle à mon Dieu et à ma foi, je donnerai jusqu'au dernier soupir des preuves de mon obéissance en qualité de sujet, mais qu'en ma qualité d'évêque, je proscris et j'abjure le serment qu'on me propose... Je subirai le sort qui m'attend, en esprit de pénitence... » Ces paroles étaient sublimes, remarque un auteur, car du sein de l'assemblée, on entendait les cris poussés par une multitude en fureur : *A la lanterne, ceux qui refuseront!* (4 janvier 1791). La majorité pensa et agit comme le saint évêque de Poitiers.

« Gardez-vous de les persécuter, disait Condorcet, vous en feriez des martyrs... » — « La volonté de la nation, s'écrie Alexandre Lameth, est la volonté de la majorité; que les membres de la minorité frémissent de lasser la patience du peuple; elle est prête à éclater. »

L'assemblée, on le sait, avait adopté le décret proposé par Voidel, qui assujettissait au serment, non seulement les évêques, mais encore les vicaires généraux et les supérieurs de séminaires, les curés, les vicaires et tous les ecclésiastiques, fonctionnaires publics.

Or, dans ses brefs du 10 et du 15 mars 1791, le Pape condamna purement et simplement la *constitution civile*.

Tel était l'état des choses, telles étaient les conséquences naturelles ou forcées des fameux Articles rédigés par Bossuet, en 1682; plusieurs évêques avaient bien dit : « Le pape s'en repentira. » Voilà, en quelques mots, toute l'histoire et tout l'esprit de cette Constitution. Le discours de Maury, à part les beautés incomparables qu'il renferme sous le rapport de l'éloquence, ce discours qui dura cinq heures et se fit admirer à la fin comme au commencement, malgré quelques murmures honteux, cette merveille à jamais désespérante du génie parlementaire et du plus pur dévouement catholique, peut être considérée à bon droit comme un travail complet sur la matière.

Ceci explique comment je me suis laissé aller de moi-même au plaisir d'en donner une analyse, d'autant que le serment civique joue un grand rôle dans la vie du clergé contemporain, et qu'en éclaircissant le point principal une fois pour toutes, je me dispense d'y revenir sans m'exposer aux inconvénients d'une lacune (1).

Ce préambule était aussi nécessaire pour bien faire apprécier certains actes de M. Belmas, que j'ai dû, non pas envenimer ou absoudre par suite d'un parti pris, mais confronter impartialement avec l'inflexible vérité devant l'opinion publique, et devant Dieu d'abord. C'est mon droit ; c'est le droit de tous.

En 1791, M. Belmas était desservant de Carlipa, petit village du Languedoc. C'est là qu'il prêta le serment.

Comme tant d'autres, le jeune ecclésiastique voulut s'entendre avec sa conscience. Immédiate-

---

(1) Voyez, dans la *Feuille officielle* du 27 novembre 1790, les discours *tout entiers* de Maury et de Mirabeau.

ment donc, il se définissait à lui-même l'alternative résultant pour l'église de cette fatale constitution civile.

Ou le clergé suivra les évènements, ou il se raidira contre eux.

En l'un et l'autre cas, les évènements auront leur cours ; ils sont au service de la nécessité ; première raison.

Voici la seconde : S'il se soumet, la discipline périclite évidemment ; elle se dissout peut-être ; le catholicisme prend la livrée de l'état ; et qui sait où peuvent le conduire, de conséquence en conséquence, des transactions pareilles ? D'ailleurs, la réprobation de la part des évêques est universelle ; en ratifiant une loi qui restreint et annulle sa puissance sacrée, le Pape se suiciderait, ce qui n'est pas supposable ; eh mon Dieu ! le Pape s'était solennellement prononcé ! L'abbé Maury était un homme si violent !

Mais une résistance obstinée avait ses résultats non moins probables, également dangereux, plus multipliés encore. Pour éviter des concessions partielles, on pouvait tout perdre. Les esprits, au faîte du gouvernement comme dans les derniers rangs de la populace, étaient échauffés et dévoraient impatiemment la voie nouvelle de réformation où ils s'étaient lancés ; la maladie politique se compliquait d'une manie d'assimilation religieuse. Les obstacles devaient centupler l'ardeur et la phrénésie ; à défaut de la foi romaine, Mirabeau et les autres s'accommoderaient du luthéranisme ou de la synagogue ou de rien, le plus facilement du monde ; Jésus-Christ, notre divin modèle, se faisait tout à tous, et ménageait César ; plus d'un pape s'était trompé jusqu'à l'hérésie : Libère, Virgile, etc., etc., que sais-je ? Des prélats éminents par le savoir et la sainteté, aujourd'hui et autrefois, avaient subi l'empire des circonstances. Pourvu qu'il ne touche pas au dépôt inviolable des doctrines suprêmes, absolues, un prêtre assermenté fait-il donc bien du mal ? Le coupable, c'est celui qui, pour une question d'entêtement et d'intérêt, abandonne son troupeau à la perdition. Et puis, ces tempéraments ne sont sans doute que provisoires ; car la fermentation passera d'autant mieux et plus vite, qu'elle s'est produite avec une étendue et une force inouïes ; alors, on rentrerait insensiblement, infailliblement dans les limites premières de la législation canonique.

En présence de cette alternative et de ces raisons, M. Belmas hésita quelque temps. On voit qu'il ne partageait pas au fond l'avis des constitutionnels, et non plus celui de leurs vénérables adversaires. En accordant aux uns le principe et le droit, il rêvait une alliance possible de leurs idées avec la nécessité, et souffrait de trouver cette alliance irréalisable, soit par sa nature propre, soit par les oppositions suscitées contre elle. En dévoilant chez les autres des desseins essentiellement subversifs de l'organisation catholique, il cherchait à les croire passagers, ou faibles, ou susceptibles de modifications et d'accommodements provisoires. C'était un peu le sentiment de Cazalès.

A cela se joignaient naturellement des suggestions intérieures que nous évitons peu, tous tant que nous sommes : la crainte personnelle d'un avenir douloureux annoncé par Lameth ; les douceurs du pays natal qu'il faudrait échanger pour l'exil, dans des commotions probables ; les saintes habitudes d'une paroisse chérie où l'on voudrait vivre et mourir...

Non pas mourir... car en faveur de son mérite certainement, et de son serment suivant toute apparence, M. Belmas fut appelé par le vœu général de la succursale de Carlipa à la cure de Castelnaudary, capitale du Lauraguais.

Dans ce nouveau poste, il s'attira l'attachement et la confiance de ceux dont il partageait les opinions ; et je lui en sais gré, car il n'y a rien au monde de si difficile et de si compromettant qu'une position mitoyenne. L'ambiguité de la conduite naît de l'effort même que vous faites pour coordonner avec adresse des éléments ennemis : voulant plaire à tous, vous offensez toutes les susceptibilités ; et ce n'est pas d'ordinaire la confiance et l'attachement que vous vous attirez alors.

Cependant M. Belmas eut le bonheur de faire d'autres conquêtes, plus précieuses encore. Chose incroyable ! il faut l'avouer ; ceux même qui l'accusaient d'intrusion dans la sincérité de leur conscience, ne purent lui refuser de l'estime. Un vieux prêtre de Montauban m'écrit : « M. l'évêque de Cambrai est un des compatriotes que j'admire le plus et que j'aime le mieux. Lors même que nous étions en dissidence flagrante, j'ai souvent pensé ceci : Dieu lui avait permis de faillir une fois pour que sa vie, soumise comme toute autre à la concupiscence originelle, ne restât pas absolument sans tâche, et qu'il n'oubliât point qu'il était homme. » Bon patriarche ! s'il y a une teinte légère d'exagération dans ces paroles vénérables, à Dieu ne plaise que j'en sois fâché! *Labia justi considerant placita, et os impiorum perversa* (1).

M. Belmas, dans maintes occasions, protégea les démissionnaires contre l'exaltation des esprits. Il fut conséquent au moins aux principes qui avaient déterminé son assermentation, et dirigea perpétuellement son ministère sacerdotal vers un terme conciliateur. On l'appelait à Castelnaudary *le Bon curé.*

Sa réputation de bonté s'étendit avec celle de ses talents supérieurs pour l'administration et pour la chaire, à ce point même qu'on le jugea bientôt digne de l'épiscopat.

Il avait quarante-trois ans. M. Besancel, évêque constitutionnel du département de l'Aude, que ses infirmités et son grand âge mettaient dans l'impuissance de remplir ses fonctions, témoigna le désir d'avoir un coadjuteur. Suivant le régime en vigueur, il eut recours aux suffrages populaires qui tous se portèrent sur M. Belmas.

Or, à part ce que nous avons déjà vu de sa biographie, quels étaient donc les antécédents du nouveau pontife? c'est là une question qui intéressait au suprême degré les fidèles de son diocèse et

(1) Proverbes. X-32.

qui doit immanquablement vous intéresser vous-mêmes.

Louis Belmas était né à Montréal, le 11 août 1757, dans ce même département qu'il allait administrer comme fonctionnaire spirituel (1).

Son père, quoiqu'il fût commerçant, jouissait de l'estime et de la considération publiques. Louis, à peine âgé de quatre ans et demi, perdit cet excellent père et sa mère, la plus douce et la plus pieuse des mères, dans l'espace de six semaines. Ils laissaient huit enfants et une fortune très bornée.

Celui dont j'écris la notice fut adopté par son parrain qui le reçut dans sa maison, et se chargea de l'élever.

Il fut envoyé d'abord dans les écoles de sa petite ville natale, et commença bientôt ses études de latin au collège de Carcassonne. Là, depuis la sixième jusqu'à la rhétorique inclusivement, ses succès furent brillants. On le nomma presque toujours le premier dans les concours publics.

(1) Je me sers d'une expression locale et de circonstance, bien qu'un peu humiliante pour le clergé ; mais si on peut les appeler *fonctionnaires* d'un gouvernement, à qui la faute? A d'autres que moi, sans doute. Je sais du reste que, pour beaucoup de raisons, l'épithète *spirituel* ne sied pas au substantif *fonctionnaire*.

Il fut donc de ceux qui, ayant promis beaucoup, tiennent beaucoup. On en trouve quelquefois. A la fin de 1772, il fut tonsuré par M. l'évêque de Carcassonne, qui lui donna, deux ans après, une bourse dans le séminaire de Toulouse. Les prêtres de l'Oratoire dirigeaient cette maison avec leur habileté connue. Il fit chez eux sa philosophie et sa théologie, toujours avec distinction, et reçut le grade de bachelier.

Il retourna ensuite à Carcassonne, et fut ordonné prêtre dans les derniers jours de décembre 1781.

Nommé vicaire dans une des paroisses de la ville épiscopale, il exerça, durant dix mois, les fonctions du ministère; en 1782, ses supérieurs le rappelèrent au séminaire diocésain pour y professer la théologie; nouvelle charge dont il s'acquitta religieusement, mais comme on faisait alors, partout ailleurs que chez les jésuites et quelques autres corporations, un peu au détriment des prérogatives papales. C'était, du reste, pure opinion et point envie de chicaner sur des matières de foi; très probablement, la secte gallicane a toujours ignoré quelles conséquences fatales dérivaient de ses principes; l'expérience maintenant l'a éclairée sans la convaincre tout-à-fait ; des scandales plus terribles encore la forceront bientôt à regarder le jour en face.

M. Belmas devint successivement chanoine de la collégiale de Montréal et promoteur du diocèse. On sait que le promoteur faisait la fonction de procureur d'office dans les juridictions ecclésiastiques. En attendant mieux, nous ne possédons plus de ces personnages là qu'en effigie. Car, je le demande sérieusement, et dans toute l'humilité de mon âme, les officialités d'à présent ne sont-elles pas des mystifications inqualifiables ?

Nous voici revenus à Carlipa, cette petite succursale où M. Belmas fut placé, sur sa demande, par M. l'évêque de Carcassonne. A l'époque de sa notice où j'en suis resté, il était lui-même appelé à l'épiscopat comme coadjuteur de son Ordinaire.

Il fut sacré à Carcassonne, le 26 octobre 1800, durant la tenue d'un concile provincial où se trouvaient réunis onze évêques.

L'année suivante, au mois de février, M. Besancel mourut ; son coadjuteur lui succéda, et trois mois après, en juin, partit pour Paris où était convoqué un second concile national.

J'avoue que Mirabeau m'est cher lorsqu'il écrase

de toute son ironique et monstrueuse éloquence, ces prétentions d'église *nationale*, de franchises *nationales*, et même de concile *national*, comme on l'entendait alors.

« Non, s'écriait-il, l'église n'est point une matière indéfiniment divisible, un être taillable et corvéable ; nul ne l'a pour lui seul, elle est à tous, ou elle n'est pas ; elle est universelle et toujours et partout la même, ou elle n'est nulle part et jamais... Que ne nous blâme-t-on aussi de n'avoir pas déclaré que le soleil est l'astre de la nation, et que nul autre ne sera reconnu devant la loi, pour régler la succession des nuits et des jours ? »

Assurément, le tribun donnait à ses paroles un sens et un but que je n'admets point, si ce n'est avec restriction ; mais supposez qu'on s'explique, quelle vérité ! quelle vérité !

M. Belmas, au concile dont il s'agit, ne parla qu'une fois : le jour de la clôture. Dans une improvisation chaleureuse et brillante, il pressait les ecclésiastiques de l'une et l'autre opinion à se rapprocher, à se réunir, même avant l'arrivée qu'il annonçait très prochaine du légat envoyé par le Souverain Pontife, pour pacifier le clergé de France ; suite naturelle d'une vieille fascination, rêve obstiné, chimère innocente et grosse de périls.

Pendant son séjour à Paris, il avait prêché dans presque toutes les églises, principalement à Saint-Étienne-du-Mont. Ses discours attiraient la foule. Il en avait écarté avec adresse toute allusion directe ou indirecte aux matières en litige, politiques ou religieuses. Les succès qu'il obtint ne se peuvent comparer qu'à la fortune actuelle de MM. Cœur et Duguerry. Il fut universellement remarqué; et c'est sans doute ce qui lui valut, à l'époque du concordat, sa nomination à l'évêché de Cambrai. Je me plais à croire que la constitution civile n'y fut pour rien.

Mes affections pour les concordats en général, et pour celui-ci en particulier, ne sont pas positivement grandes. Ici cependant, comme ailleurs, le mal se mélangea d'un peu de bien. Entr'autres dispositions assez morales, on soumit alors les prêtres constitutionnels à certaines conditions qui pouvaient tenir lieu d'une amende honorable. M. Belmas s'exécuta de bonne grâce, et partit pour son nouveau siège, dont il prit possession le 26 mai 1802.

Lorsque, trois ans après, le Pape vint à Paris pour le couronnement de Napoléon, des hommes austères ou mal informés lui inspirèrent des doutes sur la sincérité de cette soumission. Si le caractère et la conduite de M. Belmas protestaient d'eux-mêmes contre des suggestions pareilles, ses diocésains et ses amis le savaient, mais à quatre-vingts lieues de Cambrai, on pouvait l'ignorer; et des mécomptes récents avaient appris la défiance aux esprits les plus miséricordieux.

Je le proclame avec bonheur, à la gloire de M. Belmas, il n'hésita point à donner une nouvelle garantie de ses sentiments, en signant un écrit qui lui fut présenté de la part de S. S. Pie VII, portant adhésion *pleine et entière* aux jugements du Saint-Siège sur les affaires ecclésiastiques de France.

Dès son arrivée à Cambrai, ses premiers soins furent d'organiser son diocèse qu'il trouva dénué de tout, et complètement à refaire. L'œuvre était immense et presque impossible : point d'union et de discipline dans son clergé; pas un seul établissement sacerdotal; nulles ressources pécuniaires. Loin de décourager le prélat, les obstacles donnèrent à son zèle plus d'activité et de puissance. Il en appela de son désespoir à la charité des fidèles, et, sans aucun subside du gouvernement, conduisit ses projets à bonne fin. Il fut bientôt en état de construire, quoiqu'à grands frais, une vaste maison dont il fit le séminaire diocésain ; et plus tard , par des additions et des dispositions nouvelles, disposa l'ancien collège des jésuites pour devenir à son tour le grand séminaire et laisser place dans le premier édifice à l'école secondaire ecclésiastique.

Après avoir fondé ces deux établissements, il fallait leur procurer des moyens de se soutenir. Ces moyens leur furent assurés. La fabrique de l'église cathédrale et l'administration des séminaires ont des biens ou des rentes qui leur suffisent et leur suffiront long-temps. M. Belmas, ayant à lui le secret du christianisme , eût opéré plus de merveilles encore que je me garderais bien de m'en étonner. Il possède aussi la charité de son cœur, et c'est une grande puissance. Jusqu'à quel point il a contribué de ses propres deniers à ces fondations importantes, sa modestie et Dieu le savent bien, mais je puis dire seulement, pour mon compte, qu'il a créé deux bourses au grand séminaire, en même temps qu'il donnait à l'hôpital général six lits pour autant de vieillards de l'un ou de l'autre sexe.

J'ai signalé les désordres qui régnaient dans l'administration du diocèse lorsque M. Belmas y entra. Il eut bien des orgueils à écraser ou à blesser, bien des intérêts à compromettre, bien des abus à montrer du doigt, bien des scandales à déraciner, mille et mille passions à poursuivre d'une guerre à mort. A moins de réunir, dans une proportion miraculeuse, le courage et la prudence, l'acharnement et l'amour, la justice et la clémence, la franchise et la politique, la bonhomie et la majesté, tous les extrêmes peut-être de l'intelligence et du caractère, il devait échouer.

Or, en pareil cas, on ne fait jamais une chûte à demi, et les conséquences sont incalculables.

Si toutes les précautions qu'il avait prises, si tous les renseignements qu'il avait recueillis ne purent le mettre à l'abri de quelques erreurs, ses choix furent généralement bons, comme le témoigne la nomination de ses deux grands-vicaires actuels, MM. Delautre et Duhot; ils obtinrent l'approbation du grand nombre. Lorsque le temps eut amorti l'effervescence des passions, on vit refleurir dans son diocèse cette paix et cette tranquillité dont on y jouissait encore il y a six mois.

Mais, depuis ce temps, une révolution s'est faite à Cambrai. Ceci demande explication.

Dans la partie de mon travail consacrée à M. Affre, j'ai constaté un fait qui est aujourd'hu de notoriété publique; à savoir que Louis-Philippe ambitionne évidemment la conquête du clergé, comme l'une des gloires de son règne pacifique; celle-là en vaut bien d'autres. Des croix abattues et des archevêchés démolis de 1830 au baptême du comte de Paris, la transition me paraît énorme; de façon ou d'autre, elle a eu lieu pourtant. L'Église se souviendra du jour où le coadjuteur de Strasbourg fit son compliment pour une fête royale, car ce jour-là fut un de ceux que l'Écriture appelle : *multus*. Pour qui veut le juger sans exagération comme sans mesquinerie d'idée, il fut une halte dans la voie suivie par les prêtres français, un point de rupture avec le passé et d'engagement avec l'avenir. Le jeune évêque, soit qu'il l'eût voulu ou non, gagna d'un coup la succession de M. de Quélen, cet homme qui, lui aussi, était une puissance, et qui formait entre les institutions religieuses et celles de juillet une barrière infranchissable. L'archevêché de Paris vaut bien un peu de reconnaissance; M. Affre, par ce motif seul, eût été pour Louis-Philippe une créature.

Ardent et systématique, novateur, quoi qu'il en semble au premier abord, et faisant peu de cas des hommes en général; investi tout-à-coup d'une autorité, la première du monde matériellement dans l'ordre spirituel, après celle du pape; concentré autant qu'il faut l'être pour ne jamais compromettre directement ni sa personne, ni des intérêts confiés; sans autre antécédent qu'un malheureux éloge, réfutation flagrante de son dernier compliment, mais dont on parlerait un instant pour n'y plus penser ensuite; roturier d'origine et de fait autant que moi, il lui fallait du terrain à brûler, des trames à ourdir, des prétentions à humilier, des coups d'adresse à exécuter, une aristocratie à pencher jusqu'à lui pour se trouver à son niveau, et du *peuple* à relever pour venger son origine; il lui fallait enfin une ample occasion d'exercer ce pouvoir si doux par lui-même et par sa nouveauté. Qu'on examine bien chacune de ces chances diverses, et on verra quel cours devaient prendre les choses nécessairement.

M. Affre d'abord ne dit mot. On apprit un beau jour que plusieurs des principaux curés de Paris, entr'autres celui de Saint-Jacques-du-Haut-Pas, avaient été forcés à donner leur démission. Des nominations furent faites, qui étonnèrent profondément l'Église, mais dont le motif se découvrit bientôt; on lut ensuite dans les journaux que

M. l'archevêque avait dîné à la cour; c'était plus que formuler une opinion politique, déjà formulée par des lettres pastorales et par des conversations non équivoques sous ce rapport. Abandonnés, comme ils le sont, à l'arbitraire, des prêtres peuvent-ils avoir une autre opinion que leur évêque? Le clergé parisien suivit donc les errements tracés où il s'engage de plus en plus.

Ce fut pour les provinces un exemple décisif. Le cardinal Fesch étant mort, on appela au siège de Lyon M. de Bonald. Sans avoir personnellement les mêmes idées que M. Affre, le fils de l'illustre philosophe ultra-légitimiste, lui-même si légitimiste autrefois, traita Louis-Philippe comme avait fait M. Belmas de la *Constitution civile ;* il crut qu'il était évangélique et méritoire de se souder à lui. Voilà, par les raisons sus-énoncées, le second diocèse de France *conquis* à son tour.

M. Belmas, auquel je reviens vite après cette digression nécessaire, n'avait rigoureusement aucune obligation de s'expliquer : on n'avait pas *droit d'attendre de lui,* et on trouvera singulier qu'il *crût s'entendre demander une décision :* ce qui suffirait à le prouver, ce sont positivement les efforts qu'il a faits pour établir, à nos yeux, sa compétence en la matière, efforts véritables qui, en définitive, auraient pour résultat d'établir les droits politiques du pape violés par le premier des *Quatre articles*, bien mieux qu'ils ne prouvent ceux de M. l'évêque de Cambrai. Chez celui-ci, les convictions se trouvaient de vieille date conformes au programme de juillet et à toutes les combinaisons politiques, hormis pourtant celles de la restauration ; toujours même empressement pour les assimilations et les atermoiements. Tant que les autres s'étaient tus, il les avait imités ; mais le premier signal donné, il fut enchanté de saisir l'occasion, et publia sa fameuse *Instruction pastorale;* brandon de discorde jeté dans la société sacerdotale, scandale éternel du parti légitimiste !

Dans cette *Instruction*, qui peut passer d'ailleurs pour une assez bonne composition du genre, le prélat déplore les troubles causés par la presse légitimiste : par la *Gazette* sans doute, la *Quotidienne*, l'*Ami de la Religion*, et autres journaux de même couleur, *qui, sous les prétextes mensongers de religion, provoquent, en définitive, à l'anarchie et à la subversion de tout sens moral.* Ce qu'il démontre par les procédés d'usage, et par saint Paul, saint Luc, saint Jean, la *Politique sacrée* de Bossuet, les actes des souverains pontifes, de Pie VI et de Grégoire XVI en particulier, par les théologiens Vincent de Lernis, Bouvier etc., etc., et par le passage le plus cité de tous les passages. *Obedite præpositis vestris, etiam dyscolis;* c.-à.-d. *hors du juste-milieu point de salut* Quelles tortures n'a pas essuyées, depuis deux mille ans, cet infortuné *dyscolis!* Quelle prodigieuse élasticité dans ce texte de l'Évangile : *Rendez à César ce qui est à César* (1). Avec de la passion, tout signifie tout, disait le P. Lejeune; et c'est ainsi qu'on a traduit ces mots : *Vade vias tuas, alleluia!* par ces autres : *Va te promener, alleluia!*

Là n'est pas le plus sérieux de l'affaire; mais M. Belmas, poussé par *l'Écriture, les Pères, la tradition et la raison,* use d'abord du langage du cœur, et il menace finalement de peines qu'il ne définit pas, tout ecclésiastique ou laïque de son diocèse convaincu d'avoir jeté les yeux sur une feuille de l'opposition (*quoad sensum*).

---

(1) De sorte, disait un de mes amis, que si un individu se présentait chez moi, me jetait à la porte, et décrochait mon portrait du mur pour y substituer le sien, toute réclamation de ma part serait inutile et sotte. «De qui est cette inscription», répliquerait-il en montrant le tableau? Quæ sunt Cæsaris Cæsari et quæ sunt Dei Deo.

Je cite : « Nous ne vous dirons pas, nos chers fils, d'établir autour de vos paroisses un cordon sanitaire, ce moyen n'est pas en votre pouvoir ; mais si vous ne pouvez empêcher l'introduction de la contagion (les journaux légitimistes), vous devez, par vos relations privées, par des avis donnés à part, et surtout par vos exemples, si non empêcher totalement, du moins en atténuer les pernicieux effets ; avec nous, vous proscrirez la doctrine que nous combattons comme contraire à celle de l'Église catholique. »

Celle-ci redouble incontinent de verve et de causticité contre M. Belmas lui-même, sans sortir toutefois de certaines convenances, ni attaquer les intentions d'un homme respectable à tant de titres. Pour se donner un champ plus libre, elle pose en fait que le véritable auteur du mandement n'y avait pas mis son nom, et l'avait imposé au vieillard en abusant de ses facultés octogénaires. L'*Univers religieux* soutint l'avis contraire et le fond même de la thèse avec talent et sagesse ; pour juger la cause, lisez le *Mandement*, lisez l'*Univers* ; j'allais dire : lisez la *Gazette*, l'*Ami de la religion*, etc., etc., mais M. Belmas le défend. Arrangez-vous donc comme vous l'entendrez ; je n'ai pas le droit de prononcer; mais, quoi qu'il en semble, je regretterais que cette *Instruction* n'eût pas vu le jour

Il est vrai pourtant qu'à son sujet la tranquillité du diocèse de Cambrai fut troublée violemment, et qu'elle ne s'est pas encore bien rétablie; je viens de lire deux lettres de curés qui en font foi (1).

Cette fois encore, M. Belmas n'a pas réussi dans ses projets de fusion; et en voulant semer l'union, il n'a moissonné que la tempête.

Il suivrait de tout ce qu'on vient de voir, qu'en fait de gouvernement M. Belmas doit être d'une indifférence exemplaire; car l'amour de tout implique le mépris de tout en tout, disait Laboétie; mais il en est autrement. Je trouve dans M. Belmas un enthousiasme sans bornes pour Bonaparte, et je ne sais quel semblant de rancune contre la restauration. Entendons-nous.

(1) Je trouve dans l'une de ces lettres la réflexion suivante:
« Etre convaincu de légitimisme, aux yeux de M. Belmas l'ex-constitutionnel, inévitablement ce serait encourir ou un interdit ou une disgrâce quelconque; et je sais que, dans plusieurs autres diocèses, des curés ont été ou déplacés, ou suspens, ou tourmentés en cent manières pour cause d'opinion philippiste ou républicaine, par leurs évêques, anciens émigrés ou officiers de chouans. Où est le juste? où est le vrai? Il faut pourtant qu'ils soient quelque part. »
Ils seraient là où la religion ne ferait pas de son dos un étrier pour César, et où les bulles du pape ne seraient ni refaites ni contrôlées par le dernier commis venu d'un ministère hérétique ou athée.

M. Belmas appelle hautement Napoléon son bienfaiteur. Pourquoi ? Apparemment parce qu'il a reçu sa nomination au siège de Cambrai sous Napoléon ; ou bien qu'on me dise s'il y a autre chose. M. Belmas a publié sous l'empire des mandements d'une complaisance héroïque, et il se montra des premiers à la cérémonie du Champ-de-Mars. Je conçois facilement qu'on admire Napoléon sous certains rapports, difficilement qu'on puisse l'aimer sous aucun. Voyez la Biographie de M. de La Mennais, page 159.

Une belle manifestation d'opinion politique, c'est le voyage de M. l'évêque de Cambrai à Paris, pour solliciter la mise en liberté de quelques ecclésiastiques de son diocèse gravement compromis dans les Cent Jours : grâce, sans doute, à son dévoûment connu, il obtint ce qu'il désirait ; et sa joie fut d'autant plus vive, qu'il arrachait les victimes à d'atroces vengeances.

Nul certes, sur ce point, ne blâmera M. Belmas ; on admirera au contraire comment Dieu fait servir à ses desseins toutes les choses de ce monde.

Si la Restauration n'avait connu que ce dernier acte, ses procédés eussent été différents ; mais il fallait oublier les mandements gonflés d'apothéose, des insinuations ennemies, cet enthousiasme du Champ-de-Mars, cette persistance indubitable, quoique habilement dissimulée, dans une ancienne manière de voir et de sentir. Comme tout gouvernement n'existe qu'à la condition de détruire autour de lui tout élément quelconque antipathique à sa durée, l'oubli n'était pas possible, et l'inertie non plus.

C'est pourquoi de pressantes instances lui furent faites pour l'engager à se démettre de son siège. Ces moyens étant restés inutiles, on s'avança jusqu'où on peut aller sans ordonner; ordonner n'était pas possible. Le zèle et l'instinct de la conservation rendent quelquefois violent : les vexations ne furent point épargnées au vieillard; on fit jouer contre lui tous les ressorts de la diplomatie occulte, et il y eut de ces petits scandales sans nom que les amis même du régime d'alors lui reprocheront longtemps. M. Belmas résista; sa fermeté fut inébranlable comme son affection chère pour son diocèse; il lassa les efforts de ses adversaires; il est encore et espère mourir évêque de Cambrai. L'intention du roi était de rendre à cette ville son vieux titre archiépiscopal, et déjà ses yeux s'étaient arrêtés sur le successeur.

Lord Wellington avait pour M. Belmas une estime toute particulière; on prétend que le vainqueur de Waterloo soutint très efficacement le courage et les droits du prélat dans les circonstances qui viennent d'être signalées; un témoignage pareil n'était point suspect; Louis XVIII l'accueillit avec bonheur.

Depuis 1830, et au passage de cette révolution fantastique, M. Belmas n'a pas, que je sache, pleuré l'exil de la branche aînée, ou fait une opposition systématique au *Domine salvum*, rédigé d'après David et refondu par M. de Montalivet. Louis-Philippe, le roi des accommodements, était tout juste son homme. Il lui a donné, ainsi que nous l'avons vu, un immense baiser de paix, mais pourtant sans vouloir accepter de lui, en retour, l'archevêché d'Avignon. Nouvelle preuve d'amour que nous avons appréciée.

Avait-il encore un autre motif? Est-il bien certain que celui qui paraissait devoir lui succéder aurait fait le malheur de ses diocésains? On l'a dit; je ne le dis pas. Les suppositions méchantes me contristent : changeons d'objet.

Faisant trêve provisoirement à ses dispositions pacifiques, parce que la nécessité le pressait,

M. Belmas disputa pendant vingt années à ce qu'on appelle la *Philosophie*, les restes de son illustre prédécesseur Fénélon, et le monument qu'elle voulait lui ériger sur la place publique, monument où l'archevêque disparaissait absolument pour ne laisser apercevoir qu'un de ces philanthropes comme nous en avons communément sous les yeux, émules imbéciles de Jésus-Christ, singes de la charité, qui se font des cornets d'épiceries avec les pages de l'Évangile, et donnent à l'esprit saint des leçons d'orthographe et de *socialisme*. Cette sorte de gens est essentiellement pédante; elle est têtue et impénétrable aux explications. Il devait donc en résulter au moins cette guerre de vingt ans.

La guerre se termina enfin. Le monument, à la grande satisfaction des vrais hommes de sens et de bien, fut érigé dans la nouvelle cathédrale; j'assistai à l'inauguration en 1826, et j'entendis le discours fort remarquable que prononça M. Belmas à cette occasion.

Aujourd'hui, M. Belmas est le doyen de l'épiscopat français, il a quatre-vingt-cinq ans. Cet âge avancé n'a pas affaibli ses facultés éminentes; loin de là; rien n'égale la vivacité de son esprit, la richesse de ses souvenirs et le charme de sa conversation. Il raconte avec une variété merveilleuse. Tous les sujets de science, de littérature, d'art, de métaphysique, d'administration, il les traite sans effort et toujours en homme entendu et modeste. Il y a une sorte de séduction dans le doux laisser-aller de ses causeries. Comme conseil, sa prudence est à l'épreuve, son jugement d'une rectitude singulière ; comme supérieur, il sait distribuer avec une parfaite impartialité ses encouragements et ses éloges qui sont d'un grand prix, et faire goûter sans aucune amertume, les réprimandes exigées par la justice. Dans le commerce habituel de la vie, on admire ce mélange ravissant de gaîté enfantine et de gravité, de bonhomie et de connaissance approfondie du monde, toutes ces qualités contrastantes, pour ainsi dire, les seules que Pascal reconnaisse (1).

Ai-je besoin d'ajouter que ses prêtres, malgré des protestations politiques récentes, l'entourent d'une affection filiale, lui reportant par la reconnaissance toute l'estime dont ils jouissent parmi nous sous le rapport des lumières et de la vertu ? Le diocèse de Cambrai ne se séparerait pas de lui

---

(1) Voir la Notice de M. Bouvier, page 111.

sans commotion, je le sais; et j'ai eu, dans ces contrées, le spectacle d'un vieil évêque, digne représentant des grandes figures de l'Église primitive, dominant de sa belle et majestueuse tête blanchie, la foule qui se pressait et s'agenouillait, les anciens du peuple et les petits enfants, les catholiques et ceux qui n'ont pas encore le bonheur de l'être. Des larmes coulèrent de mes yeux; ce fut un des beaux jours de ma vie.

Je me fis raconter à cette même époque, bien des anecdotes qui circulaient par la France, sur le compte de M. Belmas, et qu'en définitive il faut tenir pour fausses ou absurdes; mais j'ai su positivement une chose que j'aurais tort de passer sous silence, c'est qu'en dehors des nobles devoirs que lui impose sa charge, M. l'archevêque de Cambrai, grand officier de la Légion-d'Honneur, le vénérable coryphée du ralliement politico-religieux actuel, se livre à la mécanique, art dans lequel il excelle, et dont il a reçu des leçons de M. Breguet lui-même, son ami intime (1). Louis XVI, *que Napoléon appelait et pouvait appeler son oncle* (2), et saint Éloi, le prince de la légende, n'en

(1) Consigné dans la *Biographie portative de M. Rabbe.*
(2) M. Victor Hugo. *Discours de réception à l'Académie.*

faisaient point d'autres, l'un et l'autre plus hommes de génie et de bien, qu'on n'oserait aujourd'hui en convenir.

Tous les faits de la cause étant établis catégoriquement et sans passion, je vous renvoie d'abord, sauf édification, au prône du *curé de Saint-Gaudens*, œuvre de beaucoup d'esprit et d'hétérodoxie, attribuée à Camille Desmoulins. Je demande ensuite qu'on m'explique les paroles de Barruel et d'Émery qui figurent en tête de la notice ; et je ne sais que penser de celles que prononça Grégoire, à son lit de mort : « Reprocher à un individu d'avoir fait ce qu'il déclare n'avoir ni fait, ni voulu, ni pu faire, ce serait supposer en lui l'excès de la corruption, dont l'hypocrisie est le comble. »

O Français, dit Voltaire, avouez que cela est un peu welche !

15 Juin 1841.

Paris.—Imp. de **A. APPERT**, passage du Caire, 54.

Biographie du Clergé Contemporain

Mr le Cardinal FESCH.

tence et l... ... du ... ...
de lui, que ... ... arriv... ... ...
il croire que ... ... bien fa..? ... ...
tion. Suivons les évènements... la ... ...
sentera d'ell...-...

Une notice du cardinal ...

A. Appert édit. Passage du Caire, 54

M. LE CARDINAL FESCH.

> Summa imis miscuit.
> VELLEIUS PATERCULUS, lib. I.

Si le cardinal Fesch n'avait pas été l'oncle de Napoléon, je doute que ses facultés personnelles en eussent fait un homme célèbre, et qu'il me fût arrivé d'écrire sa biographie.

Dieu n'a pas ainsi conçu les choses. Comme ecclésiastique, comme diplomate, Joseph Fesch fut un personnage. Médiateur entre la France impériale et Rome, il influa considérablement sur l'existence et les destinées de l'une et de l'autre. Faute de lui, que de malheurs arrivaient! Par lui, faut-il croire que tout fut bien fait? C'est ici la question. Suivons les évènements; la réponse se présentera d'elle-même.

«Une notice du cardinal Fesch, qui recueillerait

les principaux actes de sa vie, dit l'*Ami de la religion*, pourrait être curieuse. »

« Charles Bonaparte, père de Napoléon, avait épousé mademoiselle Lætitia Ramolini, dont la mère, devenue veuve, se remaria au brave François Fesch, de Bâle, premier lieutenant dans le régiment suisse de Boccart (1); de ce second mariage, naquit à Ajaccio, Joseph Fesch, le 3 janvier 1763 (2). »

On voit qu'il était, par son père, d'origine génoise.

Faisons d'abord du jeune Fesch ce que nous devrons faire de bien d'autres. Le prendre à treize ans, vers 1776, époque de son entrée au collège d'Aix en Provence, c'est assez et trop tôt. Ses premières études furent médiocres; et conséquemment, ses succès nuls. Il n'était encore l'oncle de personne.

Soit disposition réelle pour le sacerdoce, soit que les vues particulières de sa famille l'inclinassent de ce côté, soit autre chose, il prit de bonne heure l'habit ecclésiastique, et suivit, sans sortir de sa médiocrité, les cours de philosophie et de

---

(1) Gênes entretenait des régiments suisses dans la Corse.
(2) Voir le *Mémorial de Sainte-Hélène*.

théologie (1). A l'ouverture des États-Généraux, il était dans les ordres.

Je dois confesser qu'il n'eut besoin ni d'instruction, ni de secours d'aucune sorte, pour embrasser chaleureusement les idées révolutionnaires, idées de 89 qui furent celles de quelques hommes de bien, idées même de 93, filles illégitimes et monstrueuses des précédentes.

En effet, forcé par sa qualité cléricale et par son titre de capucin, car il était entré depuis peu dans l'ordre, de fuir les terroristes, l'abbé Fesch se réfugie d'abord à Bâle ; et là, il organise un club de Jacobins, sur le modèle des clubs de France. Comme fondateur et comme plus avancé que les autres dans les voies nouvelles, il est nommé président, assiste aux séances sans relâche, se fait remarquer et applaudir par ses diatribes contre les rois, et cependant n'obtient aucun résultat ; si bien qu'après peu de temps, il abandonne ses adeptes à leur sens réprouvé, et passe en Savoie, dans les troupes du général Montesquiou.

On devine qu'il avait mis bas le cordon de Saint-

---

(1) Il avait alors pour condisciple le jeune d'Isoard, depuis cardinal, archevêque d'Auch, et, précisément par la faveur du cardinal Fesch, président de la Rota, en 1804.

François et toute espèce de costume canonique. Il endossa bientôt l'habit militaire pour ne plus le quitter qu'en prenant la pourpre romaine.

A ce point commence sa fortune. Bonaparte n'était déjà plus un petit officier sans figure; on parlait de lui; ses recommandations avaient du poids. C'est à elles vraisemblablement que le prêtre déguisé dut sa nomination de garde-magasin, dans l'armée que j'ai indiquée tout-à-l'heure.

Il fut donc employé au service des vivres, sous le général Montesquiou, jusqu'en 1796. Alors, Bonaparte put l'appeler lui-même en Italie, aux fonctions de commissaire des guerres, qu'il remplissait encore le 18 brumaire.

Je n'ai point envie, qu'on veuille bien l'observer, de blâmer dans l'abbé Fesch ces derniers actes; d'autres que lui se sont conformés aux rigueurs des temps: M. de la Tour d'Auvergne, par exemple (1); et ils ont su trouver dans une position fausse le moyen d'être encore sublimes. La grâce de Dieu est ingénieuse; on peut être partout et de mille manières un bon prêtre.

Le 15 août 1802, Fesch fut sacré par le car-

(1) Voir sa biographie.

dinal légat, et prit possession du siège de Lyon. Le 25 février 1803, il reçut la barette, comme cardinal du titre de saint Laurent *in Lucina*. Avant son sacre, il fit une retraite sous la direction de M. Émery, qu'il choisit pour confesseur.

Il devint successivement ensuite grand aumônier de l'Empire, grand aigle de la Légion-d'Honneur; et fut décoré en juillet 1805, par le roi d'Espagne Charles IV, de l'ordre de la Toison-d'Or. Saint François n'en avait pas tant.

Le concordat de 1801 florissait; l'église romaine ne florissait pas. Bonaparte se frottait les mains, car il avait fait ce qu'on appelle vulgairement un beau coup. On se rappelle ce que j'ai rapporté de la Constitution civile, dans la notice de M. Belmas. Un homme d'esprit disait de celle-ci : « C'était le concordat en chemise; » qu'on me passe la trivialité de l'expression en faveur de sa justesse. Mieux attifée, pommadée de minauderies et voilée d'un hypocrite bon vouloir, elle se fit accepter; j'oubliais le sabre qu'elle avait assez mal caché sous sa robe.

En cette occasion comme en bien d'autres, les évêques de France furent admirables. L'article 10 décrétait que le choix des évêques ne pourrait tomber désormais que sur des personnes agréées par le gouvernement. L'article 13 déclarait incommutables les propriétés de biens ecclésiastiques, et leurs acquéreurs susceptibles d'absolution. L'art. 14 abandonnait à l'état le traitement des évêques et des curés. Un autre consacrait la disposition des diocèses par conformité à la division territoriale récemment établie. « Je suis persuadé, disait le Souverain Pontife, que mes frères bien aimés renonceront à leurs sièges, si cela est utile. » Ce fut le fait de la grande majorité. Je mentionnerai ailleurs les oppositions qui se manifestèrent, lorsqu'il sera question de M. de Thémines et de la fameuse *petite église*.

Cependant la paix ne pouvait pas durer ainsi ; tous ces accommodements étaient gros de discorde.

Avant de partir pour Rome en sa qualité de ministre plénipotentiaire, M. Cacault, si cher au chevalier Artaud, demandait au Premier Consul : « Comment faut-il traiter le Pape ? » Traitez-le, répondit celui-ci, comme s'il avait deux cent mille hommes. » Vain palliatif, caresse de chat. Ceci voulait dire tout bonnement que Bonaparte en avait trois cent mille et au-delà, et qu'il réduisait toute justice à la mesure de ses éperons. Il l'a trop bien prouvé.

Mais, puisque j'ai nommé M. Cacault, revenons par lui au cardinal Fesch, lequel ramènera nécessairement ma plume au point que je quitte.

Bonaparte, le moins ambitieux des hommes, le plus dévoué de cœur et d'âme qui fut jamais au bonheur et à la gloire du peuple, trouvait la place de consul à vie foncièrement insuffisante; à ses yeux, une couronne impériale était d'un effet bien supérieur : « *La République,* ajoutait-il en propres termes, *après avoir été une bête féroce, n'était plus qu'une bête sans épithète.* » Bon gré, mal gré, quel que fut son désintéressement, quels que fussent les souvenirs d'un toast passablement sanguinaire, porté par lui-même à Toulon, contre les aristocrates et les monarchistes, il aimait mieux autre chose. Tout fut disposé en ce sens; et, attendu qu'il y avait un revirement palpable des intelligences vers les idées religieuses, il voulut d'abord s'entendre avec le Pape.

C'est pourquoi M. Cacault fut rappelé de Rome, où il était aimé et vénéré; le ministre des relations extérieures, Talleyrand, lui écrivit que le cardinal Fesch partirait le 1er floréal et arriverait avant le 20 pour le remplacer. Bonaparte estimait Cacault, mais il lui sentait trop de bonne foi dans ses principes politiques et une tête trop bretonne ; Cacault n'était pas l'homme de la circonstance. Fesch, au contraire, lui allait à ravir ; on conçoit comment et pourquoi. Fesch était à la fois prince français et prince romain. Il était l'oncle du prétendant, comme toujours.

Avant son départ, le cardinal voulait lire les *Cartons de Rome,* au Ministère : « Ne lisez rien, lui dit son neveu, partez, et ayez du tact. » Pour qu'il en eût plus facilement, Talleyrand lui remit des instructions le 20 mai ; toutefois mon avis est qu'il n'en eut que fort peu ou point du tout.

Il eut ordre spécialement de protéger les religieux français rétablis par son prédécesseur, l'école des arts, le commerce et la sécurité du souverain Pontife. Les deux premiers points furent observés négligemment d'abord, puis avec une exactitude méritoire ; les deux derniers n'obtinrent pas de sa part la moindre considération ; il les prit parfaitement à rebours.

Il fit son entrée à Rome, à la date du 2 juillet, sans aucun appareil cérémonial, ce que nous rappellerons par la suite. On lui donna pour secrétaire de légation, M. de Châteaubriand.

A quelques jours de là, Pie VII avait déjà pu

dire : « M. le cardinal et M. de Châteaubriand ne sont pas unis. » Entre M. le cardinal et M. Cacault, le désaccord se poussait plus avant; et, suivant M. Artaud, *jusqu'aux points les plus ordinaires de la conversation :* deux bretons, c'est-à-dire deux hommes francs, rigides et tenaces, contre un homme hargneux et défiant; deux forces intelligentes, mais isolées, contre une machine inerte de soi, mais poussée par une fatale puissance extérieure.

« Que va-t-il arriver? disait l'illustre Consalvi à M. Cacault; vous partez, j'en suis sûr, fâché avec le cardinal Fesch. Il veut jouir seul de sa situation. Nous ne pourrons plus confier si sûrement nos affaires d'Europe, de Russie, d'Autriche, sur lesquelles nous causions avec vous en toute satisfaction (1). »

De pareils débats devaient amener une fin déplorable.

Ici, à propos d'un soldat désarmé, mis à bord

---

(1) L'excellent ouvrage de M. le chevalier Artaud, intitulé *Vie de Pie VII*, renferme beaucoup de détails sur cette mission du cardinal Fesch. J'en ai fait usage, bien qu'avec réserve. Hormis certaines questions personnelles et qui dérivent un peu vers la chicane, il était impossible de mieux juger l'oncle de Bonaparte.

d'un vaisseau français, chargé de sel, le cardinal porte plainte à la secrétairerie d'état, mais Talleyrand l'engage à dissimuler sur ce fait; il s'y conforme. Le 20 juillet, il écrit au même Talleyrand qu'une conspiration vient d'éclater dans la république italienne; rêve bizarre, fausseté insigne qui occasionna les plus horribles représailles. Plus tard, des meurtres sont commis dans la place de Savone, il veut qu'on fusille les coupables; mais où sont-ils? La question s'engage entre Consalvi et le plénipotentiaire. Est-ce à raison qu'on accuse les Français? Le cardinal Fesch insinue assez explicitement que le gouvernement du pape n'y est pas étranger. Des réclamations sont faites par Consalvi, pleines de sagesse et de convenances. L'accusation persiste : après avoir procédé sournoisement, elle devient brutale; Consalvi donne sa démission. La lettre qu'il écrivit à se sujet, me paraît être une page sublime d'histoire; celles de son adversaire qui nous ont été conservées valent infiniment moins. Bonaparte avait oublié de les dicter à son oncle.

Avant cette issue lamentable pour l'Église, le cardinal Fesch, dominé toujours par une idée fixe et empruntée qui ne saurait abuser personne, avait écrit à Consalvi, puis au Pape, pour faire repousser de Rome, les Russes, les Anglais et les Sardes, voisinage incommode dans des circonstances possibles, gens de rien, singulièrement peu disposés à porter la queue du manteau impérial au sacre de Bonaparte.

Ces tracasseries, et mille autres motifs, remplissaient de douleur et d'inquiétudes le cœur du souverain Pontife; il en résultait un mouvement désordonné qui d'autre part comblait d'aise et d'espérance le gouvernement français.

Lorsqu'on jugea que les choses étaient mûres, le cardinal Fesch reçut des informations nouvelles. Après les demi-mots, il aborda nettement le sujet.

Bonaparte, sur une motion du citoyen Curé, avait été proclamé empereur. Il écrivit à Pie VII pour le prier de faire un voyage à Paris et de le sacrer dans Notre-Dame. Cette lettre, bien digne du plus vaste comédien de tous les siècles, fut secrètement remise à son adresse, par le cardinal Fesch.

Ce qu'elle causa de surprise et d'alarmes, tout le monde le sait; le cardinal ne l'ignorait pas; il envoya une dépêche à son neveu, et l'informa de tous les moyens, jusqu'aux plus infimes, qu'il avait mis en œuvre pour toucher au but. Voyez, je vous en prie, ce monument d'agence machiavélique au *Moniteur* d'alors.

« Faites en sorte, disait-il, que les cardinaux vous secondent, car je vous affirme que le Pape ne prendra pas une décision sans leur avis. »

En effet, Pie VII assembla ses cardinaux, et leur montra toutes les angoisses de son âme paternelle. Consalvi avait confié à vingt d'entre eux, sous le sceau de la confession, le contenu de la lettre écrite par Bonaparte. Un mémoire fut rédigé pour motiver le refus. Les arguments qu'il renferme sont sans réplique possible assurément, mais on y citait Charlemagne à propos du Premier Consul, ce qui enchanta prodigieusement ce dernier, ce qui donna même à son oncle l'idée subsidiaire de choisir Noël pour le jour du sacre.

Bonaparte, dans tous les cas, n'eût pas lâché prise; mais il vit matière à prolonger un peu sa comédie. Sur son invitation, M. Bernier, évêque d'Orléans, ancien curé de Saint-Lau d'Angers et Vendéen sans mesure, fit une réponse détaillée au mémoire des cardinaux (1).

---

(1) On a dit depuis que M. Bernier mourut empoisonné; on a même nommé l'auteur de cet assassinat........, Peut-on croire à tant d'ingratitude?

Fesch fut chargé encore de remettre cette réponse au souverain Pontife, et il l'appuya de toute son influence redoutée.

L'agitation fut au comble dans Rome. Consalvi, cet admirable cardinal, homme d'état de tant de génie, d'expérience et de vertu, conjura le Saint-Père de se laisser fléchir, et de sacrifier des intérêts sacrés à une nécessité fatale. Ses raisons l'emportèrent enfin. Il fut décidé que Pie VII viendrait en France; mais, mieux que jamais, on sut que penser de l'homme qui avait dit en 1796 :

« J'ambitionne plus d'être le sauveur du Saint-Siège que son destructeur (1). »

Le cardinal Fesch, ainsi que son caractère le comportait, accompagna le souverain Pontife dans son voyage; il parut heureux, et il le fut peut-être, des témoignages d'amour et de vénération qui l'accueillirent partout où il passa (2). Une fois sa

---

(1) Si le cardinal Fesch n'eût pas réussi dans ses négociations, un autre ambassadeur devait lui succéder, et alors le dernier mot était : *ou un couvent, ou le voyage de Paris.*

(2) « J'ai traversé la France, disait Pie VII, au milieu d'un peuple à genoux. Que j'étais loin de le croire en cet état ! »
M. DE PRADT, Tom. II, p. 213.

Le cardinal lui-même reçut le souverain Pontife dans sa ville archiépiscopale, avec une telle distinction, que le Saint Père disait dans le consistoire secret du 26 juin 1805: « Nous avons été reçu par N. V. F. le C. Fesch, dont la généreuse

mission remplie et le succès constaté, rien n'empêchait qu'il ne fût bon cardinal.

Il assista de même au couronnement, comme aux cérémonies et aux excursions qui s'en suivirent.

Nous sommes en 1804. Si j'ai longuement insisté sur cette partie de ma notice, c'est qu'elle est d'une importance rare, et sans nul doute l'acte capital de Joseph Fesch.

Cette même année (1804), il s'occupa beaucoup de l'éducation des clercs dans ses grands et petits séminaires, et fonda la maison des hautes études ecclésiastiques, dont il a été question précédemment.

L'Empereur ne tarda pas à récompenser ses services; rien de plus naturel. Il le nomma, en 1805, grand aumônier, grand cordon de la Légion-d'Honneur et membre du Sénat, où il se tint muet comme toutes les brebis chamarrées de cette bergerie.

En 1806, le prince primat, archi-chancelier de la confédération du Rhin, le désigna pour son successeur et coadjuteur.

magnificence, les bons offices et les soins affectueux envers nous sont au-dessus de toute expression... nous nous réjouissons de trouver ici l'occasion de le publier et de lui témoigner notre gratitude. »

Il fut appelé à l'archevêché de Paris, le 31 janvier 1809. « A cette occasion, dit M. Picot, que j'aime souvent à citer, le clergé de Notre-Dame alla présenter ses hommages au cardinal; les grands-vicaires le prièrent d'accepter des lettres d'administrateur. Il refusa, et ne voulut ni aller habiter l'archevêché, ni prendre en main l'administration du diocèse. »

Ici commence, pour le cardinal Fesch, une nouvelle carrière. A la place d'un être négatif et, pour ainsi dire, de répercussion, je trouve une individualité forte, une volonté, un cœur, des fautes courageuses, des vertus accentuées; et la justice, tout-à-l'heure inquiète et soucieuse, se prend à sourire de complaisance.

Les contestations duraient toujours entre le Pape et l'Empereur. Elles ne pouvaient cesser. Amené par un sens plus droit ou par l'évidence des choses à comprendre les instincts de son neveu, le cardinal les improuva dès lors. Il présenta ses observations, qui ne furent point admises; et, faute de mieux, il protesta par un refus, le 21 janvier suivant. Il n'accepta pas l'archevêché de Paris. D'autres disent que c'est Napoléon qui révoqua cette nomination. Le 14 octobre 1810, le cardinal Maury fut nommé à ce siège.

Puisqu'on a expliqué différemment ce fait, dont j'ai dit un mot dans la notice sur M. de Quélen, le lecteur est libre de choisir.

Malgré ce refus qui, certainement, lui fut sensible, l'Empereur eut encore une fois recours à son oncle pour un grand coup qu'il voulait frapper. Mais cet instrument si docile autrefois, n'était plus maniable à fantaisie : il y avait là le doigt de Dieu ; il s'en aperçut bien.

J'ai dit ailleurs (1) ce que voulait Napoléon : des évêques sans le concours du Pape. Voilà le grand mot des gouvernements, depuis les querelles de l'Empire, mot commenté par l'assemblée de 1682, et les suivantes. « A cheval sur les quatre articles, disait Napoléon, je culbuterai le catholicisme. » Il est assez clair qu'en gagnant l'épiscopat, ou plutôt en s'en faisant un à soi, l'on domine bientôt infailliblement les populations ; et qui ne voit aussi qu'alors se trouve constitué sur des bases fixes le plus brutal de tous les despotismes ?

L'Empereur convoque donc un concile par une circulaire du 25 avril 1811, pour le 9 juin suivant. Deux commissions précédemment appelées n'avaient

---

(1) Notice de M. de Quélen.

rien produit d'avantageux. Il renvoie à Savone trois évêques pour obtenir du Pape qui y était captif, les concessions désirées. Ceux-ci rapportent quelques articles où il est dit que l'institution serait donnée dans les six mois de la vacance des Sièges, et que, si elle ne l'était pas, le métropolitain aurait le pouvoir de la donner (1).

Le concile s'ouvre le 17 juin, sous la présidence du cardinal Fesch, *qui, au rapport de M. Picot, se fit décerner cet honneur, sans que le concile eût rien décidé à cet égard* (2).

Quoi qu'il en soit, le cardinal prête à haute voix le serment prescrit par la bulle de Pie IV (novembre 1564), et proteste ainsi de son absolue soumission pour tous les décrets de Rome.

Ces alternatives de force et de faiblesse méritent qu'on les observe comme point de transition d'une vie à une autre vie contraire. L'histoire de Fesch est celle de tous les hommes, sous ce rapport.

Napoléon fut mécontent de son oncle; il le relégua dans son diocèse; les arrangements qu'il avait

---

(1) Voir les Mémoires pour servir à l'histoire ecclésiastique, par M. Picot.
(2) Plusieurs assemblées préliminaires avaient eu lieu chez lui, et il y déclarait hautement qu'il ne souscrirait jamais aux désirs de son neveu.

faits avec le prince-primat furent regardés comme non-avenus; Fesch perdit la coadjutorerie de Ratisbonne, Eugène de Beauharnais fut nommé à sa place, sous le titre de grand duc de Francfort.

M. de Pradt, dans les Quatre-concordats, prétend que le cardinal Fesch voulut alors quitter la grande aumônerie, mais que sa famille l'en détourna.

Or, cette disgrace dura jusqu'en 1814. Alors devinrent déserts ces magnifiques appartements de l'hôtel qu'il occupait rue du Mont-Blanc; il songea définitivement à son diocèse.

En cette circonstance, il mérita l'éloge que fit de lui le souverain Pontife, en écrivant à l'abbé Maury.

Nommé par l'Empereur à l'archevêché de Paris, celui-ci avait écrit au Pape pour lui apprendre sa nomination et son installation.

« Ce qui nous afflige, disait Pie VII, c'est qu'après avoir mendié près d'un chapitre, l'administration d'un diocèse, vous vous soyez chargé, de votre autorité privée et sans nous consulter, du gouvernement d'une autre église, bien loin d'imiter le bel exemple du cardinal Fesch, lequel ayant été nommé avant vous à l'archevêché de Paris, a cru si sagement devoir absolument s'interdire toute administration diocésaine de cette église, malgré l'invitation du chapitre. »

Quelque temps auparavant, Fesch avait reçu les derniers soupirs de M. Emery, et c'est à lui que l'Empereur avait dit : « Je veux qu'il soit porté au Panthéon. » Heureux celui qui a pu recueillir les paroles de M. Émery sur ses lèvres expirantes ! elles durent être pour son âme un flambeau céleste, pour son cœur plus douces que l'amour. « *Animus appropinquante morte multò divinior*, dit Cicéron. »

Mais suivons le cardinal Fesch dans son administration diocésaine.

Un de ses premiers actes, un acte éternellement glorieux pour lui, ce fut le rappel d'une société qu'on a détestée immensément, sans la mépriser jamais, car de toutes les vertus et de tous les genres de génie, il ne lui manqua qu'une chose, de ne pas s'abaisser jusqu'à la politique, en usant sa massue à guerroyer contre des puces, soit dit sous le couvert de La Fontaine.

Bien des gens professent une opinion contraire : si tel est leur plaisir, je n'y puis rien; mais en vérité que dirai-je des absurdités répandues sur les rapports du cardinal et de Pacanari?

Un jeune homme se rencontre, touché du zèle

de Dieu et du salut de ses frères, qui fonde en Italie une société religieuse au nom du cœur de Jésus. Ses commencements sont magnifiques ; il parcourt, en faisant le bien, presque toutes les contrées de l'Europe. Il obtient une confiance sans bornes du souverain Pontife, et de l'archiduchesse Marie-Anne, sœur de l'empereur. On admire partout les Pacanaristes.

Comme ils ne différaient que de nom avec les Jésuites, on leur représenta, lorsque ceux-ci purent se montrer sans beaucoup de danger, qu'il conviendrait d'opérer une réunion, et d'y comprendre les Pères de la foi, autre corporation partielle, dérivant aussi des instituts de saint Ignace.

Il y eut quelques oppositions ; mais la majorité se rendit à la sagesse de ce conseil ; les Pacanaristes se disséminèrent ainsi que les Pères de la foi ; on ne connut plus que des Jésuites (1).

Qu'était devenu le fondateur ? Déviant peu à peu de sa ferveur première, il avait d'abord perdu, par la dissipation, l'esprit intérieur, qui est un aussi bel esprit que bien d'autres ; de la légèreté naquit la négligence ; de celle-ci, l'insouciance ou

---

(1) La bulle qui les rétablit est datée du 7 août 1814.

l'oubli ; et finalement, M. Artaud n'a été que juste quand il a dit de lui : « Homme méchant, pervers, corrompu, capable de crimes qu'on ne peut révéler. » Il mourut au Château-Saint-Ange.

De ces dernières particularités, les uns concluent que les Pacanaristes sont des monstres ; d'autres confondent les Jésuites et les Pacanaristes ; des deux parts on s'accorde à condamner le prélat qui leur fit octroyer une existence légale.

« Le cardinal établit diverses communautés de tous genres, » observe un auteur, à l'appui de ces jugements divers. Il donna au diocèse cette belle maison des Chartreux, dont j'ai parlé dans la demi-biographie de M. Donnet, archevêque de Bordeaux (1) ; réorganisa dans son clergé tous les dégrés d'une hiérarchie précieuse et depuis longtemps troublée ; introduisit dans ses séminaires d'importantes améliorations pour la discipline et les études, embellit ses églises, se fit aimer des riches, bénir des pauvres, adorer de ses subalternes, complimenter par le Pape qui oublia ses antécédents, et se tint constamment ferme en face de Napoléon, son neveu, dont il était l'oncle après tout !

(1) Nous reviendrons sur la vie du bon archevêque dans la Notice de M. de Forbin-Janson.

Vint 1814, et avec lui la chute de l'Empereur, circonstance plus difficile que pénible pour le cardinal Fesch ; il le montra de façon péremptoire. Mais attendons les évènements.

Lyon était menacé par les Autrichiens, le cardinal suivit les autorités jusqu'à Roanne ; et, peu après, il se retira dans une communauté de religieuses fondée à Pradines. Forcé bientôt de s'en éloigner, il se rendit à Rome, où Pie VII lui fit un accueil parfait. Il y resta dans le silence et l'inaction jusqu'à la révolution du 20 mars 1815. Alors il revint à Paris, et fut promu, par son neveu, à la dignité de pair, le 4 juin 1815.

Après les Cent-Jours, il fut forcé encore une fois de s'enfuir à Rome. Il partit le 21 juillet avec sa sœur, escorté par un général autrichien, et séjourna d'abord dans la ville de Sienne. « Quelques personnes se demandent, dit *l'Ami de la Religion et du Roi*, si *on lui a fait* donner sa démission de Lyon, siège qu'il ne saurait plus occuper, sans doute, sous le règne de Sa Majesté.

« Par mandement du Chapitre de son diocèse, un *Te Deum* fut chanté aussitôt en l'honneur de de la Restauration et des lys, sans nul souci de l'archevêque absent. « Le Chapitre, observe M. Picot, a plus consulté, en cette occasion, son zèle pour le Prince que les règles de l'Église. » Venu de M. Picot, ceci est fort méchant et d'une hardiesse inouïe.

Les Italiens de Rome n'ont jamais bien oublié les coups de Jarnac de 1803, mais, je me plais à le dire, le cardinal fit lui-même, sur la fin de sa vie, ce qui pouvait en effacer le souvenir. On en jugera prochainement.

« Le 15 août, continue *l'Ami de la Religion et du Roi*, le cardinal Fesch est arrivé à Rome avec sa sœur. On a été surpris de le voir faire une espèce d'entrée dans une belle voiture, avec quatre autres de suite. Peut-être un peu de modestie eût-il été mieux à sa place. Les membres de cette famille devraient, sur toutes choses, faire en sorte qu'on oubliât ce qu'ils ont été. »

Certes, voilà un langage sévère, et qui n'était guère pourtant dans le naturel de M. Picot. J'avoue que je n'y souscris point; loin de là : en rapprochant deux époques, celle où Son Éminence le cardinal Fesch entra comme ministre plénipotentiaire de la république française dans la ville de Rome, sans déployer le moindre appareil, et l'époque présente où, par je ne sais quelle opiniâtreté superbe, l'exilé affectait une magnificence princière ; en présence de ce spectacle, qui a bien aussi sa sublimité, je sens mon cœur agité par des émotions où le blâme et le mépris n'ont point de part. Ce sont des fantaisies dont Curius, ou Fabricius, ou saint Grégoire VII eussent été capables.

Une loi, du 12 janvier 1816, bannit à perpétuité tous les membres de la famille Bonaparte.

De cette loi, qui n'est pas encore abrogée, résultait que le diocèse de Lyon n'aurait plus d'archevêque résidant, à moins que le cardinal Fesch ne fût remplacé.

Préalablement, Louis XVIII nomma M. de Bernis, ancien archevêque d'Alby ; puis il engagea le cardinal à donner sa démission ; la démission ne fut point donnée. On insista, et on n'obtint pas davantage ; on eût voulu destituer, la chose n'était pas possible. En conséquence, M. de Bernis n'eut d'autre qualité que celle d'administrateur. Un bref fut adressé au titulaire pour lui signifier ce choix ; il écrivit de Rome au cardinal secrétaire-d'état, 9 octobre 1817 :

« Que votre Éminence *lui* permette, en répondant à sa note du 28, qu'elle-même voulut lui remettre avec le bref susdit, de *lui observer* que le soussigné ne pouvait pas plus donner honorablement la démission de son siège, qu'il ne dut respectueusement protester contre la division de son diocèse, *comme* par sa lettre à Sa Sainteté, en date du 10 août dernier; et qu'il ne peut consentir à reconnaître l'administrateur. Votre Éminence ajoute que la vénération du soussigné pour les décrets de Sa Sainteté ne laisse pas douter qu'il saura *per pienamente conformarsi*. Oui, sa vénération est aussi profonde que sa franchise est sincère; et les protestations qu'il fait devant Dieu et devant les hommes contre l'acte qui le prive de l'administration de son diocèse, ne nuisent en rien à son respect pour l'autorité *dont il émane*, *et* sa soumission sera entière; elle lui interdit, dès le moment qu'il a reçu le bref susdit, tout acte, tout conseil qui pourraient être défavorables à son exécution..... »

Trois autres évêques avaient agi de même.

Il y a un bref de 1817 qui déclare le cardinal Fesch suspens de l'exercice de sa juridiction, à cause de la loi rendue en France, l'année précédente, contre les membres de sa famille.

Pour des raisons qui nous intéresseraient peu, M. de Bernis n'entra point en exercice de ses fonctions. Le titulaire gouverna par ses vicaires-généraux, jusqu'à la nomination de M. de Pins, évêque de Limoges en 1824 (1). Remarquons toutefois que, dans cet intervalle, tous les rescrits de Rome étaient adressés à l'administrateur.

Naturellement, le diocèse de Lyon se trouvait alors divisé en deux camps: l'un dévoué au cardinal, et soutenant ses prérogatives épiscopales contre une politique méticuleuse et vindicative; l'autre, sous l'étendard du fait accompli, livré peut-être à des prédilections exclusives en matière de gouvernement, asservissant l'Église aux formes capricieuses des constitutions civiles, et à des déplacements de personnes, posait en principe l'impossibilité d'une résidence, et une fois le principe établi, induisait de là que le cardinal devait en conscience résigner son titre. Ici, on l'accusait d'ambition, et même quelquefois d'incapacité; ailleurs, on vantait l'habileté de sa gestion, sa fermeté d'âme et son courage évangélique (2).

(1) M. de Pins avait été durant un an évêque de Limoges.
(2) « Vous voulez nous *infeschter*, disaient à leurs adversaires les ennemis du cardinal; et vous, répliquaient les amis, vous voudriez nous *emb....* et nous *pinser!* » — Mauvais calembourgs, bien difficiles à prononcer pour des jolies bouches tant soit peu aristocratiques, mais qu'elles articulaient fort bien alors, je vous jure. Si j'ai mal fait de les consigner ici, ô lecteurs, passez outre.

Or, après une guerre de femmes, Dieu sait s'il est rien au monde qui vaille une guerre de prêtres. A défaut des boulets de canon et du sang qui coule, le carnage se fait à froid, moyennant une petite arme portative, capable de tuer mille mondes à la minute, et dont le prophète a dit : *Gladius acutus lingua eorum.*

J'en suis fâché pour le clergé que j'aime et que j'admire d'ailleurs; mais tel est son péché d'habitude, et j'aurai souvent occasion d'y revenir.

L'Ami de la Religion et du Roi devait se prononcer ; il le fit, et embrassa, comme de raison, la cause des *démissionnistes*, si chaudement même, qu'il enflamma la bile de M. Bochard, vicaire-général-administrateur de Lyon, lequel lui adressa, le 3 janvier 1824, une semonce monumentale. M. Picot, bien certainement, avait des intentions bonnes, mais M. Bochard n'avait pas tort (1).

« De quoi se plaint-il ? disait *l'Ami de la Religion et du Roi,* « on lui a laissé ses propriétés; il touche son revenu et ses honoraires; il est libre. Dans une circonstance à peu près semblable, le cardinal de Retz fut mis en prison, et sa juridiction entravée avec éclat; il finit par donner sa démission. »

(1) Voyez sa lettre dans la feuille et à la date précitées.

La grande et incomparable démission! rien ne put l'arracher. Le cardinal est mort sans démission, après avoir vu passer sur cette terre volcanique de France trois règnes encore, et encore une révolution inutile.

Au reste, il était loin de compter sur tous ces accidents, lorsque survinrent les catastrophes de 1814 et 1815. Évidemment, son diocèse lui était alors plus cher qu'aucune chose de ce monde; il n'omit rien pour obtenir d'y rester. Je copie en entier la lettre fort curieuse et fort peu connue qu'il écrivit à Louis XVIII à l'occasion des bonnes fêtes, le 12 décembre 1814.

« Sire, Dieu est tout; toute puissance émane de sa volonté; il est le maître absolu d'abaisser ou de relever les trônes, comme de partager entre les créatures le palais et les chaumières, les talents et les vertus.

« Accoutumé à méditer ces vérités, je ne suis point étonné que le devoir m'impose d'offrir à Votre Majesté des vœux et des souhaits aux approches des saintes fêtes de Noël. Ils sont simples, vrais et sincères; que la volonté de Dieu s'accomplisse sur *sa* personne, sur sa famille et toute la France.

« Dieu est le meilleur des pères ; peut-on souhaiter un plus grand bonheur que de faire sa volonté ?

« Daignez agréer, Sire, etc. »

Louis XVIII ne répondit pas, et ce fut de sa part une impolitesse grossière ; pourquoi en disconvenir? Trop souvent il arrive que l'étiquette des rois les range, pour le savoir-vivre, au-dessous des cochers de fiacre, et qu'ils s'isolent de l'humanité, comme des bêtes fauves, pour en imposer davantage aux hommes. C'est un système ignoble et dangereux surtout, car les peuples ne s'y habituent jamais.

Le cardinal Fesch présumait mieux de Louis XVIII; et de fait une pareille vilenie n'était ni dans son caractère ni dans ses habitudes. En passant à Orléans, pour accompagner l'impératrice à Blois, le cardinal visita M. l'abbé Mérault (1), et lui raconta naïvement ses espérances, ce qui fit légèrement sourire le bon vieillard.

En ce moment, les puissances étrangères menaçaient Paris.

De Blois, la cour revint à Orléans. Les deux im-

(1) Ci-devant de l'Oratoire, ancien professeur de philosophie de Fouché de Nantes, auteur de plusieurs ouvrages fort estimés, docteur en théologie, vicaire-général d'Orléans, fondateur et supérieur du séminaire, qu'il dota de son immense fortune et d'où il a été brutalement éconduit par M. Brumauld de Beauregard, lors de l'arrivée de ce prélat incapable dans le diocèse.

pératrices, plusieurs rois et reines de la famille, et M. le cardinal, descendirent à l'évêché. M. Mérault fut mandé; Madame-Mère le fit asseoir entre elle et son frère; de part et d'autre on lui proposa de recevoir en dépôt des sacs et caisses qui risquaient de tomber aux mains des Cosaques ou autres. Les sacs renfermaient une somme considérable, et les caisses des objets inconnus. M. Mérault consentit; on lui remit le tout hermétiquement fermé et cacheté. C'était pour madame Lætitia ce qu'elle appelait *la poire pour la soif*, et pour le cardinal Fesch, un *en cas de retour*, probable selon lui, dans son Église.

Quelque temps après, les dépôts furent réclamés et rendus; Madame Mère donna au séminaire une chapelle en argent, quatre chandeliers et une croix de tabernacle en bronze doré; le cardinal, plusieurs ouvrages précieux pour la bibliothèque (entr'autres LA COLLECTION DES CONCILES in-folio), et une somme considérable.

Impossible de mieux récompenser M. Mérault!

Pauvre chose que l'espérance! Hormis pour le ciel, il n'y a point d'espérance; tout n'est qu'illusion! Les trônes et les cœurs, la fortune et l'amour, l'amitié et la gloire, et les serments, et ouvenirs, et le rêve de l'innocence peut-être... tout n'est qu'illusion et vanité! Ici la loi, cette loi monstrueuse de proscription qui exile la patrie de ses enfants, qui arracherait Dieu de l'espace occupé par un peuple, pour un intérêt de caste ou d'individu! ailleurs, c'est autre chose. Les rois, aujourd'hui, et les arrière-cousins des rois et leurs alliés les plus imperceptibles, ne peuvent choisir, entre la pourpre qui les étouffe et la condition du banni, la qualité de citoyen. Ils sont étrangers partout; *partout ils sont seuls!*

« Encore un coup, s'écrie Bossuet, orgueil de l'homme, politique de l'homme, crève donc (1) ! » Bossuet n'était pas membre de la chambre des Députés ; mais durant les vingt-quatre ans de son séjour à Rome, le cardinal dut répéter bien souvent ces paroles énergiques et les appliquer à sa situation, mieux sans doute que je n'ai fait plus haut.

Toutefois, si la chronique ne ment point, tout porte à croire qu'il fit alors autre chose que des élégies. Sa galerie de tableaux l'occupait considérablement, il l'avait enrichie d'un grand nombre d'acquisitions précieuses (2). Son palais, ainsi que

(1) *Élévations sur les Mystères.*
(2) Il dut à cette passion pour les tableaux la tranquillité profonde dont il a joui si longtemps à Rome ; l'oncle de Napoléon et le cardinal Fesch disparurent sous l'amateur, et ainsi les habitants s'accoutumèrent à le trouver inoffensif.

celui de sa sœur, étaient ouverts à toutes les notabilités européennes; et le cérémonial de ses réceptions était au moins pour lui une affaire d'état. Sa correspondance s'étendait et se multipliait de jour en jour, eu égard surtout à ses affaires diocésaines, comme l'attestent ses divers secrétaires, MM. Gilibert, Giraud, aujourd'hui prêtre habitué de Sainte-Marguerite, à Paris; et Pasqualini; maintenir sa grande fortune et l'agrandir, n'était pas chose qu'il dédaignât. Il avait la maladie de famille; et on l'a vu disputer avec son menuisier pour la valeur d'un écu.

Autre chose. Son éminence aimait passablement la table. Dans les beaux jours de l'Empire, elle avait pu se poser, non sans avantage, l'émule de Cambacérès, ce gastrolâtre homérique. Un jour, elle reçut deux saumons d'un majestueux volume. Plusieurs excellences de l'Empire dînaient chez elle.

Son éminence fit appeler le premier valet de service, et lui dit: « J'ai deux saumons; vous les donnerez tous deux au dîner. — Mais, monseigneur, on ne met pas deux saumons au même service. — Arrangez-vous comme vous voudrez: je le veux. »

Le chef se retira sans rien dire de plus, mais fort embarrassé.

Un instant après, il revint et dit : « Son éminence sera obéie. »

On dîne. Le premier service est en plein succès. Son éminence attendait cependant avec une anxiété douce l'effet qu'allaient produire ses deux saumons sur les convives.

Les deux battants s'ouvrent pour laisser passer le premier; tous les regards sont fixés sur le valet qui le porte; voilà que les pieds du malheureux s'embarrassent dans le tapis; il trébuche et renverse le poisson qui se brise et s'éparpille. Désappointement cruel!

Mais un autre domestique arrive chargé d'un autre saumon. A la désolation succède l'enchantement. Son Éminence triomphe.

Ainsi fut prouvé que le cardinal Fesch n'était jamais pris au dépourvu; ce qui me paraît du reste bien flatteur pour l'Église, et d'un immense avantage pour le salut des âmes.

A Rome, le cardinal n'avait pas perdu l'appétit; il mangeait habituellement chez sa sœur, mais après avoir obtenu d'elle un supplément à l'ordinaire; et quand il admettait de temps en temps à sa table des visiteurs français, c'était merveille de voir comme il leur faisait bon visage d'hôte, sous plus d'un rapport, se gardant bien d'inviter sa sœur.

Si quelqu'un s'avisait d'interpréter à mal ces dernières paroles, et d'en rien conclure qui fût préjudiciable à la réputation sacerdotale du cardinal Fesch, je dirais : Tant pis ; car assurément telle n'a pas été mon intention, et il est des choses qui demandent seulement qu'on les comprenne pour être trouvées légitimes. Je n'ai point entrepris dans cette œuvre de redresser les esprits contrefaits.

Le cardinal ne manquait pas, dans son exil, de dire la messe tous les jours. Je l'affirme sur le témoignage de M. l'abbé Giraud, son secrétaire, qui l'assistait. Il ne quittait jamais alors l'habit canonique. Sa vie était vraiment ecclésiastique de point en point ; et à cet égard même, les différents papes qui se sont succédé depuis un quart de siècle, l'honoraient d'une estime toute particulière. Grégoire XVI, auquel il avait fait demander la bénédiction d'usage, le pleura comme un ami et comme un saint.

Il s'endormit dans le Seigneur, le 13 mai, à cinq heures du matin, en 1839.

Son neveu Lucien était à Rome ; Jérôme y était attendu. Joseph, son héritier universel, n'y était pas.

Ses derniers moments furent admirables, sa patience sublime. Au milieu des affreuses douleurs que lui causait son cancer à l'estomac, il ne lui échappait aucune plainte : *Fiat voluntas tua*, disait-il souvent, les yeux fixés au ciel ; et il demeurait plongé dans un silence profond comme l'extase. Quand son médecin lui apprit que sa dernière heure approchait, il le remercia ; il consolait lui-même ses serviteurs éplorés, et entre les autres, son excellent majordome qui ne l'avait pas quitté depuis 1801, et qu'il institua son exécuteur testamentaire.

Le 14, on exposa son corps sur un lit de parade, couvert d'un drap d'or, avec tout le cérémonial d'usage. Le 15, on le transporta à Saint-Laurent *in Lucina*. Mais ici, point de chant, point de pompe ; les cloches seulement sonnèrent, quand le cortège fut près de l'église. Fesch avait ordonné qu'on lui rendît les honneurs de premier cardinal-prêtre et d'archevêque, exclusivement à tout autre honneur. Le 16, on le déposa dans l'église des Religieuses passionnistes de Corneto. Bientôt les Lyonnais demandaient par le télégraphe, la permission de prier tout haut pour lui, et ne l'obtenaient pas. Le 17 juin, M. le cardinal d'Isoard, archevêque d'Auch, faisait célébrer dans sa cathédrale, un service pour son condisciple et son ami.

On a beaucoup parlé de son testament. C'était

effectivement une chose presque monstrueuse que sa fortune. Au reste, l'usage qu'il en a fait après sa mort, m'empêche de la lui reprocher.

Il laissait à Ajaccio une somme considérable pour qu'on y bâtît une église et un séminaire ; à Lyon, une partie de sa riche galerie de tableaux, sa chapelle particulière pour l'église cathédrale ; une statue de saint Pierre en bronze doré pour le palais archiépiscopal ; quelques tableaux à notre cher séminaire de Largentière et à l'établissement religieux des Pradines fondé par lui ; l'autre partie revint à sa famille.

Il avait témoigné le désir d'être enterré dans l'église de Saint-Jean de Lyon, ou en cas de refus, aux Chartreux, ou bien à Largentière ou aux Pradines. Et voici ce que disait un journal, à la date du 11 juin 1839 :

« On assure que le garde-des-sceaux vient d'écrire au chapitre métropolitain de Lyon, que le corps du cardinal Fesch serait incessamment transporté dans cette ville, conformément à ses vœux, le gouvernement n'entendant pas appliquer à un mort l'ostracisme qui pèse sur la famille Bonaparte. »

Encore une mascarade dans un cimetière.

Paris.—Imprimerie de A. APPERT, Passage du Caire, 54.

Biographie du Clergé Contemporain.

M.^r l'abbé FAYET.

A. Appert édit. Passage du Caire, 54.

Pierre Payet, le père de M. ... ...
j'écris la notice, ... d'abord ... ...
Gévaudan, et en ... juge-de-paix à M... ... ...
de g... ... ... guerre p...ch..., ... avait pris
... ...
... ... les ch... ... ...
une conste... ... ...

Lorsque ... ...
assez de vertus privées ... ...
... ...
... ...
...

Au nom de la fraternité, les M... ... ...
...ent sa ...aises... ... ... Ch...tal, ...
de frayeur et ... ...

l'abbé

A. Appert édit. Passage du Caire, 54.

M. FAYET.

Nec benè pro meritis capitur, nec tangitur irà.
LUCRÈCE, de naturâ Deorum.

Pierre Fayet, le père de M. l'abbé Fayet dont j'écris la notice, fut d'abord avocat au baillage du Gévaudan, et ensuite juge-de-paix à Mende. Homme de grand sens et de singulière probité, il avait pris à peine ce dernier titre qu'on vit diminuer démesurément les chicanes et les procès, ce qui causa une consternation générale chez tous les avocats.

Lorsque vint la révolution, Pierre Fayet avait assez de vertus privées et publiques pour être un scélérat, et ce fut bien fait à lui d'échapper à la guillotine, en se cachant fort longtemps dans un four.

Au nom de la fraternité, les *Marseillais* pillèrent sa maison. Jeanne Chaptal, sa femme, mourut de frayeur et de chagrin ; c'était la fille d'un notaire recommandable de l'arrondissement de Florac. Aussi distinguée par ses brillantes qualités d'esprit et de beauté que par sa piété douce et charitable, elle a laissé, parmi ses compatriotes, des souvenirs qui ne doivent jamais s'effacer ; et, puisqu'elle ne pouvait veiller sur la terre au bonheur de ses chers enfants, elle les a protégés de toute sa puissance maternelle auprès de Dieu.

A cette époque, Jean Jacques Fayet avait six ans. Il était né le 26 juillet 1787, à Mende.

Une de ses tantes, madame Valgalier, le conduisit dans une ferme que possédait son père sur un des plateaux de la Lozère, et il y passa tous les mauvais jours avec sa sœur, Jeanne Jacquette, aujourd'hui religieuse de l'*Union chrétienne*, sous le nom de sœur Séraphine.

Je dois une mention particulière à cette admirable personne ; j'aborderai ensuite mon sujet d'une manière plus précise.

Le couvent de l'Union Chrétienne avait été fondé par M. de Choiseul-Beaupré, évêque de Mende (1),

---

(1) Il occupa le siège de Mende, de 1723 à 1767. M. le Cardinal de Choiseul, archevêque de Besançon, neveu du fondateur, portait à cette maison le plus vif intérêt. (*Mémoires de la Société d'Agriculture, commerce, etc., etc. de la ville de Mende*, 1834.)

pour l'éducation des nouvelles catholiques. Mais, faute de sujets, l'établissement faillit dans la suite à sa destination. Sœur Séraphine conçut alors l'idée d'une œuvre magnifique. Sa dot, l'héritage de sa mère, et peut-être l'effective coopération de son père et de son frère, devaient faciliter grandement l'exécution. Son zèle et son intelligence garantissaient le reste. Elle usa de toutes ces choses sans réserve. En peu de temps, elle eut fait de la maison délaissée une école pour les enfants pauvres, et un noviciat pour les pieuses filles qui voudraient se consacrer à leur éducation.

Or, le ministère des institutrices ne se borne pas à la ville; moyennant une faible somme de quarante francs par an, il en est qui se fixent dans les campagnes durant tout un hiver, et opèrent dans l'humble sphère de leurs attributions des prodiges incontestables. Ceci est un fait quasi proverbial, à l'heure qu'il est, d'un bout à l'autre du Languedoc.

Qui sait si l'on n'écrira pas un jour la vie de sœur Séraphine? On dira qu'elle fut adorée de ses saintes compagnes pour la bonté angélique de son cœur, et d'une immense population pour ses bienfaits incalculables. On dévoilera tous les trésors de sa vie intérieure, ses privations, ses aumônes, bien d'autres vertus, charmantes et timides fleurs qu'on n'aurait pas devinées jusqu'ici sans le suave parfum qu'elles exhalent malgré elles. L'Église aussi sentira tressaillir ses entrailles, et se souviendra de sainte Thérèse, ce grand docteur, en lisant et bénissant les œuvres théologiques de l'une de ses émules les plus parfaites; car l'administration de l'Union chrétienne, quelle qu'en soit l'étendue, n'absorbe pas tous ses instants et toute son ardeur ; elle sait aussi se multiplier : on l'a vue accompagner jusqu'au poteau fatal des femmes criminelles dont elle fait des élues de Dieu; et en dehors de ces actes de sublime charité, sœur Séraphine médite sur les profondeurs éternelles, elle agrandit et féconde encore le champ déjà si vaste de la dévotion mystique, elle discute avec une étonnante lucidité les points les plus inextricables du dogme et de la morale.

Alors, sans doute, les ordres de son directeur seront plus forts que sa modestie ; ses manuscrits, qui sont, nous a-t-on dit, fort nombreux, seront livrés à l'impression, et prendront place dans nos bibliothèques, à côté des livres de M. l'abbé Fayet (1).

Mais c'est uniquement au frère que j'ai dû consacrer mon travail ; j'y reviens.

(1) Sœur Séraphine écrit en ce moment et se dispose à faire imprimer une règle pour les Sœurs de la campagne.

Comment le jeune Fayet fut préparé à sa première communion, et si elle eut lieu à ciel ouvert, je n'en sais rien ; je suppose qu'il la fit sous la direction de M. l'abbé Pauc, savant et vertueux prêtre qui a élevé presque tous les hommes remarquables du département de la Lozère.

A dix ans, c'est-à-dire en 1797, il quitta la ville de Mende, et fut placé chez un instituteur à Lyon. Coïncidence remarquable : Le plus grand poète de la France, M. de la Martine a fait depuis ses études élémentaires dans cette même pension.

Après avoir obtenu dans toutes ses classes, celle de rhétorique surtout, les succès les plus brillants, et avoir constamment remporté les premiers prix, il fut envoyé à Paris pour y suivre les cours de droit. Son père songeait à lui céder ensuite son office. Ainsi raisonnent les hommes ; Dieu a ses jugements à lui.

Fayet passa valeureusement par les épreuves d'usage et reçut son diplôme de licencié. Il débuta même comme stagiaire. Mais un jour, son père reçut une lettre qui le frappa de surprise et de douleur : « Ma résolution est irrévocable, écrivait le jeune avocat ; je veux entrer au séminaire de Saint-Sulpice. »

Des observations furent faites et restèrent inutiles ; il fallut donner un consentement ; Fayet s'assit bientôt sur les bancs de théologie, à côté de messieurs Affre, Maréchal (1), Tharin, Menjaud et autres ; il eut pour professeur ce brave M. Boyer, si célèbre par ses distractions, sa fécondité scudérienne, et les frayeurs grimaçantes qu'il occasionne chez les sulpiciens ses confrères, chaque fois qu'il prépare un nouveau volume de controverse.

M. Emery était alors supérieur général de sa compagnie, et l'homme le plus sincèrement aimé et admiré qui fut jamais ; doué d'un tact inappréciable et d'un esprit d'austère justice qui ne sont point échus en partage à tous ses héritiers naturels, il sut apprécier le nouveau séminariste comme toutes personnes et toutes choses. Il lui voua même une affection particulière et une confiance sans bornes, tellement qu'il se plaisait à causer avec lui dans l'intimité, et qu'après peu de temps, il lui donna une clé pour entrer à la bibliothèque, suivant son bon plaisir. C'était un privilège singulièrement rare.

Du reste, le jeune Fayet justifia autant que pos-

---

(1) Né à Ingré, près Orléans ; mort archevêque de Baltimore.

sible ces doux témoignages de prédilection. Il se fit remarquer d'abord par son travail facile et infatigable, par sa piété grave et modeste. Bientôt il fut compté parmi les sujets les plus distingués à tous égards; et enfin l'opinion commune lui assignait sans conteste la première place. On conserve au séminaire un souvenir en quelque sorte traditionnel de ses Traités *de la Religion et de l'Église*.

Ayant reçu les ordres mineurs et le sous-diaconat, il fut appelé à l'œuvre des catéchismes de Saint-Sulpice, si justement renommés en ce temps.

De là, M. Fayet passa aux catéchismes de persévérance, qu'on appelait l'*Académie;* il les dirigea le premier. M. Menjaud, coadjuteur actuel de Nancy, lui succéda; l'un et l'autre avaient concouru à leur fondation; et dans les immenses services qui furent rendus à la jeune génération de cette époque, je ne saurais bien dire lequel des deux prit la plus large part.

En juillet 1811, M. Fayet fut rappelé par M. de Mons, alors évêque de Mende et archevêque d'Avignon dans la suite, qui l'ordonna prêtre, et le chargea d'organiser des catéchismes sur le modèle de ceux qu'il faisait à Saint-Sulpice. En cette circonstance, il sut encore bien mériter de l'église.

Mais ce n'était point assez pour sa jeune activité ; son intelligence devait suffire à bien d'autres ministères. M. de Mons lui confia plusieurs missions délicates. Les vieilles mésintelligences qui régnaient de longue date parmi les catholiques et les protestants du Languedoc, après avoir été momentanément assoupies, se réveillèrent cent fois plus vivaces, mille fois plus dangereuses ; aux collisions sanglantes se mêlaient des défis effrontés de discussion. Il fallait un intermédiaire pour la paix matérielle, un solide jouteur pour les luttes théologiques. M. de Mons vit dans M. Fayet l'homme de la nécessité, ou plutôt de la Providence ; il le fonda de pouvoir pour agir selon qu'il l'entendrait ; il se reposa de toutes choses sur son savoir et sa prudence.

C'était encore une confiance éminemment flatteuse, mais ce n'était que justice ; la suite l'a bien prouvé. Car après quelques mois, l'ordre se rétablit ; l'hérésie s'en tira définitivement avec perte ; il y eut des conversions remarquables ; plusieurs ministres qui s'étaient posés en Goliath, n'osèrent pas même l'affronter, et se désistèrent sans pudeur quand ils eurent aperçu l'ombre de sa fronde.

Pour achever une entreprise si heureusement

commencée, M. de Mons lui proposa une cure à l'extrémité du diocèse, près Roquefort. Mais les travaux avaient altéré sa santé; il avait besoin de repos; il ne l'accepta pas. Survint un nouvel ordre de l'autorité ecclésiastique; et il entra dans les négociations relatives à la levée de séminaristes imaginée alors par Bonaparte; il conduisit encore toutes choses à bonne fin; puis fut nommé vicaire de Quézac, sur les bords du Tarn, où il resta deux ans; et il revint à Mende pour occuper une chaire de théologie comme professeur de dogme.

Il devint ensuite principal au collège de la même ville.

M. Fayet possède au suprême degré le talent de captiver les enfants; il fondait la discipline par la confiance; il inspirait l'amour de l'étude et de la religion en se faisant chérir lui-même. Le collège de Mende était le modèle des collèges, comme aujourd'hui l'église que M. Fayet dirige est le modèle des diocèses.

Lors des allées et venues de 1814 et 1815, au milieu des apostasies infâmes qui épouvantaient la patrie, et des cruels bouleversements qui en étaient la suite, nul n'osait obéir positivement, ni même positivement commander. La peur avait engendré l'anarchie, comme avait fait jadis la soif du pillage. Se dessiner, c'était presque indubitablement s'immoler; il fallait prendre le glaive des lois par la pointe, en se précipitant, et l'essayer en quelque sorte sur sa poitrine. Tel était l'état de la Lozère, comme des autres départements méridionaux.

En ces conjonctures, M. Fayet fut placé à la tête de l'administration civile, par le vœu unanime de ses compatriotes; il fut nommé président du Comité royal; et tous les partis ont proclamé que, durant sa gestion, les propriétés et les personnes furent toujours respectées, l'ordre énergiquement maintenu, le crime puni, le culte catholique en possession de sa liberté inviolable, les représailles impossibles.

Le maréchal Soult en a bien su quelque chose; ce qui ne veut pas dire qu'il s'en souvienne. Je n'entends pas non plus insinuer le contraire; mais, pour mille raisons, je me méfie singulièrement de la nature humaine.

Une fois la restauration bien assise, provisoirement du moins, M. Fayet vint à Paris pour rendre compte de sa conduite. M. le duc d'Angoulême le nomma chevalier de la Légion-d'Honneur, ce qui n'était point encore de vil prix. Telle fut sa récompense, jointe à l'avantage d'avoir fait le bien.

MM. de Rauzan et de Janson avaient récemment fondé l'œuvre des Missions ; ils jetèrent les yeux sur lui, et l'engagèrent à les seconder. M. Fayet n'hésita pas ; il se mit aussitôt à leur disposition ; les prédications commencèrent ; le ciel les a fait fructifier merveilleusement ; elles sont encore aujourd'hui en pleine voie de prospérité, sous la direction unique du même M. de Rauzan ; M. de Janson ayant subi pour son malheur les épreuves de l'épiscopat, et M. Fayet les alternatives de fortune que nous allons voir.

Il parcourut d'abord plusieurs villes voisines de la capitale : puis il évangélisa la Touraine en 1817, Clermont en 1818, Bordeaux la même année.

Bordeaux, ville bien-aimée du Seigneur, qu'il trouvait *altérée du vin de la doctrine céleste, et* qu'il laissa *plongée comme dans une sainte ivresse* (1).

Clermont, qui voulut *l'enchaîner à sa cathédrale, et lui imposer l'administration spirituelle du Puy-de-Dôme* (2).

Sans être positivement un puriste, on peut désirer dans les lettres citées, moins d'enflure avec plus

---

(1) Lettre écrite de Bordeaux, à la date de 1818.
(2) Lettre de l'année 1818.

de précision; les enfants du midi sont hyperboliques par nature; mais, en tout état de cause, ce qui reste indestructiblement, c'est le sentiment et le fait.

1818 fut aussi l'époque de la mission de Grenoble, où figurèrent encore MM. de Rauzan, Fayet, Ferail, Rodet, Montagnier, Menjaud, Dumesnildot, Polges et Lœvenbruck.

J'aurais bien quelques mots à dire sur les prédications catholico-politiques de 1815 à 1820; mais, faute d'espace, je remets la chose à une autre fois.

Du reste, en ce qui touche le fond du discours ou la doctrine, bien qu'il s'abandonnât fort souvent à l'improvisation, M. Fayet fut constamment irréprochable; on n'a pas vu qu'il lui fût échappé une seule fois quelque proposition mal sonnante, une expression même ambiguë; ce qui suppose une rectitude de jugement et une puissance de savoir que possèdent bien peu d'orateurs.

Aussi, nul plus que M. Fayet n'est maître de lui-même dans la chaire. Hésitant et incertain à son début, par système et non par timidité, sa voix faible et voilée d'abord se développe peu à peu; elle devient majestueuse et sonore, et remplit bientôt l'enceinte. Alors il domine son auditoire;

les arguments se pressent; les textes de l'Écriture et des Pères semblent surgir d'eux-mêmes pour appuyer et corroborer les assertions; la parole coule de ses lèvres par torrents, si cette expression m'est permise, tumultueuse et limpide, en effet, comme ces larges nappes d'eau qui se précipitent d'une hauteur immense, et s'illuminent, dans leur chûte, de tous les feux du soleil. Une critique sévère y blâmerait même l'excès de ces qualités, trouvant un peu de rédondance dans sa fécondité, de profusion dans sa richesse, un usage immodéré des figures et des fleurs de la rhétorique. C'est d'ailleurs un heureux défaut qui se rachète par lui-même, et dont M. Olivier, ce charmant causeur, n'était pas exempt non plus.

Il y aurait lieu d'établir ici un parallèle entre M. l'évêque d'Évreux et son successeur présumé.

Comme orateur, le premier n'a point de rival pour l'à-propos, la finesse d'esprit, et je ne sais qu'elle universalité d'un genre à part. Si le terme n'était trop diabolique, je l'appellerais le Voltaire de la chaire; et de fait, voyez que, dans un genre opposé, la manière de procéder, l'apparente légèreté des formes, la brusquerie, la clarté, la malice, la verve, la soudaineté, le naturel, l'art de varier et d'exprimer heureusement et noblement les choses les plus vulgaires dans un style simple et limpide, presque toutes choses sont communes à ces deux hommes indéfinissables; mais, je le répète pour les caractères mal faits, sauf les réserves qui se conçoivent.

Sans briller d'un même éclat sous le rapport des saillies et des inspirations subites, sans posséder dans une égale proportion cette éminente faculté de pouvoir parler toujours, et à propos de tout, et pertinemment, M. Fayet n'est point étranger aux aperçus ingénieux et piquants. Il sait répandre avec mesure le sel de l'ironie sur une thèse aride de soi. Ainsi que je l'ai dit, il improvise souvent ses discours, mais seulement en ce sens qu'il ne les écrit point; soit par respect pour un ministère vénérable et terrible, ce qui me paraît présumable, soit impossibilité de faire autrement, il s'y dispose par la méditation, et une fois préparé de cette sorte, il fait de l'éloquence, comme M. l'évêque d'Évreux faisait de l'esprit : j'aime encore moins ce qu'on appelle l'esprit que ce qui est l'éloquence.

En acceptant la cure de Saint-Roch, M. Fayet a dit : « Je suis effrayé, car jamais je ne parlerai aussi bien que M. Olivier. » On voit que M. Fayet n'est pas de ceux qui s'écoutent.

M. Olivier, pour sa part, n'a rien dit; et cela donne sujet à beaucoup d'interprétations. Est-ce modestie? Dans le cas présent, la modestie eût parlé. Serait-il vrai que les talents et la réputation du nouveau curé offusquent douloureusement l'ancien curé? car enfin, si l'attention s'attache sur celui-ci, elle quitte celui-là, et on n'en parle plus. Ou bien, que penser d'une version contraire? M. Olivier, placé dans une ville voisine de Rouen pour épier la succession du cardinal, verrait avec plaisir s'éloigner un rival redoutable, et il aurait, dans ce but, appuyé vigoureusement la nomination.

Quoi qu'il en soit, M. Olivier garde provisoirement un silence qui parle, et il laisse les autres conspirer.

« O mon lecteur, s'écrie Byron, je sens fort bien que tu perds de vue l'ordre des faits, mais j'ai encore quelque chose à dire, et je remets à un autre jour les catégories d'Aristote. »

Il y a effectivement des conspirateurs; *le Journal des villes et campagnes* s'est fait leur organe, et j'en suis fâché pour un si excellent journal; là se trouvent les plaintes, les insinuations, les accusations.

Chercher en Normandie un curé pour Saint-Roch (1).

C'est proclamer que personne dans le clergé de la capitale n'est capable de remplir cette place ; c'est outrager mortellement chacun de ses membres. Premier grief.

M. Fayet pourrait bien avoir quelque ambition plus élevée encore. Après un séjour de deux ou trois ans dans sa paroisse, il obtiendra la mitre, et, d'un simple évêché, passera bientôt à un archevêché qu'il connaît bien. Deuxième grief.

C'est le *bis nocui mundo* de Lucien ; voilà les accusations.

Un article communiqué au *Journal des Villes et Campagnes* résume ainsi toute l'opposition :

« Les noms *divers* que l'opinion et *l'estime* publiques avaient désignés pour cette importante charge, *auraient été* définitivement repoussés *avec perte ;* et on *aurait été* chercher *en dehors* du diocèse (en Normandie) et du clergé de Paris, un candidat *étranger*, mieux *assorti* à certaines convenances *qui ne seraient pas du tout les convenances canoniques.* »

---

(1) On l'avait fait venir d'Amiens pour être Suisse.
Ne vaut pas :
Chercher en Normandie un curé pour Saint-Roch !

J'ai montré et je montrerai que les griefs sont absurdes; et ceux qui m'appellent flatteur se moquent d'eux-mêmes; ils ont raison.

Sur la question de résidence, j'observe que parmi les curés, vicaires et autres fonctionnaires ecclésiastiques de Paris, on aurait peine à trouver deux parisiens sur cent étrangers, *pris au dehors, et même en Normandie!*

Si l'on objecte qu'une espèce de naturalisation s'opère par le séjour plus ou moins prolongé des sujets, je demande qu'on précise les règles, le temps, et la manière. Je constate de plus que M. Fayet a fait acte de présence dans le diocèse de MM. de Talleyrand et de Quélen, tant par un exercice authentique du ministère sacerdotal qu'en publiant au profit de la religion des écrits solides et brillants.

Et alors même qu'il en serait autrement, je voudrais savoir si positivement Paris renferme un homme capable de gouverner Saint-Roch....

Que dis-je? On en trouverait quelques-uns, modèles de vertus et de science, mais dont l'élévation provoquerait de votre part, une opposition plus violente encore, parce que toute supériorité vous blesse et vous irrite, ici comme ailleurs. Ainsi vivent ensevelis dans les obscures fonctions d'administrateurs ou d'habitués des hommes tels que MM. Sionnet et Badiche, etc; ainsi s'épuisent et vont mourir au fond d'une campagne déserte des prêtres que j'ai connus, et qui portaient imprimé comme un sceau divin sur leur front la prédestination de l'épiscopat. L'ignorance, il faut en convenir, est la peste du clergé, quand elle se glisse chez lui, car elle engendre les instincts matériels et l'ambition, et l'amour-propre, *le plus sot des amours*, et la jalousie, et la médisance, et l'extinction même du sens social. Il y a des exceptions sans doute comme toujours, et ce sont elles qui forment ces biographies, mais en vérité ce sont des exceptions, et rien de plus.

Or, que M. Fayet prenne place parmi ces exceptions là, les conspirateurs le nient, mais pourtant il est des choses qu'ils daignent reconnaître.

« Le candidat, disent-ils, possède un talent supérieur et un nom qui a tout autant de célébrité *qu'il lui en faut.* » Voilà qui est généreux. Si l'auteur de l'*article communiqué* avait lu les ouvrages de M. Fayet, et qu'il fût tant soit peu au courant de la chronique littéraire ou religieuse, il se serait épargné son observation comme superflue et comique par excès d'évidence; si d'ailleurs il avait eu quelque honneur, à défaut d'autre chose, il n'aurait pas agi furtivement; il n'aurait pas, au moyen d'une phrase baroque et entortillée, menacé M. Affre *des conséquences très fâcheuses du fait de cette mesure et de ses circonstances aggravantes.*

Non, l'anonyme n'a pas prononcé dans la vérité de sa conscience ces mots prétentieux et hypocrites: « *Avant toutes choses, le bien, la paix et l'édification de l'Eglise!* » Et puisqu'il se riait de l'église de Dieu, il a blasphêmé.

A l'égard de M. Fayet comme à l'égard de beaucoup d'autres, je suis un inconnu, et n'ai point d'intérêt d'argent ou de place pour déguiser ma conviction. Je déclare donc que, suivant moi, M. Fayet *quitte effectivement une position et un titre ecclésiastiques supérieurs à sa position nouvelle, pour venir, par dévouement, exercer* LES RESTES *de son zèle dans la Capitale, où il a fait autrefois* QUELQUE *bruit et laissé des souvenirs* QUI NE SONT PAS ÉTEINTS; ce bruit fut magnifique et glorieux; ces souvenirs sont bien chers à l'indigence, et aux amis de la belle et bonne compagnie où l'on n'écrit pas *d'article communiqué.*

Pour terminer cette question déplorable, je cite

les paroles de M. Fayet lui-même; elles sont bien belles. Je les trouve dans une lettre qu'il adressait dernièrement à un de mes amis intimes, M. J. D.

«Au reste, si l'on savait dans quelle indifférence je suis pour l'objet qu'ils envient, ils seraient moins injustes à mon égard. Je ne l'ai ni recherché ni désiré; je n'y ai pas même pensé; on m'a prévenu, on m'a prié; et ce n'est que sur les plus graves conseils que j'ai donné mon consentement. Je crois faire la volonté de Dieu en venant à Paris pour y vivre en saint prêtre, à la face de mes amis et de mes ennemis; et, si Dieu m'y appelle, les efforts qui me repoussent s'en iront en poussière. Voilà l'état de mon ame; aussi les oppositions ne la troublent pas plus que ne la troublait l'annonce de ma nomination. Je n'ai qu'une peine, ce sont les regrets qu'on me marque ici et les larmes que je vois couler.

« A l'égard des désagréments qui peuvent m'attendre à mon début à Paris, Dieu sait que je les désire bien plus que je ne les crains; mais une fois établi, je suis convaincu que les personnes qui auront le plus travaillé à me nuire, seront les premières à venir demander mes services. L'envie et la lâcheté vont jusque là; mais n'importe, il y aura toujours dans mon âme assez de compassion et de charité pour faire du bien à ceux qui me font du mal; et, Dieu aidant, ils n'auront de moi d'autre vengeance que celle de les secourir et de les aimer. »

S'il faut en croire un bruit public, un autre scandale aurait été donné. Là, du moins, on n'aurait pas péché par vilenie et couardise. Un curé de Paris, vénérable par son grand âge, mais d'une exagération d'idées fort connue, aurait ameuté le plus grand nombre possible de ses confrères, et, en tête de deux hommes, se serait transporté à l'archevêché de Paris. Traversant d'un pas précipité les salons de M. Affre, sans parler même aux valets tout neufs qui s'y trouvent, et frappant avec violence la porte de la chambre à coucher, il aurait dit d'un ton furieux: « où est-il? » et répliqué immédiatement, en s'en allant du même pas: « nous reviendrons demain. » Je ne sais s'il revint.

Vous devinez qu'il s'agissait de M. Fayet, dans l'espèce, et que le vieillard voulait protester avec ceux de sa suite, persuadé, comme cette excellente Madame Roussin, que, sans appeler des gens comme M. Fayet, ils pourraient bien *faire leur ouvrage eux-mêmes à Paris!* (1).

(1) Bossuet faisait imprimer chez Roussin le premier vo-

Nous avons laissé M. Fayet à Grenoble, entouré d'estime et d'admiration, mais épuisé de fatigues, jusque là qu'il lui survint une hémoptysie. Force lui fut d'abandonner ses collaborateurs, et de revenir à Paris où il se retira aux missions étrangères.

C'est alors qu'il s'adjoignit à MM. de Bonald, La Mennais, Châteaubriand, etc., etc., pour la publication du *Conservateur* où il avait un quart d'*action*. On sait ce que fut cette illustre Revue. Les articles de M. Fayet, tous frappés au coin du talent et de l'originalité la plus incontestable, traitaient pour la plupart de matières religieuses. Il abordait rarement la politique partielle ou personnelle, bien qu'il soit prouvé par diverses brochures de date ultérieure qu'il en avait un peu la maladie. Quand il entamait la politique générale, c'était pour exposer, par exemple, les droits de l'église catholique dans ses rapports avec les pouvoirs temporels, et toujours discuter des questions de choses. Les journaux ont cité depuis un mois quelques-uns

lume de l'*Histoire universelle*, et le libraire enchanté comptait singulièrement sur le succès de cet ouvrage; aussi paraissait-il pressé d'en finir. Mais l'auteur n'apportait ses manuscrits que lentement et presque feuille par feuille, ce qui causait de l'impatience au brave Roussin et à sa moitié. *Pardié*, lui dit madame Roussin, *on aurait plus de profit de faire cet ouvrage-là soi-même.*

de ces articles, ce qui me console de ne pouvoir en faire autant.

Je me permets seulement une petite remarque :

S'il est reconnaissant, et s'il n'est point vrai qu'on l'ait disgracié M. de Genoude appuiera la candidature de M. Fayet, car il lui doit le plus beau morceau de critique que ses productions aient inspiré : l'article sur sa *traduction de Job*.

Vers la même époque, M. de Bernis, archevêque de Rouen, l'avait appelé comme grand-vicaire dans son diocèse, et nommé professeur de morale à la faculté de théologie ; double emploi dont il s'acquitta selon sa coutume. On parlait beaucoup alors d'une série de conférences sur la religion, qu'il donna au collège.

M. Frayssinous, grand-maître de l'Université, le fit ensuite revenir à Paris avec le titre d'inspecteur-général des études qu'il a conservé jusqu'à l'époque où tous les officiers ecclésiastiques furent forcés à donner leur démission (1). Cette nouvelle charge le mit à même d'être utile à l'instruction publique et à son pays natal. Il voulut élever le

---

(1) Sous le ministère de M. de Broglie, en 1830. Il ne voulut pas réclamer alors la pension qui lui était due comme officier de l'Université.

collège de Mende au rang de collège royal, et s'il n'y réussit pas, c'est que les obstacles qui survinrent de toutes parts étaient vraiment insurmontables.

Pour ce fait et pour beaucoup d'autres, les habitants de la Lozère le reçurent avec une sorte d'enthousiasme triomphal, lors d'un voyage qu'il fit parmi eux en 1822; et, dès qu'il eut quarante ans, vers 1827, ils le portèrent aux élections du département. S'il avait pris l'initiative, et s'était lui-même présenté, comme on l'a dit; si, comme on l'a dit aussi, ce fut véritablement une surprise pour lui; peu importe. Ce qui n'est pas douteux, c'est qu'il entra volontiers dans les vues de ses compatriotes, et fit imprimer au Puy sa profession de foi.

Il était alors dans l'opposition. Le ministère vit donc d'un mauvais œil sa candidature, et de son côté, travailla vigoureusement à la faire échouer.

M. Fayet avait dit en toutes lettres que la *monarchie s'engageait dans des écueils;* une vérité pareille n'était point pardonnable. M. Fayet, de plus, était prêtre, et tous les gouvernements ont appréhendé de voir cette espèce d'hommes parmi les représentants de la nation, comme s'ils n'étaient pas aussi des citoyens, et qu'un Maury ou un La Mennais, par exemple, comprissent moins leur pays que M. Fulchiron ou M. Pithou.

Les cabales du ministère ne réussirent que par hasard. Au second tour de scrutin, M. Fayet obtint la majorité; mais il se désista en faveur du lieutenant-général Brun de Villeret, aujourd'hui pair de France, qui, le lendemain, fut nommé à la presque unanimité.

Je n'ai qu'imparfaitement indiqué les persécutions dont il fut l'objet de la part du pouvoir. Elles furent telles que sa santé s'altéra de nouveau, et qu'il tomba dangereusement malade. Ses ennemis, puisqu'il faut que nous en ayons tous, saisirent l'occasion pour dire qu'il s'était tenu à l'écart, n'osant paraître au soleil, après une si honteuse déconvenue, et reconnaissant ainsi tous ses torts. La tactique du ministère n'était point neuve; je ne dis pas non plus qu'elle fût bien fine.

Durant qu'il était lui-même agonisant, M. Fayet perdit son père qui, depuis peu, avait été nommé conseiller de préfecture. Ce vénérable magistrat s'était fait chérir de tous; il fut pleuré de tous; une immense population suivit son convoi jusqu'au lieu des sépultures (1).

(1) A défaut de son fils, M. Fayet, son neveu, lui succé-

M. l'abbé Fayet, après de vives et longues souffrances, avait recouvré la santé. Il reprit encore une fois le chemin de Paris où l'appelaient ses fonctions d'inspecteur, vit passer devant lui, avec la révolution de juillet, la justice de Dieu; et, quand il eut été destitué, laissa venir dans le silence la voix qu'entendit autrefois Samuel.

Il l'entendit bientôt lui-même.

A la fin de 1832, M. le prince de Croï, cardinal archevêque de Rouen, se rappelant les services que M. Fayet avait rendus à M. de Bernis, le fit venir auprès de lui, pour administrer son diocèse sous ses ordres. M. Fayet se rendit aux désirs du prélat, et, lors de l'organisation des facultés de théologie, il en fut nommé professeur et doyen (1).

Ce que fit M. Fayet en cette qualité d'administrateur, ne se peut ni apprécier ni exprimer.

Stations de carême et d'avent, retraites ecclésiastiques, conférences pour les jeunes gens et les enfants, organisation des études élémentaires et

---

dait au barreau de Mende, dont il est encore aujourd'hui l'un des membres les plus distingués.

(1) Le 14 juillet 1841, M. Fayet, comme doyen, a prononcé un discours d'ouverture des cours, où il a fait plus que surpasser les autres, s'étant surpassé lui-même. Après M. de La Mennais, je ne sais s'il existe dans le clergé actuel un écrivain plus accompli.

théologiques dans les séminaires (1), maintien de la discipline dans le clergé des paroisses, réforme des fabriques, églises relevées de leur ruines, asiles ouverts pour les prêtres vieux ou infirmes (2) : telles sont ses œuvres des huit dernières années. Parmi les prétendants à la cure de Saint-Roch, c'est-à-dire, bien qu'ils proclament le contraire, parmi ses adversaires d'aujourd'hui, en est-il un seul qui pût se présenter avec tous ces titres?

Lorsqu'il prêchait le carême de 1837, au Hâvre, un général nouvellement arrivé, se mit en tête de forcer un couvent de jeunes personnes, pour savoir d'elles si elles étaient récluses librement ou non. Ce fut le sujet d'une grande épouvante ; on le conçoit. M. Fayet l'apprit sans s'émouvoir : « S'il en vient là, dit-il, je fais publier que, *tel jour*, M. l'abbé Fayet passera la revue de la garde nationale du Hâvre. » — « Le ferait-il? disait le général à M. l'abbé Robin (3)? Il en est capable, répondit M. Robin. » Le général n'accepta pas le défi.

La fermeté de caractère n'exclut pas chez monsieur Fayet une condescendance raisonnable, et le

---

(1) Le séminaire de Rouen est dirigé par les prêtres de Picpus.
(2) Sur la côte Sainte-Catherine.
(3) Aujourd'hui évêque de Bayeux.

talent de se faire tout à tous. C'est ce qu'il prouva en cette circonstance et en beaucoup d'autres. Grâce à lui, depuis 1832, la plus parfaite harmonie n'a cessé de régner entre le gouvernement ecclésiastique et les administrations civiles de la Seine-Inférieure; et voilà un miracle.

Du reste, je m'explique infiniment mieux encore que M. Fayet se soit fait aimer très particulièrement des gens du peuple. Ceux-là sont moins sauvages que ce qu'on nomme vulgairement l'espèce moyenne. Une des plus douces récréations du premier vicaire-général, est de causer sur la voie publique ou ailleurs avec eux, et de s'initier ainsi à leurs habitudes et à leurs idées (1).

Avec les intentions les plus chrétiennes ou les plus populaires, il arrive souvent qu'un homme supérieur se réduise difficilement aux proportions des intelligences débiles ou incomplètes. M. Fayet ne se ressent point de cette impuissance trop générale; et celui qui, depuis nombre d'années, compose des mandements qui sont des *chefs-d'œuvre bossuétiques*; celui qui faisait dire de lui après la clôture du carême de 1833, à Rouen : « Voilà comme

(1) Un mandement de M. Fayet a provoqué un projet de loi sur le travail des enfants dans les manufactures, mandement compris par la Chambre des pairs elle-même, qui l'a cité avec éloge et donné en preuve de la nécessité de cette loi.

parle M. de Martignac. » Celui-là même, lorsqu'il visite sa petite propriété de la Fagette, à deux lieues de Mende, prêche aussi en patois aux paysans du village (1), et on le trouve là plus éloquent que M. de Martignac et Bossuet (2).

Nous touchons à la grande affaire des mandements. Sur ce sujet M. de Croï ne cache rien.

Un vicaire de la cathédrale, après avoir débité en chaire un mandement qui produisit la plus vive sensation, rencontra le cardinal dans la sacristie : « fort bien, M. l'abbé, lui dit M. de Croï, vous avez admirablement lu le mandement de M. Fayet ! »

Une autre fois, M. de Croï avait fait une allocution charmante au mariage de son neveu, M. le duc d'Havré; ce fut durant le repas un concert de félicitations. Jamais rien de si beau n'avait été dit. Le cardinal fit bonne contenance au commencement, puis se retournant vers M. Fayet : « M. le grand-vicaire, lui dit-il, ces compliments-là sont pour vous. » Ah bien ! Monseigneur, répliqua M. Fayet, si vous le dites, je ne vous en ferai plus ! »

Il ne vous en fera plus, si on le nomme curé de Saint-Roch; et nous qu'il avait habitués à les ad-

(1) Il l'a fait en 1829.
(2) Voir la *France* du 1ᵉʳ mars 1841.

mirer, ces magnifiques mandements, nous n'en lirons plus; l'Angleterre, l'Allemagne et la Hollande, qui les traduisaient et en enrichissaient leur littérature, ne les recevront plus; chaque membre du clergé rouennais, et un grand nombre d'ecclésiastiques dans les diocéses voisins, espéraient en former une collection précieuse, cette collection doit rester inachevée; à moins que M. Affre n'abdique sa plume, et ne mette M. Fayet en mesure de donner suite à cette œuvre. On dit du reste qu'il lui destine un grand-vicariat et une part à l'administration de Paris. Je loue cette pensée, si M. Affre l'a conçue.

Ma tâche n'est pas achevée; j'ai, contre mon habitude, réservé mes colères pour la fin. La vérité, qu'elle soit aimable ou non, est la vérité.

En 1828 M. Fayet publia une brochure à l'appui de la fatale ordonnance Feutrier.

J'ai déjà donné mon avis sur ce point, et, ceci étant posé, je suis convaincu pour ma part qu'il y eut plus de commisération que d'autre chose dans cette démarche. Qu'il en fût digne ou non, c'était une position cruelle aussi, que celle du malheureux ministre mis en pièces par toutes les plus puissantes indignations de ce temps-là. En somme, il y a loin de ceci à certaines protestations fort courageuses de M. Fayet en 1824. Il s'agissait alors d'une lettre pastorale de M. de Clermont-Tonnerre, déférée par le garde-des-sceaux au conseil d'état qui en confia le rapport à M. Portalis fils, si je ne me trompe (1). Le jeune magistrat découvrit naturellement dans la lettre, « sept abus capitaux, dont les libertés de l'église gallicane, l'indépendance de la couronne, le droit public de la nation, demandaient la répression la plus prompte et la plus solennelle. »

Or quels étaient ces abus? Dans la notice consacrée à M. de Clermont-Tonnerre, j'en parlerai; ici je me contente d'en signaler trois : 1° *Etablissement des synodes et conciles provinciaux.* 2° *Indépendance des prêtres.* 3° *Officialités ecclésiastiques.*

Sur chacune de ces propositions, M. Fayet donne une réponse vive, précise et sans réplique possible. Sur la dernière, surtout, il développe une opinion que je regrette de ne pouvoir citer ici.

Je laisse au lecteur le plaisir de méditer cette

(1) Voyez pages 9, 10 et 11 de la brochure, où M. Fayet s'amuse assez gentiment du rapporteur. Cet *examen* fut inséré presque en entier dans plusieurs journaux. Un conseiller d'état, M. d'Hauterive, écrivait à un de ses amis qui est aujourd'hui pair de France : il y a dans ce petit ouvrage beaucoup de l'esprit des *Provinciales.*

chaleureuse réfutation, et je passe à autre chose.

A l'époque où le fameux projet de loi sur le sacrilège, fut présenté à la Chambre des Députés, par M. d'Hermopolis, M. Fayet vit bien, à la manière dont le sacrilège y était défini, que le gouvernement s'engageait dans une fausse voie, et qu'on appelait les Chambres à délibérer sur une matière qui n'était pas de leur compétence; de fait, on la saisissait d'une affaire de dogme.

M. Fayet fit un petit mémoire à cette occasion ; il démontrait que la législation criminelle ne peut pénétrer dans la conscience de l'homme, et que, dans l'espèce, elle devait se borner à sanctionner un *sacrilège légal*, c'est-à-dire à déclarer que telle ou telle chose serait à l'avenir sacrée où respectable pour tous, et que personne, quelle que fût sa croyance, n'y pourrait porter une atteinte matérielle, sans subir telle ou telle peine.

De cette manière, le dogme religieux n'était plus le fait de la loi civile ; elle se fondait uniquement sur une nécessité sociale.

M. d'Hermopolis eut connaissance de ce mémoire ; il invita M. Fayet à le lui communiquer. A peine l'eut-il examiné, qu'il se rendit chez M. le garde-des-sceaux, et lui dit : « Je crains d'avoir donné une fausse base au projet de loi. » Mais il lui fut répondu que les choses étaient trop avancées, et qu'on n'y pouvait rien changer.

On fit un crime à M. Fayet d'avoir raison, selon l'habitude, et on l'accusa d'être l'ennemi du gouvernement. Poursuivons.

Je n'en veux point à M. Fayet parce qu'il a reçu dernièrement une poignée de main royale : Louis-Philippe le reconnut au baptême du comte de Paris, et l'aborda ; ce n'est pas lui qui aborda Louis-Philippe ; et d'ailleurs un prêtre doit être accessible à tous, même aux rois. J'évite encore de comparer les timides éloges qu'il fit de Napoléon en décembre 1841, avec ces phrases de 1826 : « Quelques arbustes sauvages *et leurs feuilles couleur de sang*, forment un mausolée digne du tyran qui a eu la gloire de faire le plus de veuves et le plus d'orphelins (1). » J'admets qu'avec la plus grande malice du monde, on ne pourrait nommer celui dont il disait en exécrant avec raison les clubs de la restauration : « Un petit nombre portent leurs regards au-delà du Rhin, et y cherchent un maître; *un plus grand nombre l'ont déjà trouvé sans sortir des frontières.....* Ils s'entr'égorgeront, s'il le faut, quand la

---

(1) *Mémoire à consulter*, etc., etc., attribué à M. Fayet.

place sera vide, pour donner les devis et les plans »

Si M. Fayet n'entre pas à Saint-Roch, l'*Ami de la Religion* souscrira sans nul doute à ces critiques, sinon.... — Mais j'aurai à m'expliquer dans les NOTICES DE MM. PICOT ET HENRION, personnages semi-ecclésiastiques qui me sont très-particulièrement connus, et dont la vie comme les ouvrages méritent une attention quelconque.

Que dirai-je encore pour contrarier M. Fayet ? qu'il est amateur de tableaux jusqu'au point d'en posséder une galerie très curieuse ; et d'antiquités, jusqu'à garder pour lui le cœur de Richard-Cœur-de-Lion, trouvé naguère dans la cathédrale de Rouen (1) ; qu'à son instigation, le conseil-général de la Seine-Inférieure a voté 10,000 francs de supplément à M. de Croï ; que Charles X l'a fait officier de la Légion-d'Honneur, à l'époque de son sacre ; qu'il abuse étrangement de sa forte constitution pour le bien de l'église et la conversion des pêcheurs ; qu'il a prêché en 1820 le panégyrique de Saint-Louis (2) devant l'Académie

(1) On le découvrit enfermé dans une boîte de plomb, et, comme doyen, *quia nominor Leo*, disaient d'autres amateurs furieux, M. Fayet s'en rendit maître.
(2) A Saint-Germain-l'Auxerrois. — Cette cérémonie a été supprimée, comme beaucoup d'autres, et sans plus de raison, depuis la révolution de juillet.

française (1) et plusieurs Tatares Mantchoux, qui faisaient semblant de le comprendre.

Je dirai surtout qu'il aime la chasse (2), joue le whist comme M. de Metternich, et rendrait des points à M. Olivier pour le billard.—Il bloquait supérieurement M. le cardinal. Je sais encore qu'il prononça en 1814 l'oraison funèbre de Louis XVI, à Mende, sans aucune manifestation politique.

Ces actes divers ont dû être diversement interprétés, mais que puis-je faire de plus que de les énoncer ?

(1) M. de Lally Tollendal le récita en partie à Louis XVIII dans la visite que lui fit l'Académie après l'avoir attendu. Ce panégyrique fit naître à plusieurs académiciens la pensée de nommer M. Fayet si jamais il se mettait sur les rangs. Le *Constitutionnel* dit alors qu'il méritait à tous égards les éloges que certains journaux ne manqueraient pas de lui donner.

Trois semaines avant la Saint-Louis, M. Roger, alors secrétaire du bureau de l'Académie, lui écrivit qu'il était d'usage que le prédicateur soumît ce discours, et qu'on était surpris de son silence sur ce point. Le motif de cet usage était, disait-il, que souvent le prédicateur faisait abus des éloges. M. Fayet lui répondit que, s'il avait à parler devant l'illustre compagnie comme simple orateur, il se soumettrait ainsi que M. Frayssinous et autres, au jugement de ces messieurs ; mais qu'à Saint-Germain, il ne reconnaissait pour juge que M. l'archevêque de Paris. Les Quarante se réunirent, présidés par M. de Richelieu, pour lire la lettre. Les raisons de M. Fayet furent goûtées ou non, mais prévalurent à la fin, et depuis lors, jusqu'en 1830, les discours n'ont plus été soumis.

(1) Il fut presque paralysé du côté droit, et se livrait à cet exercice par ordre de la médecine et de l'autorité ecclésiastique elle-même.

Je sais enfin que M. Fayet est l'oncle de M. l'abbé Valgalier, premier vicaire de Saint-Germain-des-Prés, et l'ami intime de M. Clausel, évêque de Chartres ; et au fait, c'est un tort ; car M. Clausel et M. Valgalier, qui ont déjà trop d'esprit pour prendre au sérieux mes colères, auront de plus la logique du cœur pour les trouver déraisonnables ; et l'absence de pareils témoignages, je le confesse, est une lacune effroyable dans ma cause.

Cela posé, voici mes conclusions :

Attendu qu'un prêtre supérieur sur tous points est une rencontre désirable et bienheureuse ; et l'opposition des envieux un honneur et un titre nouveau pour lui ;

Que les charges sont véritablement des charges dans notre temps : *onera* ; et qu'il faut du dévouement pour échanger un vaste diocèse où l'on est admiré, vénéré, aimé, contre une cure à rendre sérieuse ;

Qu'à part le candidat proposé, il reste des sujets incapables qui sont les plus nombreux, ou des sujets capables, mais dont les incapables réprouveraient également la nomination :

Je vote pour que M. Fayet soit curé de St-Roch.

15 Juillet 1841.

PARIS. — IMP. DE A. APPERT, PASSAGE DU CAIRE, 54.

Biographie du Clergé Contemporain.

M. GOUSSET,
Archevêque de Reims

Biographie du Clergé Contemporain

M. GOUSSET,

ARCHEVÊQUE DE REIMS.

> Ut enim Plato nullam rationem afferret, (vide quid homini tribuam!) ipsâ me auctoritate frangeret.
> CICERO, Tusc.
>
> Nonne quantùm domo inferior tantùm gloriâ superior evasit.
> VALÈRE MAXIME, liv. 2.
>
> Tacentem me sustinebunt, et loquentem me respicient, et sermocinante me plura, manus ori suo imponent.
> SAP. C. 8—v. 12.

Je quitte M. Fayet pour saluer M. l'archevêque de Reims; je cultive, comme on voit, la belle et bonne société : *Vix juvat abire à Poplicolâ,* disait un ancien, *sed venire ad Furium Camillum libet ;* et Horace ajoutait d'avance :

Ambigitur quoties uter utro sit prior.

Mots latins, mesdames, dont voici le sens vulgaire : *L'un vaut l'autre.*

C'était de fait une idée bien originale que celle de remplacer M. Gallard et M. de Latil par M. Gousset.

En trois hommes, la ville de Reims a vu toutes les espèces possibles de prélats : le politique, l'abbé de cour, l'homme de Dieu et du peuple.

Elle a éprouvé leurs influences diverses pour ou contre son bien-être.

Ils sont jugés.

Pieux et honnête, suivant toute l'étendue de cette expression mal comprise aujourd'hui, M. de Latil se fit haïr, parce qu'il cherchait trop les puissants à l'exclusion des petits, et voulait, comme plusieurs, mêler aux chérubins qui veillent à la garde du Saint des saints, les laquais du roi légitime et les bons gendarmes. Chez lui la science n'offusquait point l'éclat du nom, soit que le dernier fût trop grand, soit que la première fût trop petite. Avec toutes ces dispositions-là, il a laissé son diocèse en désordre. *Quem neque laudare neque vituperare quisquam satis dignè potest.*

Est-ce M. Gallard qui pouvait y rétablir l'harmonie et la paix ? Pour un fils de fermier, M. Gallard n'avait pas beaucoup d'esprit, naturel ou acquis. Il avait encore moins l'amour du travail.

Je me trompe, il eut tout juste l'intelligence l'activité nécessaires pour sauter d'un vicariat d'Orléans à la grande aumônerie, puis à une cure de Paris, puis à la crosse et à la double crosse ; et, dans l'intervalle, à la cour nouvelle, dans l'oratoire de Marie-Amélie, sans qu'on puisse savoir pourquoi ni comment. Il fit revivre un instant le siècle de Louis XV où les nominations et les investitures étaient aux mains des dames. Toujours en circulation sur les routes publiques, dans les châteaux et dans les diligences de Laffitte et Caillard, il ne fut vraiment qu'évêque ou archevêque de Meaux ou de Reims *in partibus fidelium,* sauf le traitement (1).

On pourrait excellemment lui appliquer ce mot d'un historien : « Peu d'hommes savent exécuter ce qu'ils entreprennent, celui-ci refusait même d'entreprendre ce qu'il exécutait. »

Au reste, nous consacrerons à l'un et à l'autre des notices spéciales.

Or, M. Gousset se trouvait être précisément l'antipode de MM. de Latil et Gallard.

Né, comme celui-ci, dans une obscure condition, il en est sorti par la puissance de son mérite.

---

(1) On sait que les évêques *in partibus* ne touchent point de traitement.

Aussi habile que laborieux, avant d'arriver aux honneurs, il s'était fait une réputation de théologien qui vaut bien tous les blasons du monde, si tant est que les blasons vaillent quelque chose; et le roturier, professeur de Besançon, pouvait faire l'école à M. de Latil, qui eût eu raison d'en profiter.

Ce grand théologien, quand l'Église et l'État furent le chercher, se trouvait, lui aussi, à sa charrue. Puisqu'il le fallait, il échangea une tunique de bure contre la pourpre; mais ses mœurs ne varièrent point. Sans passer par le sénat, vite il courut au champ de bataille; et, s'il en revenait, je ne doute point qu'il ne reprît son pauvre vêtement et sa chère cabane.

Juvit sumpta ducem, juvit dimissa potestas (1).

Des espèces de lois, plus dangereuses qu'on ne pense, exigent que l'autorité temporelle intervienne dans les consécrations pontificales. A part cette circonstance, M. Gousset ne sait pas ce que c'est qu'un palais, et ce que sont les alliances des états et du catholicisme conjurés contre les peuples pour leur conservation mutuelle. Jugeant impossible,

---

(1) Lucain, liv. IX. Ce que l'Ecriture a tout aussi bien dit : *Dominus dedit, Dominus abstulit, sit nomen ejus benedictum.*

jusqu'à des temps meilleurs, cette monarchie universelle, le vœu de Leibnitz, et dont toutes les formes partielles de gouvernement releveraient comme vassales, à l'éternelle désolation du despotisme, il accepte provisoirement et silencieusement le fait accompli avec les violentes interprétations données à ce mot : *Mon royaume n'est pas de ce monde.* Il se renferme dans les attributions du ministère spirituel, et laisse les trônes se miner et se recrépir à fantaisie. Il est, parmi nos prélats, un de ceux qui représentent le mieux ces grandes figures de l'Église primitive, je veux dire ces hommes austères et simples dans leur majesté qui s'immobilisaient en quelque sorte au milieu de la confusion générale, et semblaient protester par leur existence même contre les injures des passions et du temps.

Comme eux, il s'inclinerait au besoin pour écouter les murmures des peuples et compatir aux angoisses des rois, s'ils prenaient aujourd'hui conseil des sages. Il suit aussi, du fond du sanctuaire qu'il habite, la marche et les labeurs incessants de cette pauvre société, si hésitante et si anxieuse, si vide et si boursoufflée; il voit bien assurément où elle va; mais que voulez-vous qu'il dise? Les peuples sont pires que des rois, les rois que des peuples; la société est ivre; tous les principes sont en question sous l'empire du ricanement et de nos ignorances criardes; il attend donc, et il fait bien.

Le clergé du reste sait tout ce qu'il a gagné à se tenir dans l'ombre; et il commence à voir malheureusement depuis quelques mois ce qu'il perdrait à se produire trop vite ou à contre-temps. Écoutons encore le grand Horace :

> Virtutem incolumem odimus,
> Sublatam ex oculis quærimus invidi.

C'est une vérité de fait et d'expérience. Il y a encore un mot de Quinte-Curce que je veux livrer aux méditations des prudents : *ne tamen honos regi non haberetur, aureis compedibus Darium vinciunt.*

Mais que cette inaction sur un point n'entraîne pas l'indifférence sur d'autres; loin de là. M. Gousset, lorsqu'il évite de se mêler aux partis et aux masses collectives, dirige son action sur les individus et sur certaines fractions moins corrompues de la communauté humaine; c'est ainsi qu'il dicte ses enseignements au clergé, pour qu'ils retombent en pluie féconde dans le vaste champ de l'Église; ainsi, en écrivant ses beaux livres comme jurisconsulte canonique, il embrasse aussi dans sa sollicitude et les tendresses de sa charité toutes les brebis du troupeau qui lui fut confié. La métaphysique lui sied, avec ses immenses abstractions, comme la douce et modeste homélie ; la grace sévère de ses mandements procède du même principe que ses valeureux assauts d'armes pour les principes de saint Liguori, à savoir de l'esprit de conquête théologique et de l'abnégation de soi au profit d'autrui ; double inspiration qui dirige sa plume comme elle anime sa parole et détermine les actes journaliers de sa vie.

Après ces divers aperçus disposés sans suite et singulièrement restreints par les limites de ma notice, comparez M. Gousset à ses deux prédécesseurs immédiats, et dites si le diocèse de Reims doit le nommer en toute vérité un homme nouveau. Mais, par mesure provisionnelle, notez bien la simple histoire qui va suivre.

Thomas Gousset naquit, le 1.er mai 1792, à Montigny-lès-Cherlieu, humble village de la Haute-Saône, et du reste, comme chacun sait, bon terroir théologique.

Son père, qui maintenant n'existe plus, était cultivateur et honnête homme, ce qui arrive souvent. Pour les grands seigneurs ou les grands financiers on n'emploie pas ces alliances de mots, à moins d'exception (1).

En excellente chrétienne, sa mère sut élever admirablement la nombreuse famille que Dieu lui avait donnée; une femme irréligieuse est toujours une épouse déplorable et une mauvaise mère; elle est égoïste, sotte et brutale, disait Diderot.

Jusqu'à l'âge de dix-sept ans, Thomas Gousset se livra lui-même aux travaux de la campagne. Rien ne présageait encore qu'il fût destiné à l'état ecclésiastique, si ce n'est une grande exactitude dans l'accomplissement de ses devoirs religieux et une intégrité de mœurs à toute épreuve. Mais c'était là une disposition précieuse, ce n'était pas, à proprement dire, un caractère de vocation. La sainteté même ne suffit pas pour le sacerdoce.

J'aurais voulu vous dire par quelles voies privilégiées et secrètes la Providence le conduisit vers les premiers degrés du sanctuaire. Il le sait; la suite a prouvé combien fut légitime cette transaction suprême entre les intérêts du ciel et la pieuse ambition du jeune homme (2). Mais il y avait quelque

---

(1) Toutefois le poëte Lebrun nommait le prince de T... un *escroc sérénissime.*
(2) *Laudandum experientiâ consilium est.*

éloge à recueillir ici, c'est pourquoi M. Gousset se gardcrait bien des explications; et je m'en plains, car la modestie de mes personnages me gêne dans mon œuvre biographique, mille fois plus, je le jure, que les hypocrisies et les atroces délations de leurs ennemis intimes (1).

Bien que j'ignore, pour mon propre compte, les causes *occasionnelles* qui déterminèrent alors M. Gousset, on me permettra pourtant d'adorer, en toute certitude, cette voix intérieure qui n'a jamais failli aux élus, et je proclamerai l'Église bien heureuse, puisqu'en ces jours, elle enfanta par la consécration l'un des premiers théologiens de notre époque et l'un de nos plus saints archevêques.

En 1799, le jeune Gousset commença ses études latines à l'école particulière d'Amance, bourg situé à six lieues nord-ouest de Vesoul. Son zèle et sa capacité le placèrent bientôt en dehors des cours réguliers; après deux années et quelques mois, il se présenta devant l'Académie de Besançon et reçut son diplôme de bachelier ès-lettres.

Si j'avais à traiter de l'enseignement universitaire, j'ajouterais qu'indépendamment de ses dis-

(1) J'ai annoncé deux notices qui contiendront à ce sujet bien des révélations aussi terrifiantes qu'inattendues.

positions supérieures, M. Gousset pouvait se procurer en trois ans et moins la dose commune de grec et de latin ; j'aurais montré qu'on réduirait fructueusement à ce terme le demi-quart de siècle que nous perdons dans les collèges et les petits-séminaires, n'était d'une part la rapacité du fisc et les gens de curée, de l'autre je ne sais quelle obstination funeste de routine (1). Tel n'est pas mon objet.

D'Amance, M. Gousset passa au grand séminaire de Besançon, où il eut, pour professeur de dogme, M. l'abbé Busson, et, pour professeur de morale, M. Vernier, auquel succéda, je crois, M. Loie, depuis grand-vicaire de la cathédrale (2).

Tout ce que j'aimerais à raconter de ses premiers succès, mon lecteur le présume et y supplée de lui-

---

(1) Le célèbre Lancelot, sacristain de Port-Royal, étant devenu le maître en grec de Jean Racine, le mit, en moins de six mois, en état d'entendre les tragédies de Sophocle et d'Euripide. (*Journal des Savants*, février, 1749.)
(2) M. Busson, connu par plusieurs écrits, et principalement par une excellente dissertation sur le système philosophique de M. de La Mennais, qui fut annexée à la fameuse *Défense*. Il occupait une place importante dans l'administration des affaires ecclésiastiques, sous M. Frayssinous. Il est aujourd'hui retiré à Besançon avec son frère, chanoine de la cathédrale.
M. Vernier est auteur d'un ouvrage recommandable qui a pour titre : *Theologia practica, sub titulis sacramentorum*. Il est mort supérieur des missionnaires de Besançon.

même. Amour inébranlable de la règle, qui est vraiment la Pierre philosophale en matière d'études, constance inouïe, gravité naturelle et mêlée d'aménité, rectitude extraordinaire de jugement, voilà les qualités qui firent de lui le premier sujet d'une classe où abondent incessamment les premiers sujets de la France théologique; c'est à de pareils signes qu'on le jugea destiné à siéger bientôt lui-même comme maître.

Il avait donc à peine terminé son cours, que les directeurs le chargèrent des conférences établies pour les plus faibles élèves. Je nommerais bien un savant homme qui me disait, ce matin même: «C'est M. Gousset, avec ses *répétitions*, qui m'a *appris à apprendre*. »

Il fut ordonné prêtre, le 22 juillet 1817, par M. de Latil, alors évêque d'Amyclée *in partibus*, et on le nomma vicaire à Lure.

C'était un poste d'honneur. Le curé de cette petite ville était constitutionnel, comme M. Belmas, qui vient de mourir (1), et adoré de ses paroissiens, malgré sa rétractation vraisemblablement sincère. On le trouvait, suivant l'expression d'usage, accommodant et paternel. Mais on se défiait

(1) Le 23 juillet 1841.

du jeune clergé, imbu de doctrines sévères ou plutôt, comme disait encore le *Constitutionnel*, intolérantes; et on croyait prévoir qu'une guerre ne tarderait pas à éclater entre le nouveau venu et le vieux pasteur. Déjà plusieurs avaient échoué désagréablement, cruellement.

M. Gousset, pour obéir, partit sans sourciller. Il eut en effet un accueil poli au presbytère, et rien de plus; il s'en contenta. Durant quelques mois, les rapports furent les mêmes, à peu de différence près. Mais tout en se tenant à distance, le curé observait son vicaire, prenait acte de ses paroles et de ses mouvements qu'il commentait avec la plus petite indulgence possible; et il s'en rendait compte à lui-même, malgré lui-même.

Il fit si bien, qu'enfin M. Gousset lui parut moins venimeux; que dis-je? M. le curé lui trouva figure humaine, osa lui tendre la main, et hasarda en son endroit le nom d'ami, dont il l'honorait même fastueusement, lorsqu'au bout de neuf mois une séparation devint nécessaire.

L'autorité ecclésiastique rappelait M. Gousset pour professer la théologie morale au grand séminaire de Besançon. M. le curé de Lure le regretta vivement; et, comme preuve de son affection, lui promit de recevoir à bras ouverts son successeur ; promesse magnanime, certes, qu'il remplit héroïquement !

Je consigne un témoignage entre mille :

« Vous nous enlevez M. Gousset, écrivait le sous-préfet de Lure à M. l'archevêque, c'est un malheur qu'il nous a mérité en faisant parmi nous trop de bien. Une pensée seulement nous console, c'est que vous le mettez en position d'en faire encore davantage sur un plus grand théâtre, et qu'avec l'ordre, tel qu'il l'a disposé à Lure, l'œuvre devra marcher d'elle-même pour ceux qui viendront après lui. »

M. Gousset occupa pendant quatorze ans la chaire de théologie pratique.

On pourrait l'occuper plus long-temps et n'en pas valoir beaucoup mieux ; posé, par exemple, qu'on fît de sa classe un cours de calembourgs et pires platitudes, comme cela se voit à quelques lieues de la capitale (1).—J'aborde la question des sulpiciens.

(1) Là se trouve un professeur capable des questions suivantes. Il arrive en classe, et, sans autre préambule, il demande :

« *Au onzième siècle, qu'est-ce qu'on faisait ?* (Textuel).
L'élève ne répond pas. O mon lecteur, le diriez-vous,

Lorsque M. de Rohan, le dernier cardinal du nom, devint archevêque, il songea un instant à les placer dans son séminaire ; mais, outre les raisons générales, mille et mille autres s'y opposèrent.

La vieille réputation sacerdotale de la Franche-Comté tenait à une chose évidemment qui n'était point l'esprit de cette congrégation étrangère. La cause se trouvait en elle-même et dans les sujets éclos de son propre fonds. D'autres établissements dirigés par d'autres maîtres n'obtenaient que des résultats inférieurs, preuve de l'inutilité et même du danger d'un changement. Ayant dépossédé M. Baud, ce vénérable supérieur, M. l'abbé Blanc, qui professait avec une rare distinction l'écriture sainte et la scholastique, M. Gousset surtout, qui

---

vous-même? Eh bien : *On communiait sous les deux espèces.* (Textuel.) La réponse est du professeur.

Autre question :

« *Dans le Saint-Simonisme, qu'est-ce qu'il y a ?* (Textuel.)

Même silence.—*Il y a bien de la chose.* (Textuel). Idem.

Le même vous parlera du docteur *Sans-Selle* ou *quatre-vingt-dix-neuf et un fauteuil*, de *la sœur d'une carafe*, d'un *poulailler*, etc., etc., et vous êtes un imbécille si vous ne comprenez pas que cela signifie *Sanchez*, une *bouteille de vin*, un *abricot*, etc., etc... Bien entendu que *Cujas*, *Caramuel*, etc., etc., se traduisent *Cul-de-jatte*, *Sucre-rôti*, etc. (Toujours textuel.)

Il y a quatorze ans que ce Monsieur professe ainsi la *Morale. Ebrius, ex quo factus est, fuit.* (Sénèque.)

voulait-on mettre en leur place? A part quelques hommes d'une valeur incontestable, qui n'auraient pas accepté le poste, lors même qu'on les eût choisis, les cessionnaires en perspective devaient encourir le ridicule ou quelque chose de plus. M. de Rohan, sur ces considérations, changea d'avis; il se fit ainsi bénir par tous ses diocésains et autres.

Des rancunes lui furent gardées d'autre part, mais il eut le bon esprit d'en faire le cas qu'elles méritaient : il ne baissa pas les yeux pour les voir.

Sit libitum vano qui nos contempsit othoni (1).

Il professait d'ailleurs une profonde estime pour M. Gousset, ce qui l'honorait lui-même autant que son subordonné.

Les opinions politiques dont il éprouva en certaines occasions la fâcheuse influence, ne se firent point sentir ici. Rien n'était plus opposé à la manière de voir du théologien que les petites passions un peu tracassières du cardinal-prince. Il y avait entre eux la différence d'un système social à une chicane de petites gens.

Toutefois, en 1830, M. Gousset fut nommé vi-

(1) Lucrèce.

caire-général; et il a conservé ce titre sous M. Dubourg et M. Mathieu, jusqu'à son avènement au siège de Périgueux; toujours chéri du clergé qui trouvait en lui un conseil et un père; des simples fidèles qui le consultaient aussi, non seulement pour leurs intérêts religieux, mais encore dans les difficultés de leurs affaires matérielles; des archevêques pour les immenses services qu'il leur rendait et l'austère aménité de son esprit.

Avant d'assister à son sacre, je dois abandonner l'ordre des faits, et remonter à une date antérieure pour dire quelques mots de ses ouvrages.

Étant encore simple prêtre, il fit paraître en 1823, une édition des *Conférences d'Angers* avec des notes et des dissertations. Ceux qui ont lu ces vingt-six volumes savent apprécier tout le travail, tout le talent et toute la patience dont il a fait preuve en corrigeant et coordonnant une collection pareille. A ceux qui ne les ont pas lus, et c'est l'infiniment grand nombre, je propose les *Conférences d'Angers* comme le plus habile et le plus sûr désormais de tous les directeurs de conscience, en matière de livres.

Deux années plus tard parut *l'Exposition de la doctrine de l'Église sur le prêt à intérêt*.

Cette question demandait, avec beaucoup de science, beaucoup de courage. On s'abuse souvent sur la légalité de certaines opérations financières, et, moyennant la soif de l'or, il n'est pas que les âmes même timorées ne prennent *avec le ciel des accommodements ;* on arguë, avec la plus extrême naïveté, d'une disposition civile qui peut être infâme, aux règles permanentes et inviolables du for intérieur. Ainsi découlent de toutes les sources pures ou impures, par l'exploitation des pauvres, les plus vastes calamités publiques. Eh! grand Dieu! puissent les confesseurs ordonner à leurs pénitents la lecture de l'*Exposition !* Puissent-ils toujours la bien méditer eux-mêmes !

En joignant au Rituel de Toulon des commentaires et des développements indispensables, M. Gousset d'un chef-d'œuvre en a fait deux. Les Rituels sont les catéchismes des prêtres ; je demande s'il en est beaucoup qui sachent par cœur leur catéchisme.

Je ne demande pas si tous les évêques ont pourvu leurs diocèses de rituels, car c'est là un devoir pour eux comme la prédication.

A cet ouvrage de 1826 succéda l'édition du *Dictionnaire* de Bergier.

Les doctrines philosophiques et théologiques de

M. de La Mennais étaient alors en pleine vogue. M. Gousset les avait adoptées; ou plutôt, si je ne me trompe, il s'était trouvé tout naturellement les avoir. Ses annotations durent se ressentir de ses croyances, comme le jour se ressent assez volontiers du soleil. Il plaçait donc, lui aussi, dans le témoignage universel le *Criterium* de la vérité, au dépens des protestants et de Descartes; il démontrait l'infaillibilité du pape et ses autres prérogatives contre les Gallicans. Son audace révolta ces derniers, et ne fut pas moins que celle des frères Allignol, l'objet de leurs foudres. Sans parler du grand *redresseur des torts,* M. Boyer, cet autre Delius, *voltigeur des guerres-civiles religieuses* (1), je raconte une anecdote dont l'authenticité est garantie.

Un séminariste avait prié son professeur, fort commerçant en librairie (2), de lui vendre un *Bergier*. L'ouvrage arriva de Besançon, et fut remis, comme de droit, à l'acheteur.

A quelques jours de là, une discussion s'élève sur les matières alors flagrantes. « Un écrivain, disait

---

(1) Messala Corvinus appelait Delius *le voltigeur des guerres civiles.*
(2) Ce même professeur de morale dont il a été parlé plus haut, fait le commerce, au grand dépit des libraires de l'endroit. Il est prêtre sulpicien.

le séminariste, soutient telle opinion et l'appuie sur tels raisonnements. » — Monsieur, s'écria le professeur attéré, ceci est abominable ! Si l'écrivain que vous citez *s'adressait* à moi, je lui refuserais l'absolution. » — A l'ombre d'une autorité pareille, le séminariste se sentait fort. « Si vous saviez son nom, monsieur, vous changeriez d'avis. » — « Dites son nom ? » — « M. Gousset ! »

La classe finie, le professeur se fit apporter le *Bergier-Gousset*, en entier. « Mon ami, dit-il solennellement après avoir lu le morceau en toutes lettres, voulez-vous faire un sacrifice agréable à Dieu ? — Comment ? lequel ? — M. le supérieur sera content, et puis cela vous nuirait..... — Je ne sais.... — Souffrez que j'arrache.....

Il saisit les volumes à la suite, il arrache en effet toutes les additions, et il les jette au feu.

L'exemplaire existe encore; et le professeur aussi, hélas! Et peu importe ce qu'est devenu le séminariste. Du reste, M. Gousset, en apprenant cet auto-da-fé, peut se passer la main sur le visage, comme Constantin: il n'y a rien.

C'est une vénérable chose qu'un professeur, mais on devrait bien éprouver ceux qu'on décore d'un pareil titre. *Pompeius!* tant que vous voudrez, disait le même Messala ; *ecquando tu hominem ineptiorem quàm tuum Pompeium vidisti ?*

Je constate purement et simplement la mise au jour du *Code civil commenté dans ses rapports avec la théologie morale.* Il a paru trois éditions de ce beau livre en 1827, 1829 et 1834. J'arrive à la *Justification de la théologie du bienheureux Liguori.*

Le cardinal de Rohan l'avait soumise en manuscrit à deux docteurs de Rome ; il avait joint à leur témoignage une approbation fort explicite ; on l'avait traduite en italien et réimprimée à plusieurs milliers d'exemplaires dans la Belgique ; nulle réclamation ne paraissait possible, lorsqu'un anonyme publia les *Lettres du curé de* *** *à M. G., vicaire général.* *** voulait dire M. l'abbé Vermot, missionnaire de Beaupré (1). Il n'était pas de ces tartares qui se croient obligés de mettre leur nom sur leur flèche.

Peu avare d'imputations et d'amères paroles, le critique signalait M. Gousset comme une espèce de Caramuel ou de Tamburinus au petit pied ; fabriquant un christianisme à l'eau de rose, confondant

(1) Cette compagnie fut fondée avant la révolution par M. de Grammont, archevêque de Besançon.

par l'indulgence la scélératesse et la vertu la plus pure, répudiant la loi dogmatique du sacrifice, faisant du fouet que tenait Jésus-Christ pour chasser les marchands du temple une fontange de mode pour les pénitentes coquettes et délicates. Que sais-je? Il l'accusait d'enchérir sur Liguori lui-même, et de conduire directement les ames à la négation de l'enfer!

« Theologia, dit l'anonyme, en parlant de Liguori, Theologia *moralis* quæ veriùs fortè inscriberetur *immoralis!* » Juste-Lipse avait dit d'autre chose : potiùs *scelesta* quàm *cœlestis*. Un jeu de mots en vaut un autre.

En homme prudent et avisé, M. Gousset prit la chose par un double côté. Il raisonna, et se permit un peu de satire. Je n'avais pas supposé, je l'avoue, tant de finesse d'esprit dans une tête si athlétique. Dès l'abord, son adversaire a sa part faite; il est défini; Jansénius et le père Quesnel ne sont point étrangers à l'affaire; disons tout : M. Gousset n'a rien d'un moliniste, et M. l'abbé Vermot, catholique d'intention, se montre janséniste dans la forme comme par le fond, lisez plutôt, et jugez.

M. Gousset n'eut pas de peine à déjouer toutes les rubriques de son adversaire. Une *théologie* que l'abbé Nonnotte avait appelée *opus egregium et celebratissimum*, qui était suivie dans le plus grand nombre des séminaires de la catholicité après Bailly (1), et dont l'auteur obtenait à l'heure même les honneurs de la canonisation, un tel ouvrage échappait par lui-même à cet indigne reproche *d'immoralité*. Ni la cour de Rome ni les évêques ne l'avaient blâmé; c'est à tort et mensongèrement qu'on imputait à M. l'évêque de Saint-Claude d'avoir défendu dans son diocèse la *justification* nouvelle, non plus que *l'Apologia* publiée par Liguori lui-même.

Viennent les témoignages à l'appui : saint Augustin, saint Thomas, saint Raymond de Pennafort, Cabassut de l'Oratoire, le P. Patuzzi, ce savant Concina que le grand Benoit XIV aimait à consulter, etc., etc.; en même temps, se présente l'innombrable phalange des mots ténébreux et barbares que les hérésies ont enfantés, et que l'apologétique chrétienne, pour dissiper leurs conseils, a bien voulu admettre dans son Vocabulaire: *probabiliste, probabilioriste, rigoriste, laxiste, tutioriste*, etc.

A Dieu ne plaise que je vous lance dans cette

---

(1) La raison de cette préférence donnée à Bailly est que sa Théologie formait seule un *Cours complet*.

mêlée. Si vous y voyez clair, tant mieux ; autrement, restez simple, étudiez l'Évangile, et obéissez comme des enfants bien nés, sans argumentation ni examen, à votre mère l'Église; ou encore, si vous voulez autre chose, prenez l'ouvrage de M. Gousset qui vous mettra, mieux que moi, au fait de la question ; mais surtout ne soyez pas janséniste, disait M. de la Motte, *cela rend jaune.*

Saint Grégoire de Naziance a parlé tout aussi bien en faveur de Liguori, de M. Gousset, de la vérité : *quod si res dubia est, vincat humanitas et facilitas.* Je recommande ce texte aux catholiques comme aux demeurants de Port-Royal, et je m'en tiens là.

Avec des titres pareils, M. Gousset vit venir à lui la renommée qu'il ne cherchait pas ; et cette fois par hasard, le mot de Juste-Lipse n'eut pas d'application possible : *Quidam habent, quidam merentur;* c'est grand dommage, car il est fort joli et fort souvent vrai.

Il y a cependant des oppositions d'un certain genre. Ainsi, nul ne conteste à M. Gousset une logique puissante et invincible, mais j'en ai vu qui le trouvaient sec et difficile à suivre. Les romans de M. de Balzac sont bien plus *amusants* sans doute; et c'est ainsi qu'on juge les hommes supérieurs aujourd'hui. —Deux paysans étaient arrêtés devant un portrait de Mondeux, ce jeune berger mathématicien que vous connaissez. « Quoi que c'est que ça, demanda l'un. » « Pardié, fit l'autre, c'est un petit gars qui a tant d'esprit, et qui ne peut pas dire deux mots sans dire une bêtise. »

Une ordonnance royale du 6 octobre 1835 désigna M. Gousset au souverain Pontife pour le siège épiscopal de Périgueux.

Plusieurs pensent que M. Mathieu avait provoqué cette nomination pour éloigner un homme dont la popularité pouvait offusquer la sienne; je l'ignore; mais en tous cas, M. Gousset se recommandait assez de lui-même, et le motif allégué me paraît au moins superflu.

On voit pourtant, puisqu'il faut le dire, de ces marchés que Plaute appelle *à la grecque : græcâ mercamur fide.*

Le 1er février suivant, M. Gousset fut préconisé, et un mois après, le 6 mars, sacré à Paris dans l'église des Carmes, par M. de Quélen, MM. de Forbin-Janson et Mazenod assistant. Il prit possession le 18.

En nos jours de petites ambitions mesquines et hargneuses, l'administration d'un diocèse n'est pas exempte de complications et d'embarras de toute sortes. L'envahissement qui se faisait sur une échelle plus grande autrefois, opère depuis quarante ans par mesure d'escarmouche. Aux empereurs ont succédé les préfets, maires de village, conseils de département, membres de fabriques, maîtres d'école et autres. Il faut que l'évêque tienne son pouvoir à deux mains; et, quelle que soit sa surveillance, rarement il arrive qu'un audacieux coup de dent ne l'ait pas ébréché sur plusieurs points.

De cette anxiété perpétuelle, il résulte qu'en devenant évêque, un écrivain religieux abdique souvent sa plume. Les Statistiques et Ordonnances prennent le temps des apologies et des controverses dogmatiques; les pourparlers, les plaintes, et des oppositions forcément mesquines viennent fractionner, si j'ose le dire, l'intelligence et l'abîmer d'angoisses; c'est presqu'un sabre maintenant que la crosse d'un évêque.

J'ignore donc si M. Gousset publiera désormais des livres; je le dis avec douleur, car son silence serait une calamité publique pour l'Église. Les hommes de science profonde et de grand caractère n'abondent pas parmi nous; et pourtant Dieu sait si nous en avons besoin.

Depuis 1835, j'ai pourtant à enregistrer dans ma notice une lettre à M. l'abbé Blanc, *sur la communion des condamnés à mort ;* puis les *Statuts* et le *Compendium du Rituel* du diocèse de Périgueux, où se trouve en germe l'opinion professée par M. Fayet, sur les officialités diocésaines, le grand vœu de mon cœur.

« Nous serait-il permis de demander, dit M. Fayet, aux ennemis des tribunaux d'exception, quel est le tribunal, établi en vertu de la charte, dont la compétence embrasse les questions relatives à l'administration des sacrements, aux cérémonies intérieures de l'église, aux causes des clercs accusés, non comme citoyens, mais comme *clercs*, aux dispenses spirituelles, à la validité ou à la nullité du mariage, quant au for intérieur ? Si nous ne craignions pas de devenir ridicule à force d'être vrai, nous demanderions : A quel tribunal civil, correctionnel ou de commerce, faut-il porter les remords de conscience sur la nullité volontaire d'une dispense spirituelle ? quel tribunal est chargé de juger la scandaleuse précipitation avec laquelle un prêtre célébrerait les saints mystères, l'ignorance ou la coupable facilité avec laquelle il admettrait les fidèles à la participation des sacrements? quel tribunal décidera jusqu'à quel degré d'alliance ou de parenté l'évêque diocésain peut dispenser des empêchements du mariage, sans qu'il soit besoin de recourir à Rome? Il y a donc dans le ministère ecclésiastique des obligations et des fautes, des devoirs et des délits, étrangers à vos lois et par conséquent étrangers à vos tribunaux. De là l'établissement des officialités, de là l'importance de fixer leurs attributions, de là la nécessité de les reconnaître. Aussi furent-elles solennellement reconnues par l'empereur Napoléon, qu'on n'accusera pas sans doute de trop aimer les pouvoirs rivaux. Au lieu de s'adresser au sénat-conservateur ou au tribunal civil de la Seine pour y demander la cassation de son premier mariage, il s'adressa à l'officialité du diocèse de Paris. On ne dit pas qu'aucun de ses ministres ait déféré le jugement de l'official au conseil d'état par un appel comme d'abus. » (1)

A l'égard de l'administration, M. Villemain voudrait bien qu'on omît un incident. Parmi toutes ces protestations qui s'élèvent du sein de l'épiscopat français contre ses usurpations universitaires, il y a

(1) Voir le *Simple examen* cité dans la notice de M. Fayet.

le *factum* de M. Gousset ; et ce n'est pas, je vous jure, ce qui l'inquiète le moins.

Dans ses *Observations sur le projet de loi sur la liberté d'enseignement*, M. Gousset prouve et établit les droits de l'épiscopat relativement à l'organisation et à la direction des écoles ecclésiastiques. Mais M. Villemain est un enfant gâté de l'Université, et les Jésuites sont des anthropophages qui mangeraient bientôt les jeunes gens tout crus.

Mais rentrons dans son premier diocèse, et abrégeons, puisque les matières se pressent toujours et qu'il ne faut pas dépasser nos limites.

Il existe à Périgueux une fort belle cathédrale, d'architecture byzantine et romane, mais qu'on avait traitée, comme beaucoup d'autres non moins anciennes et aussi magnifiques, avec barbarie.

Les Périgourdins possédaient ce chef-d'œuvre, comme l'un des leurs faisait de la prose, *sans s'en douter*. On trouve des gens qui mettent Montaigne et saint François de Sales en bon français ; on en trouve encore qui refont les monuments, ou qui les rhabillent dans le plus nouveau goût, artistes pendables qui ne sont même pas des maçons, faussaires insolents, stupides et plats. Ainsi avaient-ils dénaturé l'église dont il est question. Flanquée et diaprée de constructions menaçantes et ténébreuses, elle présentait l'image d'une vaste caricature ou d'un château moyen-âge, tel que s'en bâtissent ingénieusement les droguistes *retirés* de Paris.

M. Gousset fit jeter bas ces constructions; il mit à jour ces majestueuses lignes de piliers aux cimes ogivales, à l'énorme base, qui forment dans l'ordre harmonieux de leur disposition une perspective fuyante, pleine de mystère, excellemment symbolique. La voûte fut dégagée. Au lieu du verre prosaïque et monotone qui les attristait en les inondant d'une lumière importune, les roses se revêtirent de leurs antiques vitraux où l'emblême se multiplie encore sous les capricieuses nuances des couleurs; merveille dont le secret, quoi qu'on en dise, semble à jamais perdu. L'orgue gisait dans son réduit abandonné, enseveli sous la poussière et, pour couper court à toutes ces belles phrases qui m'ennuient, infesté de rats et d'araignées. M. Gousset y fit faire des réparations, et le confia au talent d'un ancien élève de Choron, qui fut nommé en même temps maître de chapelle et professeur des enfants de chœur. Or ceci n'est point une critique de M. de

Lostanges, mais seulement un éloge de son successeur, dans mon intention du moins.

Que le séminaire de Périgueux depuis 1836 ait subi d'importantes améliorations, et sous le rapport de l'étude et en ce qui touche sa direction, j'évite de le dire, et parce qu'on le conçoit de reste, et de peur de répéter mes observations sur MM. Donnet et Fayet (1). Comme eux, M. Gousset a établi des retraites ecclésiastiques annuelles qu'il présidait en personne. Avec le secours du clergé et des fidèles, il a fondé à Bergerac un superbe édifice pour recevoir trois cents séminaristes, et dans la ville épiscopale, un vaste couvent pour les dames de la Visitation; sous ses auspices, celui des religieuses de Sainte-Claire fut embelli et prit de notables accroissements. De grandes difficultés s'opposaient depuis 1829 à la reprise des travaux du grand séminaire; il les eut bientôt levées, il obtint du gouvernement les fonds nécessaires, et le 2 août 1840, à l'instant même de son départ pour l'archevêché de Reims, il bénissait la première pierre.

C'est alors aussi qu'au milieu d'une foule nombreuse et en présence de toutes les autorités locales,

---

(1) Voir les 17e et 20e livraisons.

M. Romieu, préfet de la Dordogne, lui fit l'allocution suivante, où tout est juste, à part les *soldats du Christ* (autrement *les lévites*), *la pierre qui est le dernier gage d'une présence, un nom* qui *signifie* non seulement *charité,* mais encore *tolérance et concorde,* etc.

« Monseigneur, cette première pierre que vous allez poser après tant de travaux et de sollicitudes, après tant de soucis et de mécomptes dans la grande œuvre que vous aviez entreprise, et que vous avez enfin accomplie, *cette première pierre* d'un monument où vous espériez diriger et bénir les *soldats du Christ*, est aujourd'hui *le dernier gage qui nous restera de votre présence.*

« Ne soyez donc pas surpris, Monseigneur, s'il se mêle un sentiment douloureux à la pompe de cette cérémonie. Elle eût été, en d'autres temps, un signal d'espérance; elle n'est plus maintenant qu'une date de regrets.

« C'est à moi, plus qu'à tout autre, qu'il appartient de les exprimer; et s'il y a, dans les tristes adieux qui nous séparent, quelque chose de moins amer pour le chef du département, c'est l'occasion qu'il y trouve de vous dire, de la part de tous, que votre nom restera cher et vénéré dans ce pays où, en si peu de temps, il a laissé tant de traces.

« Monseigneur, votre nom signifiera toujours ici : *charité, tolérance* et *concorde*. La main ferme qui dirigeait ce diocèse pressait amicalement toute main qui lui était tendue. L'esprit profond qui a commenté le Code civil se prêtait au contact des plus humbles intelligences, comme aux causeries légères du salon. Le prélat enfin qui tenait sa mission du ciel savait rattacher à l'intérêt de l'ordre, dans les affaires terrestres, l'influence de son caractère sacré.

« J'ai vu tout cela, Monseigneur, et j'obéis à un devoir, en même temps qu'à un besoin de mon cœur, en le répétant bien haut.

« Appelé au siége illustre de saint Nicaise et de saint Remi, vous touverez dans les nouveaux honneurs qui vous attendent la récompense de votre zèle et de vos mérites éprouvés ; mais permettez-nous de croire que de si loin et de si haut, vos regards se porteront quelquefois vers la Dordogne, où l'on ne vous oubliera jamais. »

Ceci est vrai, mais fit-on jamais un compliment sincère, en qualité d'homme politique surtout? Ces paroles qui étaient justes et vraies, M. Romieu les avait-il empruntées à sa conviction et muries dans son cœur? Je le désire; j'ai tort de m'en occuper; mais dans ces sortes de choses, je me rappelle toujours malgré moi que Cicéron trouva moyen de souhaiter à César une corde pour se pendre en feignant de l'apothéoser. Le mot mérite d'être cité, quoique latin : *Cæsarem tollendum censebat, quum aliud diceret aliud intelligi vellet.*

M. de Latil venait de mourir, peu de mois après M. Gallard, archevêque d'Anazarbe, son coadjuteur. M. Gousset fut appelé au siège de Reims par ordonnance royale du 25 mai 1840, préconisé dans le consistoire du 13 juillet et installé solennellement le 26 août. Le 3 mai de l'année précédente, il avait reçu le cordon de la Légion-d'Honneur.

M. L'abbé Duplessis observe que M. Gousset, dans la succession des pontifes au siège de saint Remi est le quatre-vingt-dix-neuvième (1). Je dois à cet estimable écrivain quelques détails disséminés dans ma notice, et je l'en remercie bien sincèrement.

« Entre mille traits de charité que ses anciens diocésains aiment à se rappeler, dit M. Duplessis, nous ne pouvons résister au désir de citer le suivant :

---

(1) Lisez *Archevêchés, évêchés et monastères de France*, par **Malastric**.

« Le 31 octobre 1838, le prélat étant allé célébrer la messe dans la chapelle de la prison, adressa aux prisonniers une touchante et paternelle exhortation, dans laquelle il leur montra le malheur de celui qui ne craint ni Dieu, ni les hommes. Ce jour-là même un condamné à mort devait expier un grand crime sur l'échafaud, Monseigneur voulut lui annoncer lui-même qu'il devait se préparer à la mort; il entra dans son cachot, accompagné de M. l'abbé Deltheil, aumônier de la prison, apprit au condamné le rejet de son pourvoi, l'engagea à profiter du peu de temps qui lui restait encore pour obtenir le pardon de son crime, et ne le quitta que lorsque ce malheureux eut demandé à rester seul pendant quelques instants.

« A peine avait-on cédé à son désir que, se précipitant vers une grille élevée, il se laissa retomber de tout son poids dans le but de se briser le crâne contre le pavé ; un geôlier, accouru aussitôt, déjoua son projet.

« Le prélat revint alors auprès de lui, fit de nouveaux efforts pour toucher son cœur, et eut la consolation de le voir enfin repentant et résigné.

« Il consentit seulement alors à s'éloigner, lui fit ses adieux, le bénit et le confia à l'aumônier, qui resta seul avec lui jusqu'au dernier moment, et qui se plaît encore à attribuer à la charitable intervention de son évêque la mort édifiante d'un criminel auprès duquel avaient échoué, depuis trois mois, toutes ses sollicitations et toutes ses démarches. »

A ces titres qui sont, si je ne me trompe, de nature supérieure, j'en ajoute quelques autres pour la forme, avant de finir. L'Académie des belles Lettres, Sciences et Arts de Besançon s'est fait l'honneur d'appeler M. Gousset dans son sein vers 1831 ; en vérité, je n'y songeais plus.

Depuis plusieurs années, il était déjà membre conservateur de la Bibliothèque et du Musée, et conseiller de l'Université ; en outre, le ministre de l'instruction publique l'avait adjoint aux commissaires nommés pour l'impression des *Manuscrits du cardinal de Grandville*.

On eût fait, d'un homme si savant et sincèrement illustre, quelque chose comme l'un des Quarante immortels, que j'en conviendrais.

Je dirai même que M. Gousset n'a pas du tout les formes aristocratiques, bien que son affabilité soit grande, sa conversation spirituelle et aisée. Son visage est naturellement sévère. Il y a dans sa parole une raideur saisissante au premier abord, elle devient douce et attrayante par l'habitude. Son clergé à Périgueux et à Reims lui voua toujours un culte filial, et je ne sais rien de plus absolu que l'affection dont l'environnent tous ceux qui le connaissent. Il m'aurait fallu dans ma biographie vous répéter tout ce que raconte de lui son ami intime, M. l'abbé Blanc ; j'aime tant l'éloquence du cœur ! Mais deux lignes me restent, et je finis par ces mots de saint Jérôme *in Florentio : Prætermitto innumerabiles in quibus Christum sustentasti, vestisti, visitasti, etc., etc.*

1er Août 1841.

Biographie du Clergé Contemporain

Mr LAROQUE,

Aumônier des Invalides.

A. Appert édit. Passage du Caire.

Je ne sais jusqu'à quel point un discours d'un orateur c'est-à-dire [illegible] Dans et dans [illegible] il faut faire [illegible] la sanction du public [illegible] presque toujours une sotte chose.

Ainsi en [illegible] pour [illegible] dans une galerie de [illegible] les [illegible] faites de personnages qui, [illegible] d'ailleurs leur mérite, ne peuvent intéresser le public qui ne les connait pas, quoi, nulle [illegible]

[illegible] dès qu'elle n'a plus [illegible] juge.

A. Appert édit. Passage du Caire.

M. LAROQUE,

AUMÔNIER DES INVALIDES.

———

> Hanc amavi, et exquisivi à juventute
> meâ, et quæsivi sponsam mihi eam assu-
> mere, et amator factus sum formæ illius.
> Lib. *sap.* 8-2.

Je ne sais jusqu'à quel point la réputation de cet orateur s'est étendue. Les journaux à Paris et dans la province ont parlé de lui, mais il faut autre chose pour constituer un nom : la sanction de l'opinion publique, bien que ce soit presque toujours une sotte chose.

Ainsi on dira : pourquoi celui-ci et non un autre? Dans une galerie du clergé doivent figurer les illustrations faites; des personnages obscurs, quel que soit d'ailleurs leur mérite, ne peuvent intéresser le public qui ne les connaît pas : *ignoti nulla cupido.*

Cette considération devait-elle m'arrêter? qu'on en juge.

Martin Bertrand Laroque naquit à Brives-la-Gaillarde (Corrèze), de Mathieu Laroque et de Marguerite Martin.

Son père, qui était négociant, fut nommé commissaire de police à Limoges, en 1815; et il remplit cette fonction difficile à la satisfaction de tous jusqu'en 1830, époque à laquelle il reçut sa destitution.

Homme vénérable, universellement estimé et chéri dans le pays qu'il habite, sa douleur fut amère sans doute, lorsqu'il perdit avec sa place les seuls moyens d'existence qu'il eût encore; mais la résignation ne manqua point à son cœur, et l'espérance non plus: sa pieuse femme et lui s'abandonnèrent à la Providence, et M. l'abbé Laroque s'est chargé de leur prouver qu'ils avaient eu raison.

L'aïeul paternel de M. l'abbé Laroque était commandant de gendarmerie à Brives et chevalier de Saint-Louis.

Il est l'aîné de neuf enfants, frères ou sœurs.

Marie Laroque, la quatrième, a prononcé ses vœux aux Clairettes ou Clarisses. Une scène touchante eut lieu, lors de sa profession. Martin Bertrand, qui n'était encore que diacre, prêchait, et la messe était célébrée par le cinquième, l'abbé Jean-

Baptiste Laroque, professeur au petit seminaire de Felletin (Creuze), aujourd'hui chanoine titulaire de Limoges.

Clara, qui est la septième, avait pris aussi le voile au couvent du Verbe incarné, à Saint-Junien (Basse-Marche). — Elle vient de mourir.

Heureuse famille, qui a pu mettre sous l'aile de la religion plusieurs de ceux qui la composent! Mille fois heureuse! puisqu'elle les acquitta si jeunes du triste monde où nous sommes, malgré nous! *Nolentes hodiè mundo assistimus,* disait Sénèque lui-même.

Toutefois, de grandes angoisses vinrent se mêler à ces évènements précieux. Mais les raconter serait rouvrir des blessures saignantes encore, ce serait irriter des amours-propres venimeux et mortels. Je dirai seulement que M. Martin Laroque, après la mort prématurée de son frère Émile, adopta les enfants qu'il laissait, et se dévoua aussi généreusement pour ces pauvres petits orphelins qu'il l'a toujours fait pour ses vieux parents. Deux de ses nièces sont élevées à Paris, dans l'institution de Saint-Louis.

Moins exposée au péril des personnalités blessantes, ma plume aura bien des révélations à faire par la suite, révélations toutes pleines de larmes aussi, mais d'une nature suave et sainte. Suivons l'ordre des faits.

M. Laroque a quarante-cinq ans. Il date du 21 brumaire, c'est-à-dire du 11 novembre 1796, et il appartient, comme on voit, à la génération du Directoire. Ce jour là Bonaparte se battait avec Augereau et Masséna contre Alvinzi ; c'est plus tard que le jeune conquérant devait donner au bon Dieu ses petites lettres de naturalisation. Il n'y avait point d'églises : le nouveau-né fut donc baptisé dans une chambre, en contravention avec la loi et la liberté ; il eut pour parrain son grand-père, et pour marraine Pascale Laroque, sa tante.

Laréveillière-Lepaux chantait ses offices sur la place publique.

Les premiers principes de la religion furent donnés au jeune Laroque par sa mère. Il passa ensuite sous la surveillance des demoiselles de Cosnac, parentes de M. de Cosnac, aujourd'hui archevêque de Sens, et à sept ans il commença ses études chez l'abbé Gallet, ancien cordelier, homme fort instruit et bon prédicateur, qui le conduisit jusqu'en sixième.

De là, M. Laroque, son oncle, curé de Collonges, l'envoya au petit séminaire de Ruzenne, dirigé par M. Massainguiral; il y resta un an, et passa au collège de Brives, où il fit ses humanités.

M. Adam, principal de la maison, le jugeait ainsi : « C'est un paresseux à faire plaisir, ayant le travail singulièrement facile, une vivacité charmante, une vigoureuse mémoire et trop de pénétration. Il étudie en jouant, il achève en dix minutes l'ouvrage d'une heure, et remporte mes prix, que voulez-vous que je dise? Sa conduite est toute de franchise, de bon cœur et d'étourderie. Trouvez là-dessous un vice, si vous pouvez. »

On voit peu d'instituteurs qui jugent aussi sainement la jeunesse. Chose à jamais inexplicable, que cette espèce d'hommes affecte la physionomie et le rôle des agents de police et des garde-chiourmes!

Après avoir joué bien des tours d'écolier à l'un de ses professeurs, le P. Colombot, ce vieil oratorien qui n'aimait rien autant que M. de Berulle, si ce n'est l'eau-de-vie, après une carrière de succès en thèmes, en versions et en *pensums*, vers 1811 M. Laroque se rendit à Limoges pour étudier la médecine.

Il paraîtrait, à considérer uniquement la superficie des choses, que jusque-là nul indice de vocation sacerdotale ne s'était manifestée chez lui.

Je lis au contraire dans mes notes que, dès son enfance la plus tendre, un attrait fort remarquable le portait vers les cérémonies de l'église. Doué dèslors d'un bel organe et d'une heureuse disposition pour la musique, il aimait à chanter les hymnes et les cantiques. Souvent, comme je l'ai dit de M. Combalot, il gravissait sur trois chaises, symétriquement rapprochées, et faisait à sa manière un petit sermon, réminiscences décousues de quelque prône qu'il avait entendu le dimanche passé. Si son auditoire ne s'assemblait pas bénévolement, l'espiègle s'en formait un par la *raison du plus fort*, ce qui n'était pas du reste le plus joli de son affaire.

Puisqu'il est question d'espiègleries, en voici une :

Il servait la messe avec un de ses camarades, enfant de chœur comme lui. Lorsque vint le *graduel*, ce fut à qui tournerait le livre, c'est-à-dire le porterait d'un côté de l'autel à l'autre côté. Tous les deux se précipitèrent. Laroque, en poussant son rival, était resté maître de la place ; il saisit le pupitre et s'enfuit dans la nef, poursuivi par l'autre qui l'atteignit et engagea de nouveau la lutte sous le porche. Ce que devint le prêtre durant cette scène, vous le devinez bien. Après cinq ou six minutes, Laroque, définitivement vainqueur, lui rapporta bravement le livre et il put dire l'évangile.

Laroque avait alors huit ou dix ans. Nous sommes en 1811, il a seize ans. Des circonstances qu'on ne peut préciser l'ont éloigné de cette voie, où il semblait vouloir entrer. Il commence son cours de médecine à l'hôpital de Limoges où il a une tante religieuse.

L'année suivante, il concourt pour l'internat et il est nommé interne. En 1813, il part pour Paris, descend chez un médecin, son compatriote, auquel il était confié, et il suit les leçons de l'école jusqu'en 1814.

A cette époque, il demande à subir ses examens auprès du conseil de santé militaire, et il est appelé comme chirurgien sous-aide dans les nouveaux hôpitaux établis aux différentes barrières de la capitale. Il assiste à la bataille de Paris, et prodigue les soins les plus empressés comme les plus habiles aux victimes de cette atroce boucherie, étrangers ou français, ennemis ou amis. La charité ne connaît pas ces distinctions-là ; ce n'est pas elle qui inventa le mot *patrie*, si abominable en certains cas, puisque sa dernière et logique conséquence serait l'abolition de l'espèce humaine au profit d'une caste. Elle comprend, suivant toute son acception sociale, cette adorable parole de Jésus-Christ : *Unum ovile et unus pastor*, terme souverain de toute diplomatie honnête.

En septembre 1814, M. Laroque fut licencié par la restauration, comme soldat de Bonaparte, et il rentra dans sa ville natale. Ces mêmes antécédents lui fermaient nécessairement l'accès à toute espèce d'emploi. Pour ne pas rester tout-à-fait inactif, il s'attacha comme élève à un chirurgien, qui lui confiait ses petites opérations et le menu de sa clientelle. J'ignore le nom de cet excellent homme, et j'en suis désolé, car on dit que M. Laroque l'estimait beaucoup.

J'ai à raconter maintenant une histoire si touchante et si vraie qu'on la prendrait pour un roman :

A vingt ans, celui dont j'écris la notice rencontra dans le monde une jeune personne d'une grande beauté, mais plus ravissante encore par les grâces de l'esprit et du cœur. Il aima ; et son inclination fut aussi heureuse qu'elle était douce et pure. Il fut aimé. Rien ne s'opposait à l'union du jeune

Laroque et de mademoiselle Z... Dans la naïveté de leurs désirs, ils se promettaient mystérieusement un avenir enchanté; et les deux familles, complices chéries de leur amour, souriaient en détournant les yeux.

Un soir, le jeune homme quitta sa fiancée plus tard que de coutume, et lorsqu'il fut enfermé dans sa chambre, il se sentit comme rempli d'une tristesse immense. Il s'endormit difficilement. Alors il eut un rêve affreux : Il vit Z.... étendue sur un lit, voilée de noir, pâle, inondée d'une sueur froide. Ses yeux caves et hagards se fixaient sur lui sans le reconnaître, ses lèvres sèches et livides voulaient prononcer un nom et n'exprimaient qu'un cri lugubre, inarticulé.

Le jeune homme était à genoux devant elle, priant et pleurant. Il prit un mouchoir blanc qui tombait à moitié du chevet, et il essuyait le front glacé de la mourante.

Tout-à-coup Z.... se redresse, ses traits s'animent, elle lui tend les bras, elle retombe, elle expire.

Pauvre cœur! oh! mon Dieu! Si la misère de nos pensées prouve que l'homme a péché primitivement par l'esprit, quel fut donc le crime originel de son cœur pour qu'il ne puisse s'abandonner à ses penchants les plus naturels et les plus immaculés sans se briser et saigner?

Ce douloureux songe fut un pressentiment. Laroque n'en parla point, mais il en conservait le souvenir au fond de lui-même, comme un ver rongeur. Aussi plein de foi que d'amour, il passait à l'église de longues heures, et, pour les premières fois, il recueillait de ses prières plus de craintes que d'espérances.

Le 14 novembre suivant, Z.... se plaignit d'un violent mal de tête; toutefois, pour ne pas troubler les plaisirs d'une charmante soirée de famille que donnait sa mère, elle n'en fit l'aveu qu'à celui qu'elle aimait et chercha longtemps à le dissimuler. Mais enfin la douleur l'emporta, et il fallut bien conduire Z.... dans sa chambre. Elle était évanouie.

Trois heures après, se déclarèrent tous les symptômes d'une fièvre cérébrale. Ce fut, dès-lors et ponctuellement, la réalité du songe que j'ai dit. La mère de Z.... ayant appelé M. Laroque, le jeune homme était à genoux devant elle, priant et pleurant; il prit un mouchoir blanc qui tombait à moitié du chevet et il essuyait le front glacé de la mourante.

A quatre heures du matin, le 16, Z.... n'était plus.

J'attribue à cet évènement l'entrée de M. Laroque dans l'état ecclésiastique. Je puis me tromper en le supposant, mais non faire une chose offensante pour lui. Dieu manifeste ses volontés en plus d'une sorte. L'interprétation des signes extérieurs, suivant l'ordre providentiel, n'est pas déraisonnable. Elle est pieuse et salutaire.

Si les hommes n'y mettaient obstacle, bien des prodiges de grace et de sanctification seraient opérés par cette voie. L'auteur de cette notice en sait quelque chose. Je dirai d'ailleurs de M. Laroque ce que j'ai dit de M. Gousset : la suite a suffisamment prouvé sa vocation, elle l'a prouvée surabondamment, comme on va s'en convaincre.

Il entra en 1817 au séminaire de Limoges, pour y étudier la philosophie et la théologie, sous M. Bertelot, dont je parlerai plus tard; puis il vint à Paris en 1819, et suivit avec succès les cours de Saint-Sulpice.

Mais il avait des amis comme nous en avons tous : vraie race de vipères, affamée d'argent et de ruine! Ils parvinrent à le dégoûter de sa solitude et l'entraînèrent dans leur beau monde. Il y trouva ce qu'on y trouve toujours : de l'égoïsme, de la lâcheté, une cruauté systématique et mielleuse, point de vérité possible, le mensonge partout. Au sortir de Saint-Sulpice, c'était, je le présume, une scène nouvelle pour lui; mais ayant posé le principe, il en suivit les conséquences valeureusement.

Comme il n'avait pas encore satisfait à la loi de recrutement, il fut rappelé sous les drapeaux. Avant de partir, il demanda d'être réintégré dans son ancien grade de chirurgien sous-aide. La réponse était lente à venir. En attendant donc, il fut s'incorporer à la légion de la Corrèze, casernée à Briançon. Il passa six mois dans cette ville; le séjour qu'il y fit faillit lui devenir fatal.

« Qui n'aimerait à gravir ces rochers si ardus et si pittoresques du Haut-Dauphiné, où la nature est belle comme au sortir des mains de Dieu! » Je conçois parfaitement cette exclamation d'un grand écrivain. Rousseau, Bernardin de Saint-Pierre et M. de Châteaubriand nous disent de merveilleuses choses sur les montagnes et l'air pur qu'on y respire, et les sentiments qui s'y produisent dans l'âme, et les douces agitations qu'éprouve le cœur lorsqu'on est si voisin du ciel. Vérités poétiques! Vérités vraies! Mais il est un point que tous ont oublié, c'est qu'à mesure que l'homme s'élève vers la cîme, pour lui s'accroît le péril de cheoir et de se briser au fond des gouffres.

C'est ce qui advint à M. Laroque. Un jour il s'amusait à faire rouler des cailloux sur le versant d'une petite colline, en compagnie de son sergent-major. Celui-ci eut l'idée ingénieuse de le pousser pour voir jusqu'où il descendrait sans pouvoir s'arrêter. Ce qui se passa dans le cours de sa chûte, nous l'ignorons et il ne le sut pas lui-même. A quelques jours de là, il se trouvait sur un lit d'hôpital, meurtri, criblé, fort heureux d'être au monde, et veillé naturellement par un ange de Dieu, je veux dire par une de ces femmes admirables qui sont la merveille et la confusion de la terre, et qu'on appelle excellemment les *Sœurs de la Charité*.

Le fait est que M. Laroque était tombé d'une hauteur considérable, à travers mille aspérités affreuses, dans les flots de la Durance.

Grace à des soins si actifs et si dévoués, il eut bientôt recouvré la santé. Alors il suivit son régiment à Paris, et c'est là, en 1821 qu'il reçut sa nomination de chirurgien sous-aide, puis l'ordre de se rendre à l'hôpital de Bastia. Il resta deux années en Corse, tant à Bastia que dans la capitale,

Ajaccio. En 1823 il rejoignit le quartier-général du premier corps d'armée à Madrid, et se trouva sous le commandement du maréchal Oudinot.

Cette guerre d'Espagne qu'on a jugée si diversement, présente au moins l'avantage, évident pour tous, de n'avoir occasionné ni beaucoup de carnage ni beaucoup de maladies. M. Laroque s'en aperçut bien. Ardent et impatient d'agir comme il l'était et comme il l'est encore, il se trouvait désœuvré dans des hôpitaux à moitié déserts, et chercha autre part un aliment à son zèle; il se fit agréer en qualité de défenseur auprès du conseil de guerre. Les certificats du vicomte de Bruc et de José de de la Villa, alcade de Laredo, témoignent du bonheur avec lequel il s'acquitta de son nouvel emploi. Voilà une prérogative sainte que je souhaite aux aumôniers de régiments, lorsqu'on aura l'esprit d'en vouloir, et, dans l'ordre civil, à tous les prêtres. Serait-il donc si inconvenant que le vicaire de l'Homme Dieu, Dieu lui-même suivant les Écritures, disputât au bourreau la tête de ceux qu'il doit engendrer pour l'éternité.

Je ne peux suivre pas à pas M. Laroque dans les détails d'une existence si féconde pour le bien. Le fait ici dépasse impérieusement l'expression. Je note seulement qu'il fut cité deux fois à l'ordre du jour de l'armée pour avoir secouru des incendiés en sa-sacrifiant sa vie ; et je quitte avec lui Santonia où je le trouve en 1825. Nous rentrons en France.

Une ordonnance du 24 janvier, signée de Caux, le mit alors à la réforme, par ce motif qu'il n'avait pas six années de service. Il se retira dans sa famille. J'ai toujours là mes impitoyables notes qui veulent que, durant son séjour à Limoges, M. Laroque ait fait un peu de la religion à l'espagnole, passant de la grand'messe au café des officiers, ses anciens camarades de Madrid, et devisant de la présence réelle en face d'un bol de punch.

Un jour, saint Ignace cheminait de Tolède à Salamanque ; il rencontra un muletier. La conversation s'étant engagée, on parla d'abord de choses indifférentes, puis insensiblement de choses chrétiennes, et enfin de l'Immaculée Conception. Le muletier qui n'y croyait pas soutint son opinion ; Ignace le combattit : on s'échauffa, on se fâcha, on se sépara, et Ignace resta en arrière.

« Je suis un lâche, dit-il, de n'avoir pas tué ce blasphêmateur ! » Il pique des deux pour le rejoindre ; mais, à quelque distance, la route se partageait en deux sentiers opposés. Lequel a-t-il pris ? Une idée vient au preux de la Vierge, c'est de placer sa mule au milieu, et de lui laisser prendre la direction qu'elle voudrait. Si c'était la bonne, donc il fallait que le duel eût lieu, si non, non. Ce ne fut pas la bonne; saint Ignace est un grand saint.

Je tire cette anecdote d'une vie de saint Ignace, publiée en 1595, par le P. Ribadeneira; et je réfute mes notes avec cet apologue.

Ce qu'il y a de bien certain, c'est que M. Laroque n'avait jamais oublié ses devoirs de bon catholique; et, de plus, que la pensée de son séminaire l'avait rarement quitté. A peine rentré dans Limoges, il courut chez M. Bertelot, ce bon supérieur qu'il avait tant aimé et que sans doute il regrette encore de toute son âme. M. Bertelot, bien qu'il fût sulpicien, n'était point un homme étroit, fâcheux, à double entente, besogneux de diplomatie occulte; c'était un homme de cœur et une des exceptions que nous avons hâte de reconnaître dans une généralité malheureuse.

« Eh bien, mon enfant, dit-il en riant à M. Laroque, est-ce une cellule que vous désirez? » — « Monsieur, fit le jeune sous-aide, pourquoi non, si vous m'acceptiez? » On s'en tint là pour le moment; mais au milieu de 1825, M. Laroque s'asseyait de rechef sur les bancs de théologie.

Passer brusquement des mœurs militaires à la vie paisible et virginale d'un séminariste, c'était non-seulement faire un sacrifice méritoire, mais risquer sa santé. M. Bertelot le comprit; il appela son nouvel élève et lui dit : « Vous prendrez encore du café, vous monterez à cheval, vous fumerez les cigares qui vous restent. Vous savez qu'en modifiant l'usage de ces choses, vous en perdrez insensiblement l'habitude. Je m'en rapporte à vous. » Après deux mois, il n'y avait plus trace d'habitudes. M. Laroque remplissait au séminaire les fonctions si pénibles et si recherchées d'infirmier; singulier honneur qui lui convenait évidemment plus qu'à bien d'autres.

M. Bertelot est mort.

Le 8 juillet 1827, l'abbé Laroque fut fait prêtre dans l'église de la Mission (Saint-Alexis), par M. de Tournefort évêque de Limoges, et immédiatement nommé vicaire de la cathédrale, poste qu'il a occupé jusqu'en 1833 : durant cet intervalle il fit un grand nombre de stations, car son talent pour la chaire s'était déjà révélé.

Il eut d'abord l'honneur de partager, avec son Ordinaire, les entretiens de l'avent qui suivit son ordination. Au 1ᵉʳ janvier 1828, il était chanoine honoraire. M. Duval Dampierre, évêque de Clermont, l'appela ensuite pour le carême. Il succédait dans cette chaire au célèbre abbé Cœur; il n'en resta pas moins digne de son ministère et il obtint à Saint-Geniez (1), une communion générale de quatre cents hommes.

A son retour, M. de Tournefort le nomma curé du Vigen, près Solignac, la paroisse de son frère. Mais pour des raisons qui furent comprises sans doute, il n'accepta pas. Je ne sais s'il y eut insistance de la part de l'autorité, et j'évite de croire qu'il y ait eu refus du côté de M. Laroque; car évidemment, en ce cas, la règle aurait souffert d'une désobéissance, l'inférieur serait dans ses torts, et je le dirais. Ce qui me porte à penser qu'il en fut autrement, c'est que M. l'Évêque de Limoges lui conserve une affection toute particulière et n'a jamais cessé de lui donner les preuves les moins équivoques de confiance.

Au reste, ses allégations n'étaient pas à dédaigner. Son père depuis 1830, restait sans place et sans moyen d'existence; l'abbé Laroque l'avait recueilli avec sa mère. Une cure qui rapportait 750 francs par année suffirait-elle à des besoins si

(1) S. Géniez avait été *bateleur*. Ce *farceur-là*, dit un vieux sermonaire, a *attrapé* le ciel.

nombreux et si sacrés? 750 francs ne suffisent pas même, quoi qu'en dise la générosité des chambres, à un homme seul; et le gouvernement qui vote des centaines de mille francs à ses fonctionnaires pour frais de représentation, n'a pas d'argent à donner aux prêtres pour nourrir leur famille nécessiteuse. Je conçois donc les observations respectueuses de M. Laroque, et je rends grâce au prélat qui les entendit.

De plus, le jeune vicaire avait contracté au service des douleurs cuisantes, et il était nécessaire qu'il eût quelque repos. M. de Tournefort lui permit d'aller prendre les eaux de Néris, en Bourbonnais.

C'est de là qu'il est venu définitivement à Paris, en septembre 1833. Le comte de Rochemur lui avait confié l'éducation du duc de Caylus son beau-fils. Il conserva cet élève pendant dix-huit mois, et entra comme prêtre administrateur à Saint-Louis-d'Antin. M. de Quélen l'avait prié de se faire *parisien;* et M. de Limoges avait gracieusement consenti à son incorporation : deux vénérables personnages que je signale à la reconnaissance de M. Affre.

Sa nomination de second vicaire aux Invalides

est à la date de 1837, 24 mars. Les vieux soldats de cet établissement royal étaient alors décimés par la maladie qu'on nomme la *grippe*. M. Laroque, pour cette raison, s'y rendit de son chef un mois d'avance; le maréchal Moncey l'accueillit comme un envoyé de la Providence et présagea pour ses *enfants* le plus parfait avenir : il ne se trompait pas. Écoutons un récit qui a bien son charme.

«C'est un royal garçon que M. l'abbé, me disait dernièrement un invalide sans jambes et presque sans bras; le diable est la faute que tous ne soient pas comme lui;—toujours le rire à la bouche, toujours le petit mot d'amitié, pas fier du tout, Monsieur; vous diriez qu'il n'est pas plus que nous. — Bonjour un tel! bonsoir! adieu! mes enfants.—On a bien quelque cinquantaine d'années de plus que lui, mais c'est égal! — Si on va le voir : asseyez-vous donc, capitaine, sergent, père Petit, camarade; est-ce que je sais, moi? Le diantre donne bien une poignée de main, allez. Il vous parle bien religion, il n'est pas embarrassé pour ça, vous n'y voyez que du feu, et il vous entortille drôlement; mais ça fait plaisir quand on est malade : «Eh bien, mon enfant, est-ce qu'on veut passer l'arme à gauche?.. Allons, allons, il faut charger son fusil en cas de besoin... Il faut que tout soit bien propre et que la batterie joue bien, pour passer la grande revue du bon Dieu.. » — Dites donc que non, vous!

« Il en trouve quelquefois qui sont durs, d'accord ; j'en ai vu. Vous croyez qu'il bat la retraite? C'est faux. Dernièrement feu Dubois était à l'infirmerie, et ne voulait point entendre parler de *quelque chose*. « Voyons, mon ami, aimez-vous l'empereur? lui demanda M. l'abbé. » — Si je l'aime!.. répondit Dubois. » — Seriez-vous content de le voir? — « Vous badinez, M. l'abbé, mais si c'était possible, pour le voir, je donnerais bien encore la jambe qui me reste et 10 francs que j'ai dans ma bourse. » — « Non, gardez la jambe et les 10 francs, mais faites autre chose. »

« M. l'abbé raconta que Napoléon était mort chrétiennement et qu'il s'était confessé. Il ajouta : « Si vous l'imitez, vous irez là où il est. » — « Est-ce que ce n'est pas une *blague*, M. l'abbé? » — « Non, mon ami. » — « En joue! puisque c'est comme ça, j'y suis.

« Dubois se confessa; quelques heures après, il avait clos l'œil.

« M. l'abbé, lors même qu'il ne réussit pas, n'a rien à se reprocher. Nous avions un homme qui n'était pas un homme, c'était une poudrière en feu, il avait culbuté tout ce qu'il y a de prêtres. M. l'abbé se présente; même exercice en douze temps; M. l'abbé se retire sans souffler. Le soir, il revient, autre parade; pour la troisième et la quatrième fois, *idem*; à la cinquième enfin, M. l'abbé reste, il s'assied.

« Laissez-moi tranquille, s'écrie le moribond, allez-vous en. » M. l'abbé ne répond pas. « Allez-vous en, ou.... » — « Non, je ne m'en irai pas; vous êtes bien violent, mon ami. Écoutez : quand vous étiez en activité et qu'on vous assignait un poste, reculiez-vous? si quelqu'un se fût avisé de vous dire : va-t-en, qu'auriez-vous fait? Eh bien, moi aussi, j'ai ma consigne, qui est de venir ici cinq fois par jour et de vous demander : Martin, voulez-vous vous confesser? Je remplirai cinq fois par jour ma consigne; je suis à mon poste, dites et faites ce que vous voudrez, j'y reste. » — « Au fait, restez, mais vous n'aurez rien. »

« M. l'abbé suivit sa consigne et l'autre ne fit plus le féroce, mais il est mort comme il avait vécu.

« Monsieur, on vient de nous faire une fameuse injustice, un homme comme lui, ne pas monter! c'est mal. M. Jager, le premier vicaire, un brave sujet aussi, vient de passer dans une autre compagnie du côté de la Sorbonne, par rang d'ancienneté, depuis Louis XIV au moins. Le second devait prendre sa place; point du tout. Le maréchal Soult a un parent, M. Blanc, je crois, qui était aumônier de Saint-Cyr; ils s'entendent tous les deux, et c'est le parent qui a le grade. L'Empereur n'aurait pas entendu de cette oreille là; le maréchal gouverneur en a du chagrin, et jusqu'à ces bonnes créatures de sœurs que ça n'a pas l'air d'arranger du tout.

« Monsieur, ajoutait cet excellent invalide, si vous connaissiez M. l'abbé, je vous prierais de lui dire qu'il aurait tort de demander son congé, on ne quitte pas comme ça ses vieux amis. » —

De fait, M. Affre s'opposait vigoureusement à cette nomination, et il voulait qu'on suivît les règles; mais M. Soult ne voulait pas reculer pour sa part, et il pressait M. Affre de donner à son choix la ratification nécessaire. Celui-ci fit venir M. Blanc et l'engagea, pour trancher d'un coup la question, à se récuser; ses prières restèrent inutiles.

Jusque là, M. Affre fut donc parfait; mais je me demande pourquoi il n'insista pas, puisqu'il avait droit, et comment cette nature souverainement raide et entière put se plier dans la circonstance. O politique, je te déteste !

Que manquait-il à M. Laroque pour obtenir ce qui lui était dû ? Excellent homme, excellent prêtre, ayant une vieille expérience des choses militaires, adoré de ceux qui l'entourent, prédicateur distingué, et d'un fort bel extérieur, ce qui est presque une vertu oratoire et sacerdotale... Arrêtons-nous à l'examiner sous ces deux derniers rapports.

Les succès qu'il a obtenus dans la chaire chrétienne sont tout d'abord constatés par l'empressement de MM. les curés de Paris à l'appeler auprès d'eux. Depuis huit ans il a prêché soit le carême, soit l'avent, soit d'autres stations à Saint-Leu, Saint-Vincent-de-Paul, Saint-Paul-Saint-Louis, Saint Roch, la Madeleine, Saint-Philippe-du-Roule, Bonne-Nouvelle, Saint-Eustache, Saint-Denis du saint-sacrement, etc., etc. Je l'ai entendu l'année dernière à Saint-Sulpice, et il vient de prononcer un discours magnifique de cloture, à Saint-Germain-des-Prés.

Je cite l'extrait suivant d'un discours prononcé aux Invalides, le vendredi saint 1841, en présence de plus de cinq cents militaires de la garnison de Paris.

« Et dans cette retraite (1), partout empreinte du grand siècle et du grand roi, sous ces dômes superbes qui semblent apprendre qu'il n'y a rien de trop magnifique pour l'asile des braves, de vieux guerriers, débris animés qui rêvent encore le bruit des armes, ne courbent-ils pas à toutes les heures du jour, appuyés sur les majestueuses colonnes du temple, leurs corps mutilés dont le tombeau possède la moitié, leurs membres chancelants, leurs fronts tranquilles, où la foi rayonne à travers les lauriers et les cicatrices ; et quand l'heure de l'éternité sonne pour eux, ne s'endorment-ils pas dans le sein de Dieu, les vieux guerriers des temps passés, laissés au milieu de nous comme des monuments du vieil honneur, chargés de redire au siècle présent, que la gloire, la France fut de tous les siècles.

« Oh ! que l'armée est riche avec de tels souvenirs ! oui, un soldat vraiment chrétien, ne recule jamais devant l'ennemi, sa vie est au prince, son ame est à Dieu. La religion double la valeur, exalte le courage ; oui, il faut pour le soldat et chrétien et français, que lorsqu'il tombe enseveli dans un glorieux

(1) Le discours était prêché dans l'église des Invalides.

trépas, il faut que le boulet qui l'enlève à la terre, porte son ame au ciel. Et que de nobles exemples doivent vous animer à la pratique des devoirs religieux. Tous les braves et illustres maréchaux, depuis peu descendus dans la tombe, ont sanctifié par l'accomplissement des devoirs religieux, les derniers moments de leur belle vie. Napoléon dont les cendres reposent au milieu de nous, a laissé au monde et à l'armée en particulier l'exemple de la plus solide piété et de sa confiance en Dieu ; vous l'avez suivi dans les combats, vous avez cueilli des moissons de lauriers, vous avez imité son courage, imitez-le donc, suivez-le jusqu'à la fin, et que la couronne immortelle, la palme qui ne se flétrit point soit le prix de votre constance et de votre fidélité. »

Nous avons recueilli la péroraison d'un sermon sur *les destinées de l'homme*, prêché à Notre-Dame le jour de l'Ascension.

« Mais c'est dans le ciel que doivent se consommer ses sublimes destinées. En le créant, Dieu sans doute pouvait fonder pour lui un ordre moins parfait et moins excellent de facultés, d'évènements et de félicité. Il le pouvait, et dans l'effusion de son amour, il voulut établir entre l'homme et lui, les rapports les plus intimes et des nœuds éternels ; il voulut l'appeler à la vision intuitive de son essence, à la participation de sa gloire, à la jouissance de sa propre immortalité, il créa l'homme pour l'associer à sa divinité.

« Ici bas nous le sentons, l'homme est dans un état d'imperfection ; ses destinées sont incomplètes, et il ne doit recevoir la plénitude de son être que dans le monde à venir. C'est là, mes frères, qu'il faut le considérer pour reconnaître la sagesse de son auteur, et expliquer ce mélange de grandeur et de faiblesse, ces désirs si vastes pour des jouissances si bornées, tant d'avidité de convoiter pour découvrir si peu de vérités, et les longues espérances avec le sentiment d'une mort prochaine... Elle est cependant pour lui l'époque d'une glorieuse renaissance et le moment de parvenir à toutes la perfection qui lui est assignée par les lois de son créateur.

«Quittons, mes frères, pour un moment, quittons par le désir et l'espérance, cette terre où nous gémissons : élevons-nous en esprit vers nos destinées éternelles ? Quelle révolution s'opère tout-à-coup dans l'homme, lorsqu'il entre dans le monde nouveau pour lequel il est créé... Je me le représente sur la terre comme l'enfant qui existe avant que de naître, et dont toutes les facultés intellectuelles et physiques sont encore enveloppées dans des germes impuissants; si contre les lois de la providence en ouvrant les yeux à la lumière, il acquérait tout-à-coup l'activité de l'esprit, la force des réflexions, l'énergie des sentiments réservée à l'âge parfait; quelles impressions il recevrait du spectacle subit de la nature! quelle admiration lui causerait l'ordre de l'univers, la multitude, la variété, les rapports des êtres qui se composent! Tel et mille fois plus merveilleux et plus incompréhensible sera l'effet de la transformation de l'homme terrestre en l'homme céleste, c'est-à-dire en l'homme, tel que l'a conçu dans ses desseins éternels la sagesse du Créateur. »

A ces titres brillants se joignent des faits positifs et plus vigoureux, faits d'appréciation critique, faits de conversions opérées.

Le journal *la France* s'exprimait ainsi l'année dernière :

« Un orateur sacré a commencé il y a à peu près deux ans à se faire entendre à Paris. Diverses stations à Saint-Eustache, aux Blancs-Manteaux, à l'Assomption, etc., etc., ont marqué la série de ses succès. Il s'élance aujourd'hui vers les sommités de la chaire, et déjà nous le voyons l'émule de nos grands prédicateurs, des Ravignan, Cœur, Dufêtre, Marcellin et Noblet ; on voit que nous voulons parler ici de M. l'abbé Laroque, chanoine honoraire de Limoges. Ce ministre de l'évangile prêche en ce moment le carême à Saint-Sulpice, et la foule qui se presse pour l'entendre, la composition de son auditoire, tout annonce la supériorité de son talent et la puissance de sa parole. Attiré par le bruit de sa renommée, nous avons voulu juger jusqu'à quel point il mérite les éloges qu'on lui donne, et nous sommes allés, le dimanche 15 mars 1840, nous mêler à la foule qui remplissait cette immense église. M. Laroque est un homme jeune encore, d'une belle tenue, et doué d'un bel organe. Cet orateur a adopté le genre didactique. Ce genre, qui s'attache à la démonstration, n'admet pas les élans d'une trop vive déclamation ; seulement de temps en temps, quelques mouvements chaleureux viennent interrompre la monotonie de la discussion et délasser l'auditeur de l'attention que lui imposent les preuves qu'une saine logique fournit à l'orateur. Il ne faut point attendre de M. Laroque ces cris, ces exclamations outrées, ces trépignements, ces agitations que le zèle et la beauté du sujet arrachent parfois à bien des prédicateurs. Celui-ci se renferme toujours dans la solennelle dignité dont ne doit jamais s'écarter celui qui parle au nom du Très-haut. Un style pur et brillant, un ordre parfait, marchant de conséquence en conséquence, tiennent constamment l'auditoire en haleine et répandent dans les esprits cette semence que l'Église se plait à cultiver. Aussi pouvons-nous d'avance prédire à M. Laroque le résultat que doit ambitionner son zèle, celui de ramener ceux qui se seraient égarés, et de fortifier ceux chez qui la foi pourrait être faible ou ébranlée. Ce sont les seuls succès dignes d'un orateur chrétien. »

Si quelque chose manque à cette appréciation sous le rapport du style, elle est complète, ce me semble, pour la justesse des vues et la vérité.

Au sujet des heureux fruits que produisent ses discours, je pourrais donner cent exemples; pour ne pas exposer ma discrétion et pour rester dans les limites de ma feuille, je n'en cite qu'un seul.

M. Laroque descendait de chaire après un brillant discours sur la *divinité de la confession :* une femme du peuple court vers lui et lui dit :

« Monsieur, c'est moi qui suis venue hier, voilà mon mari qui veut se confesser aussi, un ivrogne pareil, il n'est pas *Dieu possible !* mais ça presse. » Quand il vit M. Laroque : « Pardié, oui, Monsieur, fit tout haut ce brave homme, vous m'avez fait pleurer comme une bête, et je vous conterai bien un petit mot. » Depuis, la conversion ne s'est pas démentie.

Pour ce qui est de son extérieur, M. Laroque ressemble beaucoup à M. Duguerry, bien qu'il soit d'une taille moins élevée. Sa longue chevelure blonde et légèrement négligée, ses larges épaules, sa voix pleine et retentissante, sa démarche même et beaucoup de choses encore justifient l'erreur des personnes qui le confondent avec son éloquent collaborateur. Il a les yeux d'une expression douce et fière, spirituelle et mélancolique, la tenue un peu militaire. M. de Genoude me pardonnera de lui dire que M. Laroque porte des *favoris* comme lui, et comme lui aussi rappelle nos aumôniers de régiment si aimés jadis et si regrettables aujourd'hui?

Le second vicaire des Invalides ne quitte jamais sa soutane dans l'intérieur de l'hôtel, où elle est vénérée ; dehors il la remplace par la soutanelle, vêtement canonique. Pour qu'un excellent prêtre, plein de cœur et d'ardente foi, dissimule son rabat, il a dû exister des motifs puissants. Je range parmi ces motifs les deux faits qu'on va lire.

Un jour, M. Laroque passait en cabriolet sur le pont Louis XV, lorsqu'il vit un jeune homme qui, du trottoir, lui montrait sa canne et le menaçait. Il arrête aussitôt le cheval, descend, et se dirige vers cet ennemi de rencontre : « Que me voulez-vous, Monsieur ? — Moi ! je ne vous connais pas. — Mais vous me menacez du bâton, sans doute vous vous méprenez, ou j'ai eu sans le vouloir le malheur de vous offenser. Veuillez me dire en quoi, et je suis prêt à vous en faire mes excuses. — Mais, monsieur, laissez-moi tranquille,.. je ne vous connais pas. — Eh bien ! monsieur, il me reste à vous déclarer qu'il n'appartient qu'à un lâche d'insulter à une femme ou à un prêtre, parce qu'il est persuadé qu'on ne peut lui répondre. » Plusieurs personnes s'étaient assemblées là, et ce fut au bruit des bravos que M. Laroque remonta en voiture (1).

Une autre fois, lorsqu'il était vicaire à Limoges. Quelques jeunes gens, en le voyant passer, se prirent à crier : *à bas la calotte !* Il s'arrête et leur

---

(1) Extrait d'une lettre particulière (textuel).

dit avec douceur : Vous voulez rire sans doute, Messieurs ! — Non, non, *à bas la calotte !* M. Laroque insiste pour leur faire comprendre l'inconvenance de leur action ; tout fut inutile ; alors M. Laroque prend sa calotte, la pose à terre, et se redressant vivement, dit à l'un d'eux : Eh ! bien, monsieur, êtes-vous content ? — Oui, répond-il — Si vous êtes content, reprend M. Laroque, je ne le suis pas, moi ; le saisir à la nuque, le courber vers la terre et l'obliger à ramasser la calotte et à la lui présenter, tout cela ne fut que l'affaire d'un instant. M. Laroque lui conseilla de mieux s'y prendre une autre fois, puis le renvoya pardonné par lui, mais bafoué même par ses honorables confrères (1).

Il y a un passage de l'Évangile ainsi conçu : si quelqu'un vous frappe sur la joue droite, tendez-lui la joue gauche : ce qui rend la position de M. Laroque embarrassante aux yeux d'une certaine critique. Mais, au jugement de Dieu, s'il s'agit d'un clerc d'huissier corrigé par un vieux soldat, il y aura, je l'espère, beaucoup d'indulgence, sinon récompense copieuse, *merces vestra copiosa.*

(1) *Ibidem.*

Au demeurant, ce n'est pas du tout un bourreau que M. Laroque. Tout ceux qui le connaissent sont ses amis quand il veut bien d'eux. Mais il a besoin plus que personne de limiter ses affections, étant d'une franchise que j'oserai appeler d'enfant. Hélas! c'est le défaut dont on souffre le plus et dont on se corrige le moins, je le sais. L'amitié est bien par manière de dire, bête de compagnie, dit Amyot, mais non pas de troupe, ni qui veuille être en foule comme les étourneaux ou les gays.

S'il possède, comme on le dit, l'intimité de M. Texier-Olivier, curé de Saint-Leu, fils d'un ancien préfet de Limoges, et l'un de nos meilleurs prêtres, tant mieux; mais, encore une fois, qu'il y songe bien, de tels amis sont rares; les curieux et les espions sont nombreux, et les fourbes aussi. Qu'il n'oublie pas que la vérité est odieuse et presque impossible parmi nous. S'il s'élève, dans la ferveur de son zèle sacerdotal, contre le mercantilisme des sacristies, c'est-à-dire contre les abus ou les scandales qui résultent de certaines spéculations financières communes aux gens d'église; s'il mêle à nos humbles réclamations toute la puissance de sa voix pour appeler une réforme dans les juridictions ecclésiastiques, bien qu'il suive en cela le vœu nettement exprimé de nos plus illustres archevêques et évêques ; qu'il prenne garde aux *nombreux amis*, car ses paroles se convertiraient en fiel pour refluer sur lui et l'empoisonner. La suite de mes notices prouvera que je n'exagère point.

M. Laroque sait user merveilleusement du crédit que lui donne sa place pour le soulagement des malheureux qui s'adressent à lui. Il montre d'ailleurs une prédilection rare pour ceux qui souffrent, et ses connaissances médicales lui donnent souvent lieu de joindre aux secours de l'aumône et de la grâce d'autres secours qui ont aussi leur importance.

De nombreuses lacunes sont à combler dans l'enseignement de la jeunesse ecclésiastique ; s'il s'élève une autorité réparatrice qui le constitue enfin sur ses bases naturelles, je propose, comme étude nouvelle pour certains séminaires, la géographie et l'histoire d'abord ; puis, pour tous et avec autre chose, des cours d'anatomie et de pathologie interne. Le prêtre ne saurait être assez l'homme du peuple en même temps qu'il est l'homme de Dieu ; et d'ailleurs, dans l'administration des sacrements, peut-on juger de l'opportunité, sans être jusqu'à un certain point appréciateur des maladies ? Je sais un vieux *Manuel* de 50 à 60 pages fort en honneur chez Messieurs les curés de campagne ; mais je me permets de n'en tenir compte.

Je termine par un fait. Quelque singulier qu'il puisse paraître, il y en a de pareils dans la vie de M. de la Mothe.

Une pauvre femme endurait depuis plusieurs semaines des douleurs effroyables. Le médecin du pays avait multiplié en vain ses visites et ses ordonnances. Au lieu de diminuer, le mal empirait, et, on prévoyait une mort prochaine. C'était à quelques minutes de Limoges ; M. Laroque, alors vicaire de la cathédrale, fut appelé.

« Qu'avez-vous donné à cette femme ? demanda-t-il en la considérant de très près. » On lui montra les remèdes. Il frémit ; et après un moment de réflexion. « Allez chercher le médecin. »

Le docteur arriva. « Qu'avez-vous fait, Monsieur, lui dit tout bas M. Laroque, vous allez la tuer ; cette femme est enceinte. Voici ce qu'il faut ordonner. » La femme fut sauvée, et on ne la connaît plus dans Limoges que sous ce nom : *La femme à M. Laroque.*

Ne fût-ce que pour redresser les médecins mal appris, et il y en a ! le prêtre en saura plus long qu'eux. O mon Dieu ! que n'est-il possible au prêtre de tout savoir. Tout ne serait pas trop.

15 août 1841.

Paris.—Imprimerie de A. APPERT, Passage du Caire, 54.

Biographie du Clergé Contemporain.

M. DU PONT,

ARCHEVÊQUE D'AVIGNON.

Ἔκγονε Μιλήτου, τρίποδος πέρι Φοῖβον ἐρωτᾶς
Τίς σοφίη πάντων πρῶτος, τούτου τρίποδ' αὐδῶ.
                                    Diog. Laërce.

Cogitato meam esse vitam hic prote
positam pignori.
    Plaute, *Capt. act. 2, scen. 3, v. 73.*

Je n'ai fait que ce que je devais. J'aurais voulu pouvoir soulager toutes les infortunes ; en pareil cas, aucun sacrifice ne peut coûter à un évêque ; ce qui lui coûte infiniment, c'est l'impuissance où il se voit de secourir efficacement tous les malheureux qui l'environnent.
    M. Du Pont, *à M. le Ministre des cultes*, cité dans le Rapport au Roi de ce ministre sur les inondations du midi.

Jacques-Marie-Antoine-Célestin Du Pont naquit le 2 février 1792, à Iglésias, ville épiscopale de Sardaigne (*villa di chiesa*). Il est le fils unique de M. Benoit Du Pont, commissaire de marine de première classe, et de madame Thérèse Siga, femme du plus haut mérite sous le rapport de l'intelligence et douée en même temps des qualités les plus excellentes de cœur.

La famille Du Pont, française d'origine, ne s'établit dans les états du roi de Sardaigne qu'en 1738. Elle s'était fixée à Villafranca; et c'est là qu'en dernier lieu, M. Benoit Du Pont exerçait ses fonctions; c'est encore là qu'il jouit actuellement d'une honorable retraite, après plus de cinquante ans de services, entouré de la vénération que lui ont acquise et son dévoûment et son intégrité à toute épreuve. Dieu laisse à M. l'archevêque d'Avignon un bonheur, le plus grand qui soit ici bas, celui d'avoir sa mère (1).

Excellents chrétiens, tendres parents, lorsque leur fils eut atteint sa dix-septième année, ils l'envoyèrent en Italie, dans un collège tenu par les Pères Doctrinaires. Le jeune Célestin se distinguait déjà par son application, son aptitude, sa piété, et ses progrès dans la science. Ses supérieurs s'attachèrent particulièrement à lui, et il leur prouva lui-même de bien des manières son affectueuse re-

---

(1) Quelques personnes et quelques journaux ont révoqué en doute l'authenticité des faits qui composent mes notices. Les critiques en ne relevant pas les *inexactitudes*, ce qui était si facile et si loyal pourtant, se sont réfutés eux-mêmes. Je n'en tiens compte.

connaissance, alors surtout qu'il leur fit rendre le corps de leur vénérable fondateur, César de Bus, déposé dans un caveau d'une des paroisses d'Avignon, après la destruction de l'ancienne église de ces religieux.

Il fit donc et il termina ses études classiques avec des succès remarquables. Bien qu'il n'eût encore que dix-sept ans, il fut nommé membre de l'Académie des Arcades; c'était à cet âge une faveur inouïe.

Il se livra dès-lors avec ardeur aux travaux académiques, et composa des poésies italiennes et latines dont il eût pu former deux volumes. Mais quelques pièces seulement furent imprimées dans le temps; elles nous donnent lieu de regretter la suppression des autres. Écrites par un évêque, je comprendrais qu'elles fussent regardées comme des bagatelles peu dignes de son caractère et de sa position; venues d'un jeune homme de beaucoup d'esprit et d'une grande pureté de cœur, elles ne pouvaient qu'enrichir la littérature et nous faire passer au moins des heures innocentes, ce qui est rare.

Or, la vocation de Célestin n'était pas chose douteuse. Depuis son enfance, il avait prononcé ce mot des prédestinés : « Je veux être prêtre. » Sa ferveur dans la prière, sa compassion naïve pour les pauvres, son goût décidé pour les cérémonies et les lectures religieuses, sa vie tout entière était déjà comme une préparation douce à de sublimes fonctions. *A puero episcopus,* dit saint Jérôme.

Il entra donc au séminaire de Nice, où il fit quatre années de théologie. Si l'Église était riche par le nombre des sujets, elle exigerait sans doute des études plus longues, et partant plus complètes. La misère des temps a voulu, comme on sait, qu'il en soit autrement; et l'on est professeur aujourd'hui dans les corporations même, à Saint-Sulpice par exemple, après ces trois années, plus une de *solitude*. Prions Dieu qu'il nous prenne en pitié !

Je n'entends point blâmer ici le jeune séminariste de Nice : il suivait la marche commune, et d'ailleurs voici ce qu'il fit lui-même à l'appui de mon dire.

Comme il n'avait pas encore l'âge requis pour recevoir les ordres sacrés, guidé par la haute idée qu'il s'était faite du clergé français, il vint passer une année au séminaire Saint-Irénée, à Lyon; et là il eut pour professeurs M. de La Croix d'Azolette, aujourd'hui archevêque d'Auch, et M. Miolan, évêque actuel d'Amiens.

M. Du Pont, comme toutes les natures privilégiées, avait d'ailleurs le mérite de faire exception; le zèle et la capacité devaient suppléer chez lui à l'espace du temps. La suite en a donné la preuve.

Le 6 janvier 1813, il fut ordonné sous-diacre par le cardinal Fesch, et diacre le 2 juillet suivant.

De retour à Nice, il reçut la consécration sacerdotale le 24 septembre 1814, en vertu d'un indult.

M. Colonna d'Istria, ami de son père, se l'attacha aussitôt en qualité de secrétaire intime, et c'est alors que M. Du Pont fit une étude particulière du droit civil et canonique; il suivit les cours publics à l'université de Turin et fut solennellement reçu docteur *in utroque jure*, le 10 avril 1815.

M. de la Fare, nommé en 1817, archevêque de Sens, ayant ouï parler de lui, voulut, lui aussi, se l'attacher.

Or, par suite des difficultés que rencontra l'exécution du concordat (et plût à Dieu qu'elle en eût trouvé davantage), le prélat ne put prendre possession de son siège qu'en 1821. Le 21 novembre 1821, il fit M. Du Pont chanoine de sa métropole; et il le nomma en 1822, vicaire-général, archidiacre et official.

A la même année, 7 septembre, se rapporte la

nomination de M. Du Pont, comme membre honoraire du chapitre royal de Saint-Denis.

Il avait dû accompagner M. de la Fare à Paris. Mais il ne perdit pas, comme plusieurs, un temps précieux, aux visites et aux inepties des cours. Tout en s'acquittant de ses fonctions suivant la rigueur du devoir, il satisfit son goût naturel pour le travail et voulut vaquer aux exercices du saint ministère.

Il fut successivement attaché jusqu'en 1821, c'est-à-dire jusqu'à l'entrée de M. de la Fare dans son diocèse, aux deux paroisses de l'Assomption et de Saint-Louis-d'Antin, en qualité de prêtre administrateur.

Plus tard, M. l'archevêque de Sens se rendit à Rome pour le conclave où fut élu Léon XII, et il choisit M. Du Pont pour son premier conclaviste; le second fut M. l'abbé duc de Rohan, dont j'aurai à vous entretenir.

C'est pendant ce voyage que le roi Louis XVIII demanda au Saint-Père, un titre d'évêché *in partibus* pour M. Du Pont. Cette pièce mérite qu'on la reproduise textuellement.

« Très Saint-Père, le rapport favorable qui nous a été fait sur la manière dont le sieur abbé Du Pont, grand-vicaire de l'archevêché de Sens, a rempli les fonctions de premier conclaviste de notre cousin le cardinal de la Fare, nous fait désirer de lui donner, en le recommandant aux bontés de Votre Sainteté, une marque éclatante de l'estime et de la bienveillance que nous avons pour sa personne; en conséquence, nous supplions Votre Sainteté de vouloir bien concourir à l'accomplissement de nos vœux, et nous nous adressons à elle avec d'autant plus de confiance, que notre ambassadeur près le Saint Siège, ne nous a point laissé ignorer les dispositions bienveillantes qu'elle a témoignées à cet ecclésiastique. Nous désirons qu'elle daigne pourvoir ledit sieur abbé Du Pont d'un titre d'évêché *in partibus infidelium*, en lui accordant et faisant expédier les lettres, bulles et autres provisions apostoliques requises et nécessaires, suivant les mémoires plus amples qui lui seront présentés à cet effet. La connaissance particulière que nous avons de l'intégrité de sa vie et de ses mœurs, piété, doctrine, capacité et autres recommandables qualités, nous persuade qu'il emploiera tout son zèle et son application au service de l'église, et que nous aurons lieu de nous applaudir de la faveur que Votre Sainteté voudra bien lui accorder. En sollicitant ce nouveau témoignage de sa bonté paternelle à notre égard, nous nous empressons de lui renouveler les sentiments d'un respect filial et de la sincère affection que nous avons pour elle.

Sur ce, nous prions Dieu qu'il vous conserve, Très Saint-Père, longues années au régime et gouvernement de notre mère la Sainte-Église. Écrit en notre château des Tuileries, ce douzième jour du mois de novembre, l'an de grâce mil huit cent vingt-trois, et de notre règne le vingt-neuvième.

Votre dévôt fils, le roi de France et de Navarre,

Signé : LOUIS.

Contresigné : CHATEAUBRIAND.

Voilà une lettre catholique, et telle que les rois devraient en écrire souvent; les Parlements l'eussent trouvée rampante et filandreuse; les gallicans seront du même avis, et ainsi des jansénistes qui sont leurs frères. M. l'abbé Du Pont, le 2 décembre 1823, fut nommé évêque de Samosate, et le 29 juin, sacré à Paris, par M. de la Fare assisté de MM. d'Autun et de Saint-Brieuc.

Or, bien qu'il fût français d'origine, et que le comté de Nice où résidait sa famille fût réuni à la France à l'époque de sa naissance, son père et sa mère n'étant alors qu'accidentellement à Iglésias, pour couper court à toute discussion et lever toute difficulté, relativement à cette qualité de Français qu'on cherchait à lui contester, il demanda au roi Louis XVIII des lettres de naturalisation qui furent expédiées le 23 juin 1824.

Après son sacre, il continua de résider à Sens, où il fut chargé de la direction du diocèse par M. le cardinal. Son zèle, son dévouement, et son habileté justifièrent une confiance aussi grande ; ses qualités grandirent avec sa position. Je suis obligé de copier à très peu près ce que j'ai dit de M. l'abbé Fayet dans une occasion pareille : il fit preuve d'une incomparable finesse de tact et d'une prudence consommée ; il fut aimé de ceux qu'il récompensait, et adoré des pécheurs que sa justice affligeait en dépit de son cœur ; sa noble et intelligente modestie, son affabilité amicale ou paternelle désarmaient l'envie, cette bête venimeuse qui s'attache toujours au mérite, sous quelque forme qu'il apparaisse. *Omne præclari facti decus crebrâ memoriâ revirescit.*

M. l'évêque de Samosate était prédicateur du roi. Il avait prêché à la cour, le 3 avril 1828, le sermon de la Cène ; il y prêcha le jour de la Pentecôte, 7 juin 1829. En l'une et l'autre circonstance il sut mériter de la part de Charles X, de M. le Dauphin, et de Madame la Dauphine, les témoignages les plus flatteurs de satisfaction.

En 1830, il fut désigné pour prêcher l'avent; et, selon l'usage, il le prêcha en 1829, aux Quinze-Vingts. Il obtint les mêmes succès.

Le cardinal étant mort sur ces entrefaites, M. Du Pont fut appelé par S. M. Charles X à l'évêché de Saint-Diez, le 9 mai 1830.

Le cinquième jour de juillet il fut préconisé; mais comme on venait de tout affranchir, il eut les mains liées; et il ne put obtenir ses bulles ni prendre possession de son siège, qu'en juillet 1831.

La vertu qui domine parmi toutes les autres chez M. Du Pont, c'est à mon avis l'esprit de prudence. L'ayant suivi dans les phases les plus variées et les plus délicates de sa vie intérieure et publique, je me suis appliqué, par envie de surmonter une difficulté, à le prendre en défaut sous ce rapport; j'ai discuté, dans la modestie de mes facultés, ses paroles et ses actes; j'ai presque épilogué sur ses mandements, je me suis pris d'une admiration profonde et presque d'épouvante à la vue d'une si grande puissance de caractère unie à la douceur la plus inaltérable; impossible de mieux concilier des éléments ennemis en apparence, tout en résistant aux iniques exigences des partis. Son administration fut paternelle dans toute l'acception du mot, sans colère, sans rancune, sans dédain, sans privilèges, telle enfin qu'on en voit quelques-unes. Ses rapports avec les diverses autorités civiles ne laissaient rien à désirer. C'était l'époque des dénonciations contre les prêtres, des demandes et des députations multipliées à l'effet d'obtenir des changements de desservants; la préfecture se mettait souvent de la partie, le ministère quelquefois; les prières et insistances de ce genre n'obtinrent absolument rien. S'il y eut des changements, ils furent déterminés par des motifs d'un autre ordre qui les exigeaient impérieusement.

Souvent il arrivait aussi que les mandats étaient arbitrairement retenus; alors l'évêque réclamait avec autant de vigueur que de modération contre les illégalités; et sa voix était entendue.

Que dirai-je encore? Il parcourut en totalité son vaste diocèse; il pénétrait dans les localités les plus petites et les plus inaccessibles, partout où se trouvait une annexe ou une chapelle. Dès cinq heures du matin, commençait l'exercice de ses fonctions pastorales. On le vit, le même jour, administrer à huit heures du soir, la confirmation dans une paroisse où il arrivait, après avoir visité plusieurs églises durant la journée; voyageant à pied dans des chemins horribles, quelquefois par une pluie battante et durant plusieurs heures. Partout il faisait une allocution de circonstance, interrogeait les enfants sur le catéchisme, examinait la sacristie, l'église et les registres avec le plus grand soin, et dans les plus minutieux détails.

Cette activité que j'appellerai du dehors ne préjudiciait point au zèle qu'il était capable de déployer d'ailleurs. Ici l'abondance me gêne.

Il établit des conférences ecclésiastiques. Il donne des statuts au diocèse, et veille infatigablement à l'observation de la stricte discipline. Il avait trouvé le palais archiépiscopal dans le plus triste état; il obtient des sommes considérables; et, en quatre ans et demi, le palais est restauré, si bien qu'il ne laissa rien à faire, sous ce rapport, à son successeur. Il obtient aussi plus de soixante mille francs pour la construction de deux ailes au grand séminaire. La cathédrale par ses soins est également réparée et embellie; ainsi de l'orgue qui reprend sa place d'origine, la seule qui lui convienne; ainsi des vitraux et des sacristies. Il fait disparaître, en abaissant le sol, un grand nombre de degrés qui partageaient l'église d'une manière incommode et désagréable ; il construit de magnifiques chapelles latérales, pave de marbre le sanctuaire, et multiplie en mille moyens, par l'usage intelligent et discret qu'il en sait faire, les fortes sommes qu'il a pu obtenir du gouvernement.

Le conseil-général votait dès ce temps là, comme il l'a toujours fait depuis à Saint-Diez et à Saint-Claude, la suppression du siège ; mais en présence de tous ces faits, il ne laissait pas d'exprimer sa profonde estime et son admiration parfaite pour la personne de M. Du Pont. Je le dis à la louange du conseil-général, me réservant toutefois de lui signifier qu'il dépasse sa portée lorsqu'il juge des choses ecclésiastiques. Qu'il s'en souvienne : les évêchés ont moins besoin de conseils-généraux que ceux-ci n'ont besoin d'évêchés.

M. Du Pont avait pour grands-vicaires deux hommes fort recommandables : MM. de Mongeot et Munier, pareillement grands-vicaires de M. Jacquemin, son prédécesseur démissionnaire, depuis chanoine de Saint-Denis, et retiré dans la Meurthe. MM. Mongeot et Munier étaient deux prêtres vénérables par leur âge, leur science, et leurs vertus. Tous deux ils partageaient les sollicitudes du prélat ;

et toujours en parfaite harmonie avec sa manière de voir, ils le secondaient de toute leur force dans ses saints travaux. Depuis qu'il a quitté Saint-Diez, ils sont morts, l'un et l'autre; M. Mongeot, tout récemment. M. Munier, secondé par d'autres ecclésiastiques du diocèse, dirigeait en même temps le séminaire, en qualité de supérieur.

Dès que les circonstances le permirent, M. Du Pont fonda des retraites ecclésiastiques; et il s'occupait de l'établissement d'une caisse de secours pour les prêtres vieux et infirmes, lorsque la providence l'appela au gouvernement d'un autre diocèse. M. de Jerphanion lui succéda (1).

Durant son séjour à Saint-Diez, sa santé s'était considérablement altérée; l'étendue de ses travaux, ses veilles continuelles et la nature du climat qui lui était contraire, augmentaient de jour en jour ses

(1) J'effleure en passant la question du schisme de Flavigny, où M. Du Pont fut d'une fermeté admirable, et M. Morlot, aujourd'hui évêque d'Orléans, alors vicaire-général capitulaire de Dijon, d'une politique singulière. Celui-ci soutenait les réfractaires contre la maison-mère de Portieux; M. l'évêque de Saint-Diez, après des prières et sommations réitérées, et finalement un recours au conseil-d'état, avait obtenu la suppression de l'établissement. Je reviendrai sur ce sujet. M. Morlot aima toujours un peu l'opposition; sa notice nous en apprendra quelque chose. Les lettres qu'il écrivit à ce propos sont de ces choses dont Cicéron a dit:
Fecisti poema ad impellendum satis, ad docendum parum.

souffrances. Au commencement de 1839, il éprouva tout-à-coup l'accident le plus terrible. Son secrétaire intime l'avait quitté depuis quelques instants; quelle surprise et quelle douleur à son retour! M. l'évêque était aveugle.

Malgré bien des soins et des traitements, son état ne subit par la suite que de légères améliorations; et il était à peine en état de se conduire seul, lorsqu'il reçut le 1er mai sa nomination à l'archevêché d'Avignon.

Il accepta dans l'espoir qu'un climat plus doux pourrait rétablir sa pauvre santé; et certes, si ce fut une douleur pour lui d'abandonner un troupeau bien aimé, les regrets de son clergé ne lui faillirent pas non plus, et il fut longtemps pleuré de ses ouailles. Je dois citer M. le chanoine Girard qui lui donna en cette occasion les preuves de l'affection filiale la plus sincère et la plus vive. M. Girard était secrétaire de l'évêché. *Hucusque in lacrymas et gemitus profusus ut nimiâ pietate causam sibi mortis arcesseret* (1).

En attendant l'arrivée de ses bulles, M. Du Pont

---

(1) Val. Max. Lib. IV. *De amicitiâ*. — M. Du Pont vient d'acheter une petite maison de campagne à Olivet, près Orléans.

partit pour Paris; il se mit héroïquement entre les mains des médecins et des oculistes, et se soumit de même aux traitements les plus douloureux. Comme cette goutte sereine n'était pas complète, on parvint à en atténuer les effets : la vue se fortifia, et aujourd'hui, sans être positivement guéri, M. l'archevêque d'Avignon lit et écrit à peu près comme avant sa maladie.

Hélas! l'esprit saint nous a dit que Dieu visite ses élus par les tentations et les peines. A ces afflictions dont j'ai parlé, il faut en ajouter d'autres. Souvent M. l'archevêque se trouve arrêté dans le cours de son ministère par des infirmités de plus d'une sorte, étant sujet à de fortes douleurs rhumatismales et à des atteintes de gravelle; son courage et sa résignation sont quelque chose de merveilleux qui fait honte à nos sottes délicatesses.

C'est le mercredi 30 septembre 1835, qu'il entra dans Avignon, et fort tard, comme il avait fait à Saint-Diez, pour prévenir tout cérémonial de réception.

Le samedi 3 octobre, il fut conduit solennellement à l'église de Notre-Dame-des-Doms. Le samedi étant le jour consacré à la Sainte Vierge, il l'avait choisi à dessein.

Toutes les autorités civiles et militaires étaient présentes; la foule du peuple se portait sur son passage; l'enthousiasme éclatait énergiquement sur ces physionomies méridionales, et de toutes parts les anciens s'écriaient dans leur patois : *comme il est beau !*

L'étonnement se conçoit de reste; on sait que le prédécesseur immédiat de M. Du Pont était un vieillard presque octogénaire, et tout-à-fait caduc, qui lui-même avait succédé à M. de Mons; or M. de Mons, quand on l'appelait *son éminence*, se retournait quelquefois et disait, en montrant son dos : « la voici, Monsieur ! » ce qui ne signifie pas positivement qu'il fût un Apollon du Belvédère.

A leur place se présentait un jeune prélat d'une taille noble et gracieuse, d'une belle figure où respiraient à la fois la finesse et la bonté, d'une tenue pleine de dignité, majestueuse même; et je ne répéterai point ici qu'un bel extérieur est, dans tous les pays du monde, une grande puissance.

M. Du Pont monta en chaire; il fit une allocution pleine de tact et d'à-propos, si bien que, malgré la divergence des opinions et l'effervescence des partis, les applaudissements furent unanimes.

Avignon n'est pas une aimable ville; il a quelque peu du reste la physionomie de toutes les villes de province. Faute de voir d'assez près et assez en entier les objets, il n'est pas d'erreurs et d'obstination où l'on ne puisse tomber. Le demi-savoir se jette de sa nature dans les extrêmes quelconques; il est bavard, querelleur, et interminable, et pire dans une modique aggrégation d'individus que chez un seul ou parmi des masses énormes. O mon Dieu, qui me gardera de la ville de province en général, et d'Avignon en particulier! et quel bonheur pour ses habitants, qui sont encore des hommes, quelle consolation d'y trouver la fontaine de *Laure*, mille trésors d'antiquités historiques, et la société d'un archevêque comme M. Du Pont!

Au point de vue politique, la scène se complique effroyablement. Mettez-vous en dehors des coteries, les passions pullulent et s'agitent; elles vous y poussent malgré vous. Vos démarches sont interprétées, et d'autant plus envenimées qu'elles sont plus naturelles et plus simples; vos paroles comptées, et commentées, et jugées comme l'eau sur la couleur de la surface où on la répand; vous êtes à la fois accusé et convaincu de toutes les opinions. N'ont-ils pas attaqué le souverain Pontife lui-même, en voyant la ligne de conduite qu'il suit à l'égard du gouvernement? L'excuse enchérissait sur l'offense: ils déploraient la faiblesse malheureuse du vieillard au milieu des obsessions dont l'entourent les Jacobins, ceux du sacré collège apparemment!

Je m'arrête, car ces considérations me fatiguent; M. Du Pont dut éprouver des difficultés de plus d'un genre. Il voulait le bien, et par caractère comme par devoir, il travaillait à calmer les esprits. Mais les esprits sont souvent des bêtes dangereuses qui dévorent ou déchirent la main prête à les soulager. Il ne put se faire pardonner une neutralité nécessaire, et les plus acharnés à la critique furent ceux-là même dont les convictions répondaient à ses propres affections. En marchant droit sans incliner jamais d'aucun côté, et sur une route fort étroite, on doit heurter contre une quantité d'individus renversés pêle-mêle en sens contraire, c'est une loi physique et une loi morale. Il ne perdit rien de son impassibilité évangélique; avec sa conscience, il avait où s'appuyer, et plus efficacement sans doute que par des concours étrangers. Si sa position d'archevêque et la nature de ses obligations pastorales ne furent pas comprises de plusieurs, ce n'est pas lui que nous plaindrons.

Quoi qu'il en soit, il marchait toujours, comme je l'ai dit.

Une de ses premières pensées fut la restauration de la basilique de Notre-Dame-des-Doms.

Le chapitre était confiné dans une paroisse de la ville, Saint-Agricol. Quinze jours après l'arrivée de M. Du Pont, il fut établi que l'office canonial se ferait à Notre-Dame tous les dimanches; et, au mois de mars suivant, une ordonnance royale qu'il avait provoquée séparant la cure de Saint-Agricol du chapitre, rendit à l'église Métropolitaine tous ses droits; les offices de la semaine s'y firent comme ceux du dimanche.

On ne saurait dire ce qu'il en coûta de sollicitudes, d'efforts et de sacrifices à M. Du Pont pour restaurer et embellir l'édifice de Notre-Dame, si horriblement mutilé. La toiture fut refaite en dalles, le dôme recouvert en cuivre. Pour remplacer la sacristie qui existait avant la révolution de 93, on avait pris jusqu'à présent une chapelle; je sais que le gouvernement vient d'allouer des fonds pour la construction d'une nouvelle sacristie, et que la chapelle doit reprendre son ancienne destination. Déjà le tombeau de Jean XXII s'y trouve replacé, monument gothique d'une grande beauté qui a subi d'ignobles mutilations et qui, après les réparations nécessaires, sera une des merveilles de cette église, si merveilleuse sur tous points.

Dans l'intérieur se sont effectués de nombreux et importants travaux, grace aux offrandes des fidèles et aux libéralités du prélat ; une grande chapelle a été construite, trois autres chapelles ont été refaites.

Il a de plus érigé à ses frais, la chapelle de Saint-Grégoire-le-Grand, dont l'autel, le balustre et le pavé sont de très beau marbre. Le tableau du saint qui domine le tabernacle, m'a paru mériter l'attention des connaisseurs.

M. Du Pont ayant demandé une relique au souverain Pontife Grégoire XVI, le Saint-Père, en lui témoignant son auguste satisfaction pour les services qu'il rend à l'église, lui envoya un morceau considérable du crâne de saint Grégoire, renfermé dans un superbe reliquaire en bronze doré du plus beau travail ; l'étui était en maroquin aux armes de Sa Sainteté.

Ce n'est pas dans les limites de ce cahier que je prétends renfermer toute une biographie de M. Dupont. J'ai plus de faits à consigner que de mots à dépenser. Cette notice n'est qu'une nomenclature. Nous verrons plus tard.

En attendant, indiquons les points principaux.

Infatigable dans ses idées de magnificence catholique comme dans le zèle de son cœur et sa charité, il s'est engagé par devers M. Devéria (Eugène), pour une somme de 80,000 francs, payable en dix annuités, moyennant laquelle somme l'artiste peindra les voutes et chapelles de Notre-Dame-des-Doms. En lui accordant une subvention de 10,000 f. le gouvernement a fait une bonne action, mais il y avait là aussi quelque chose qui voulait dire : Donnez les 70 autres.

Déjà deux annuités ont été payées ; une chapelle est peinte ; une autre est commencée ; mais M. Devéria, par suite d'une longue et grave maladie, a été forcé de suspendre ses travaux ; prions Dieu qu'il vive pour continuer comme il a débuté.

Au reste, c'est une passion chez M. l'archevêque d'Avignon, que la bienfaisance. Donner est dans sa nature, et il le fait avec une profusion vraiment incroyable. On dirait que l'argent se multiplie de lui-même dans ses mains à mesure qu'il se répand sur ce qui l'entoure. Les pauvres sont ses enfants gâtés; les riches qui, presque tous l'environnent d'amour et de vénération, ses trésoriers. Voilà une première explication donnée à l'énigme qui nous occupait tout-à-l'heure. *Adeò ut domus ejus*, dit un ancien, *quasi quædam munificentiæ officina crederetur*.

Il est encore une chose qui explique comment, sans avoir de fortune personnelle ni autre chose que les revenus si modiques aujourd'hui d'un archevêché, dans une ville où les objets de consommation sont d'un prix singulièrement élevé, M. Du Pont se trouve toujours opulent pour faire l'aumône, c'est qu'il s'impose dans la simplicité de sa modestie, des sacrifices continuels, ne craint pas d'aller à pied comme saint Pierre et M. d'Aviau, vit avec une extrême frugalité, et se permet d'ailleurs à peine le nécessaire. J'aime autant cette sorte de rusticité apostolique que ce qu'on appelle, même en saint lieu, l'obligation de représenter.

Un projet entamé depuis plusieurs années, est sur le point de se réaliser : il s'agit de replacer l'archevêché là où il était autrefois; c'est-à-dire, de rendre aux archevêques d'Avignon leur ancienne demeure, voisine de la métropole, et agrandie par l'un de leurs prédécesseurs, Julien de la Rovère, depuis pape sous le nom immortel de Jules II. Le palais actuel deviendrait la préfecture.

Ici encore se sont rencontrés des obstacles; et j'en accuse hautement ceux-là même qui, par état et par principe, auraient dû travailler à les prévenir. Comme les bâtiments sont affectés maintenant à l'un des deux petits séminaires, les bonnes ames charitables, comme il y en a tant, prétendirent que M. Du Pont voulait le supprimer; et c'était à l'heure même où il obtenait l'autorisation d'acheter un terrain dans la ville pour l'y transférer, définissant de la manière la plus formelle et la plus explicite comme clause conventionnelle, les intérêts de cet établissement précieux.

Avis de M. l'archevêque d'Avignon au sujet de la translation du palais archiépiscopal à l'ancienne demeure des archevêques.

Vu le dossier concernant le projet de translation de l'archevêché actuel à l'ancienne demeure des archevêques, et de la Préfecture à l'archevêché actuel, projet approuvé par le conseil général du département qui, dans sa dernière session, a alloué à cet effet les fonds nécessaires, projet sur lequel nous sommes appelés à émettre notre avis pour qu'on puisse en poursuivre ensuite l'exécution, s'il y a lieu.

Considérant que ledit projet est digne de l'approbation de tout homme sage et de tout homme religieux, parce qu'il présente de nombreux avantages pour toutes les parties intéressées, ainsi que nous nous en sommes convaincu, envisageant les choses sous toutes les faces.

Ayant en effet reconnu, en premier lieu, la convenance et l'utilité qu'il y a de rendre les bâtiments actuels du petit séminaire à leur ancienne destination, la restauration de la demeure des archevêques se liant à celle de la métropole, en étant même la conséquence naturelle et nécessaire, cette demeure étant d'ailleurs beaucoup mieux appropriée à cet usage que le palais actuel, tant à cause de sa proximité de l'église, qu'à cause de sa position plus retirée.

Ayant reconnu, en second lieu, les avantages qui résultent du déplacement du petit séminaire, le local actuel offrant de graves inconvénients qui proviennent de son éloignement du centre, du voisinage des casernes, du bruit occasionné par les exercices militaires qui se font journellement sous les fenêtres même de la maison, de la nécessité de traverser, pour y arriver, une place immense et souvent impraticable à cause de la violence du vent; enfin de la proximité du rocher qui le domine, et d'où l'œil plonge aisément dans l'intérieur, assujétissement très fâcheux pour tout établissement de ce genre, mais assujétissement qui deviendra beaucoup plus préjudiciable encore lorsque le rocher sera entièrement converti en promenade publique, conformément au projet d'embellissement déjà en voie d'exécution.

Voyant en outre que l'échange projeté doit procurer à M. le préfet un hôtel beaucoup plus commode et plus digne et admirablement bien situé, étant à portée des casernes et de l'Hôtel-de-Ville, avantage précieux pour une préfecture.

Convaincu enfin que le terrain dit des Carmélites, choisi par nous pour y transférer notre petit séminaire, terrein à l'achat duquel nous avons demandé à M. le ministre d'être autorisé sans délai, réunit tous les avantages désirables, puisqu'il est dans un quartier retiré, quoique non éloigné du centre, et presqu'à la porte du grand séminaire, rapprochement si naturel, le premier établissement ne devant être considéré que comme une dépendance du second, et qu'en même temps, les élèves y jouiront d'un vaste enclos, chose inappréciable pour eux, et qui leur a manqué jusqu'ici.

Estimons le projet de translation de l'archevêché actuel à l'ancienne demeure des archevêques, et de la préfecture audit archevêché, de toute utilité, et déclarons y donner, pour ce qui nous concerne, notre plein et entier consentement aux conditions stipulées.

Il est bien entendu que tout sera combiné de manière que M. le préfet, l'archevêque et le petit séminaire puissent simultanément prendre possession de leur habitation respective, de telle sorte que par suite de ladite mutation, il n'y ait ni interruption ni suspension dans les études. Nous n'aurions jamais fait, nous ne ferions jamais aucune concession de nature à compromettre l'existence ou le bien-être de notre petit séminaire d'Avignon, établi par ordonnance royale du 15 octobre 1828. Nous avons pu seulement, dû même prévoir et redouter d'impérieuses circonstances qui nous auraient mis dans une douloureuse nécessité. Ce malheur, que nul ne déplorerait plus que nous, serait, s'il avait jamais lieu, le triste résultat d'une force majeure tout-à-fait indépendante de notre volonté. Loin d'avoir pensé un seul instant à priver notre ville épiscopale d'un établissement si avantageux, nous voudrions pouvoir multiplier les établissements de ce genre, parce que nous avons la conviction intime de tout le bien qui en résulterait pour la religion et pour la société. Si nous avons accueilli volontiers le projet de mutation, c'est que nous y avons vu, et que nous y voyons des gages de développement et de prospérité pour une école qui a tant de droits à notre intérêt et sur laquelle se fondent, en grande partie, nos espérances pour l'avenir.

Tels ont toujours été nos sentiments, qui n'attendaient qu'une occasion opportune pour se produire; et c'est, toutes garanties assurées pour l'observation des clauses mentionnées, que nous admettons le projet, comme devant avoir pour tous des résultats très avantageux; et il nous semble que tel qu'il a été conçu et qu'il doit s'exécuter, il ne peut manquer de réunir les suffrages et les vœux de tous les amis de l'ordre, de la religion et du bien public.

Avignon, 20 février 1839.

† J. M. A. CÉLESTIN.
Archevêque d'Avignon.

Telle est la bonne foi des fils des hommes, que l'opposition persista; et pourquoi n'ai-je pas le temps de dire tout ce que j'en sais et tout ce que j'en pense?

Avançons; je morcelle les faits parce qu'il le faut. L'archevêque d'Avignon n'est jamais au-dessous de l'évêque de Saint-Diez. Si celui-ci fut admirable dans ses excursions pastorales, le premier ne l'est pas moins; nul détail ne le fatigue, nul travail ne l'épouvante, nulle saison ne l'arrête, nulle maladie ne le déconcerte. Surviennent ses douleurs rhumatismales qui sont atroces souvent, s'il a promis une visite à quelque paroisse, il tient parole. On l'a vu, quoiqu'il ne pût ni se lever ni s'asseoir, ni remuer sans souffrir horriblement, prêcher, catéchiser, faire de point en point son inspection, et cela, durant plusieurs jours, sans rien perdre de son aménité ordinaire.

Il est plus facile de créer en général, que de réorganiser ; M. Du Pont doit en avoir la preuve plus que personne. Le diocèse d'Avignon, depuis longtemps était abandonné au désordre, ce qui tenait à de longues vacances de siège, et à l'état de caducité du dernier archevêque (1). Il fallait donc rétablir l'ordre et la discipline. Aussi des règlements et statuts furent donnés, conformes pour le fond

---

(1) Ses facultés s'étaient tellement affaiblies par suite de son grand âge, qu'on ne l'eût pas laissé officier, de peur d'accident. Soit dit sans blesser les susceptibilités de nerfs de l'*Ami de la Religion*, qui verra là encore quelque *injure déversée* sur un vieillard vénérable. J'examinerai bientôt en parlant du directeur de cette feuille, comment il en est au point d'oser me faire un procès sur des sujets pareils, lui qui a traité monseigneur Guillon, évêque de Maroc, et âgé de quatre-vingt-un ans (et plusieurs autres évêques), qu'on me passe un mot trop juste dans la circonstance, *comme des gens sans foi et des cuistres*. (Voir l'*Ami de la Religion*, sur l'éloge de Marie d'Orléans.) *Pessimum inimicorum genus laudantes !* dit Tacite, *Agric.* p. 41.

à ceux de Saint-Diez, mais modifiés selon des besoins spéciaux, améliorés d'après l'expérience acquise et les conseils des hommes les plus sages. Car M. Du Pont s'entourait de ces hommes-là, et ce n'était pas pour la forme qu'il cherchait à s'aider de leurs lumières.

Si tous les pontifes ne l'imitent pas, je ne m'étonne plus que certains d'entre eux aient supprimé par pudeur à la suite de leurs mandements, cette formule consacrée : *Après en avoir conféré avec nos vénérables frères,* etc. etc. — Qui habet aures audiendi audiat.

Que les choix de M. Du Pont se soient trouvés toujours excellents, c'est une vérité, et un bonheur dont il était digne.

Dans les nominations d'un autre genre aux emplois ecclésiastiques, le même succès accompagna constamment ses décisions et ses choix. Il peut se rendre à lui-même ce témoignage, qu'en aucun cas il n'a disposé d'une place pour satisfaire des affections personnelles ou des recommandations quelconques. Examinons notre conscience.

Néanmoins, malgré la droiture de ses intentions, malgré tout son discernement et son affection consciencieuse, il a eu la douleur d'éprouver des mécomptes : plusieurs qui semblaient offrir toutes les garanties désirables, n'ont pas répondu à sa confiance et justifié son estime : pauvres brebis égarées qui méconnaissent le bon pasteur, mais qu'il ramènera un jour dans l'Église, de si loin que ce soit, car il est des vœux que Dieu exauce toujours, et des charmes de vertu auxquels les hommes ne résistent pas longtemps.

Toutefois, à côté de ces angoisses bien cruelles, les consolations ne lui manquent pas ; elles abondent ; nous en avons vu quelque chose ; et, dans les saintes joies qui viennent de temps en temps agiter son cœur, M. Du Pont compte assurément celle de voir à ses côtés des hommes tels que MM. de Lutho, Villard et Peyre, ses grands-vicaires (1).

(1) M. de Lutho, qu'il s'est attaché au mois de juin 1830, en qualité de secrétaire particulier, l'a accompagné à Saint-Diez, avec le titre de chanoine honoraire d'abord, et bientôt titulaire. Il l'a suivi depuis dans son nouveau diocèse, et au mois de mars 1839, a été installé comme vicaire-général archidiacre, au mois de mars 1841, nommé premier vicaire-général. Je donnerai en son lieu la biographie de cet excellent ecclésiastique. M. de Lutho est né à Paris, où il exerçait autrefois le ministère dans la même paroisse que M. Du Pont.

M. Villard est un ancien chanoine de collégiale, qui demeura vicaire durant quarante ans dans la paroisse même où il avait été chanoine. Prêtre modeste, pieux, instruit, généralement estimé, l'un des plus vénérables débris de l'ancien clergé. Il est né en 1766.

L'affection de ses diocésains laïques et prêtres, le dédommage bien aussi amplement de ces contrariétés inévitables dans une gestion pastorale comme dans toutes choses humaines. Quand M. l'archevêque paraît en public, la population se porte sur son passage, et c'est un évènement heureux pour les mères et pour les petits enfants qu'il bénit; Avignon n'a rien à envier à la ville de Bordeaux. S'il officie à la cathédrale, l'affluence est la même, et l'admiration qu'inspire sa douce majesté au milieu des pompes religieuses, est encore de l'amour et de l'édification, et se tourne tout entière au profit

---

M. Peyre joint aussi à beaucoup de savoir une modestie peu commune. Il a étudié particulièrement l'art chrétien en ce qui regarde surtout les monuments : aussi a-t-il rendu d'éminents services en surveillant et dirigeant avec une intelligence remarquable tous les travaux de la Métropole. Il était vicaire d'une paroisse de la ville; il fut fait ensuite secrétaire de l'archevêché, chanoine, et enfin vicaire-général archidiacre. M. Peyre a trente-quatre ans.

Je ne cite que pour mémoire M. Souquet de la Tour, ancien doctrinaire, curé actuel de Saint-Thomas-d'Aquin, à Paris, que M. Du Pont avait connu en 1817, et qu'il a honoré aussi d'un titre de vicaire-général. Bien qu'il ait pour principe de ne pas dépasser le nombre légal, une exception pouvait se faire en faveur de ce bon curé, confesseur de la foi, littérateur et savant distingué, auquel s'applique excellemment le vers d'Ausone :

Presbyter et crevit meritis qui crescere sede
Noluit.

de Dieu. *In eo excipiendo tota urbs unius humani amici vultum habuit* (1).

M. Du Pont n'a pas positivement une belle voix, mais il chante avec grace. Il est d'une sévérité particulière sur l'observation des cérémonies. Dans la liturgie et dans tout, le rit romain est seul en usage à Avignon. Il est des personnes qui voudraient que l'Église universelle n'eût qu'un rit unique et un bréviaire unique, comme elle n'a qu'un chef suprême et qu'une foi. Elles pensent que cette unité, plus naturelle et moins dangereuse que les étranges variations qui la remplacent, maintiendrait bien les traditions catholiques et conviendrait mieux à la société la plus fraternelle qui se puisse jamais voir. Il ne m'a pas semblé que le vœu de ces personnes fût déraisonnablement téméraire.

M. Du Pont, qui tient aux vieux usages comme à la loi, se rappelle fort bien qu'une des fonctions capitales de l'épiscopat, c'est la prédication. Sans blâmer ceux qui n'agissent point en ce sens, il prêche, et ses sermons ne sont pas au-dessous de ses mandements si pleins de talent et d'onction. Il improvise, et ses improvisations sont toujours fa-

(1) Val.-Max., sur Prusias.

ciles, merveilleuses d'à-propos, souvent même elles atteignent à la haute éloquence (1); on l'a pu voir aux distributions de prix, dans les confirmations, au sein des communautés et des assemblées de charité, à l'occasion des messes de congrégations et de confréries. Isaïe a dit. *Sic erit verbum meum quod egredietur de ore meo: non revertetur ad me vacuum, sed faciet quæcumque volui, et prosperabitur in his ad quæ misi illud;* et les plus saints usages m'autorisent à faire ici de ces lignes incomparables l'application que vous en faites vous-mêmes.

Pénétré de cette puissance de la parole, M. Du Pont, en ce qui concerne l'éloquence sacrée, cultive particulièrement l'éducation de son clergé.

Il a établi et soumis à des règles sûres les conférences ecclésiastiques; les jeunes prêtres, durant les six premières années de leur ministère, sont soumis à des examens rigoureux, et lorsqu'il les réunit tous, les vétérans du sanctuaire et les autres, de la meilleure grâce du monde et avec une bonhomie ravissante, il les prie de réfléchir sur certaines dif-

---

(1) *Quæ declamandi ratio multà est utilissima.*
QUINTIL. 2-10.

ficultés qu'il leur soumet et de lui faire connaître leur avis en temps et lieu.

C'est ainsi que dans la dernière retraite pastorale il a été question d'une caisse de secours pour les prêtres vieux et infirmes. C'est là une institution générale aujourd'hui : depuis les employés des grandes administrations jusqu'aux plus modestes artisans, la cotisation se fait de soi-même dans chaque corps pour obvier à de douloureuses éventualités. On s'étonne de voir toute la résistance qu'éprouvent les évêques dans plusieurs diocèses, lorsqu'ils proposent une institution si providentielle et si facile ; et moi, qui veux dire la vérité, j'avoue qu'il n'y a rien en ceci de fort édifiant ; et je prie qu'on n'examine pas si j'ai ou non de la barbe autour de la bouche pour parler ainsi, mais si j'ai inventé ce que j'avance. *Quod verum est, meum est*, dit Sénèque.

Toutefois la justice exige que je place en dehors de ces humbles remontrances le clergé avignonais, si charitable et si exemplaire sur tous points. Je sais que la motion de M. l'archevêque a été accueillie avec enthousiasme.

Il s'agit ici, on le voit, de dispositions administratives, et, par ce qui précède, j'ai montré surabondamment quel est à cet égard le mérite de M. Du Pont. Son expérience des affaires, sa connaissance approfondie des lois, sa prudence naturelle, son affabilité et son esprit de modération, toutes ces qualités lui valurent d'être remarqué en plus d'une occasion, et les *Mémoires* nous apprennent qu'on avait songé à le charger de négociations fort délicates.

Depuis sa promotion au siège d'Avignon, plusieurs préfets se sont succédé dans cette ville; il est maintenant avec le quatrième, ce qu'il a été en regard des trois autres, c'est-à-dire dans les meilleurs termes et toujours aux mêmes conditions, sans se départir en aucune manière de ses principes, sans déroger jamais aux justes exigences de sa dignité, mais toujours aimable dans ses procédés, d'une aisance et d'une noblesse de manières fort peu communes aujourd'hui. Nous trouvons encore dans M. Du Pont ce type merveilleux et séduisant de l'*homme poli*, si ordinaire autrefois en France, et qui va de plus en plus, hélas! s'effaçant parmi nous, du haut en bas de la société, pour faire place aux femmes qui fument, et aux chanoines de Saint-Denis, s'il y en a, qui discutent sur l'élève des chevaux. L'affiniment des esprits n'en est pas l'assagissement (1). — Je finis.

M. Du Pont, qui pourrait porter précisément la croix de Saint-Denis, indépendamment de celle de Malte et du Christ, ne porte que sa croix épiscopale. Chevalier de la Légion-d'Honneur en 1836, et depuis officier de cet ordre, je ne puis vous dire où est encore sa décoration, et je le suppose bien capable de les avoir toutes vendues pour les pauvres, comme fit M. d'Aviau qui joua quinze fois ce mauvais tour au roi Charles X. Je vous demande ce qu'ajouteraient toutes ces espèces de choses à l'estime que vous faites de M. l'archevêque d'Avignon.

Vous aimerez bien mieux le féliciter de ses relations amicales; et je nommerai M. de Rohan, mort archevêque de Besançon, M. Feutrier, qu'il aida de ses talents et de son zèle dans l'administration du diocèse de Beauvais, bien que d'ailleurs il eût énergiquement désapprouvé les ordonnances de 1828, M. du Châtelier, dernier évêque d'Évreux (2), M. Clausel de Coussergue, M. l'abbé

---

(1) Montaigne.
(2) Où son successeur, M. Olivier, vient d'établir dans toute la réalité possible, un tribunal ecclésiastique. J'en avertis MM. Allignol et les excellents auteurs des *lettres de plusieurs desservants* publiées à Limoges, et l'église tout entière, pour que nous bénissions tous un épiscopat commencé sous de si magnifiques auspices.

Nicole, le fameux docteur Alibert, M. l'abbé Boudot, vicaire général du diocèse de Paris (1), M. et Madame de Montalembert (2), M. Langlès, professeur de persan, et conservateur des manuscrits à la bibliothèque royale, etc.

Douce et glorieuse chose que la véritable amitié : *Amicus fidelis medicamentum vitæ et immortalitatis... et non est comparatio auri et argenti contra bonitatem fidei illius* (3).

Je ne saurais dire si M. Du Pont a trouvé d'autres amis : de ceux qui, par exemple, eussent mangé du pain avec lui pour le briser et désoler son troupeau (4); et, je dois observer même, à l'avantage des Sulpiciens, que les ayant trouvés et laissés à la tête de son séminaire, il n'a jamais dit qu'il eût à se plaindre d'eux.

Hoc juvat et melli est, non mentiar. HORACE.

---

(1) Non pas *de la cathédrale*, expression fort inexacte qui m'est échappée dans la notice de M. Gousset.

(2) M. Du Pont avait enseigné jadis au jeune Charles de Montalembert son cathéchisme. M. de Montalembert ne pouvait oublier cette circonstance; il a conservé au prélat un sincère attachement, et lui en donna la preuve tout récemment en venant le voir à Avignon avec sa jeune épouse.

(3) Ecclésiastic. VI. 16-15.

(4) Et comedentes panem cum eo, conterent illum, exercitusque ejus opprimetur; et cadent interfecti plurimi.

Paris.—Imprimerie de A. APPERT, Passage du Caire, 54.

Biographie du clergé contemporain.

M^r CŒUR.

A. Appert édit. Passage du Caire 54

...qu'il y ait dans l'éloquence
... est du réel; mais il faut
... elle soit vrai.
— *Pensées* 27, ...

... doit avoir la nobilité
...
... grands
... Gorgias

M. COEUR.

> Il faut qu'il y ait dans l'éloquence de l'agréable et du réel ; mais il faut que cet agréable soit réel.
> PASCAL, *Pensées* 27, X-1re part.

> Un orateur doit avoir la subtilité des dialecticiens, la science des philosophes, la diction presque des poètes, *la voix et le geste des plus grands acteurs.* PLATON, *Gorgias.*

> Dans la foi, vous trouverez tout.
> M. COEUR.

Je dois, avant tout, dire deux mots de Tarare et de Sainte-Colombe.

Tarare n'était qu'un humble village du département du Rhône, il y a soixante ans ; c'est maintenant une petite ville de 7000 habitants, et qui fait vivre plus de 60,000 ouvriers dans le Lyonnais. Elle est située sur la Tordine, à moitié chemin de Roanne à Lyon, couronnée de montagnes, et particulièrement remarquable par ses fabriques de mousselines.

Là, naquit le 14 mars 1805, Pierre Louis Cœur, dont j'écris la notice.

Sainte-Colombe est dans le département de la Loire, à trois lieues de Tarare. Jolie commune, pittoresque, variée, ses bois, ses fraîches prairies, les mille ondulations et tous les caprices de son terrain, le paisible mystère de ses vallées, tout y est plein d'un charme qui saisit l'âme doucement, la berce comme dans un beau rêve, et l'invite à penser. Nul bruit du monde ne peut venir jusqu'à elle; les abords en sont toujours difficiles et périlleux en hiver; l'amitié seule soutient le courage des pèlerins qui veulent la visiter. Ceux qui tracent des routes et amènent avec eux la civilisation, la civilisation qui nous tue, ont oublié ce coin de terre!

Ici, au lieu le plus abandonné des hommes, à une demi-lieue du moindre village, sur le penchant d'un coteau, en face du château de Mont-Cellier dont il ne reste que des ruines, vous voyez une sorte de flèche surmontée d'une croix; c'est la chapelle de M. l'abbé Cœur: il l'a fait bâtir en 1835, avec l'autorisation de M. de Pins; c'est bien la chapelle catholique où l'on prie, où l'on médite, où l'on pleure. Voici un autel où il dit la messe; voici une pierre où il s'agenouille sur le corps de sa mère, car il a recueilli à Sainte-Colombe cette dépouille chérie; voici encore le prie-Dieu pour les longues heures où le corps se fatigue quand l'âme se nourrit de célestes pensées.... Au reste, tout s'y montre sans prétention et sans art, simple comme la nature et comme j'oubliais de l'être.

A quelques pas de la chapelle, dans l'enceinte des mêmes murs, s'élève la maison des Tanges. Le père de M. l'abbé Cœur la fit bâtir pour lui, en 1834. — Nous y reviendrons bientôt.

Tarare et Sainte-Colombe sont aimées du ciel, et leur nom vivra longtemps sur la terre!

Or, le fameux argentier du roi Charles VII, Jacques Cœur, avait des terres près de Tarare, soit à Chessy, soit dans le département de la Loire, soit à Lyon. Cette circonstance et je ne sais quelle sourde rumeur ont fait soupçonner aux anciens du pays qu'après la ruine du fameux ministre, quelques-uns de ses descendants s'étaient fixés à Tarare, et que la famille qui portait le même nom pouvait bien remonter à cette source.

Ce qui me paraît très certain, c'est que M. l'abbé Cœur appartient à une famille de négociants fort ancienne dans cette ville et constamment environnée de la considération de tous.

M. Claude Cœur, le père de M. l'abbé Cœur, est maintenant plus que sexagénaire ; il vit retiré depuis quinze ans à Sainte-Colombe, auprès de sa fille et de son fils aîné (1).

C'est en 1831 que M. l'abbé Cœur a perdu son excellente mère. A cette même époque, j'avais aussi la mienne à pleurer ! (2)

Crainte de fatiguer mon lecteur par des redites, si indispensables qu'elles fussent, je consigne rapidement et sans suite toutes ces particularités. J'é-

---

(1) Madame Françoise-Thérèse Cœur, mariée à M. Durand, riche propriétaire. Aussi remarquable par ses tendres sentiments de piété que par les ornements de l'intelligence, cette noble dame a trois jeunes enfants dont les aînés, Léon et Paul, sont élevés à l'institution d'Oullins, par un ami de leurs oncles, M. Dauphin.

M. l'abbé Jean-Baptiste Cœur, curé de Saint-Cyr de Val-Orge, chanoine du diocèse de Gap, le frère de Pierre-Louis Cœur, a quatre ans de plus que lui ; sa sœur quatre ans de moins. M. Jean-Baptiste Cœur est l'homme le plus généreux et le plus excellent qui soit au monde ; il aime sa cure de campagne parce que le voisinage de sa famille donne à son ministère plus d'autorité et à son père plus de consolations. Il pourrait occuper un poste distingué, mais il se contente de faire le bien en silence, chose rare ! En rhétorique, à Saint-Jean, il était le plus fort de son cours, et il eut à la fin de l'année une ample moisson de prix. On prenait autrefois les évêques de force ; qui empêcherait qu'on n'en fît autant des prédicateurs ? M. Jean-Baptiste Cœur n'est pas le seul dont la modestie nous soit, sous ce rapport, préjudiciable.

(2) Madame Clotilde Cœur, fille de M. Guillot, officier retraité, mort très jeune.

vite le plus possible les détails d'enfance ; et lorsqu'on saura que M. Cœur fut d'une précocité merveilleuse, sous le double rapport de l'esprit et de la piété, qu'à l'âge de six ans il récitait à haute voix et très imperturbablement dans l'église de Tarare les évangiles du dimanche et la passion de Notre Seigneur, ce n'est pas moi qui l'aurai publié. Quelqu'un tenait son âme et ses pensées à une telle hauteur que dès lors rien ne lui paraissait beau et digne d'envie sur la terre comme le sacerdoce, cette magistrature des choses immortelles.

Son premier maître fut sa mère, doux et incomparable maître ; les principes du latin lui furent ensuite donnés par son père. En 1813, on le plaça au petit séminaire de Saint-Jean, à Lyon. Le supérieur de la maison était M. l'abbé Pichat, mort chanoine de Belley, il y a quelques années. J'omets encore de signaler les succès qu'il y obtint dès l'abord, et je marche à grands pas.

De St-Jean, M. Cœur passa au séminaire d'Alix, vers la fin de 1816, à sa sortie de sixième ; il y resta trois ans pour faire ses cours de quatrième et de troisième (1) ; puis, en 1819, il fut à la maison

(1) En cette classe de troisième, il comptait parmi ses condisciples les plus distingués le trop fameux scélérat Lacenaire.

de l'Argentière, jusqu'à sa philosophie exclusivement (1). — Il avait fait sa première communion à Saint-Jean, en 1815.

Voici un mot du bon M. Linossier, professeur de rhétorique, qui résume tout ce que j'aurais voulu raconter sur cette première période de son existence : Il l'appelait le *petit aigle ;* et l'avenir n'a rien corrigé dans cette qualification, si ce n'est l'épithète. Ses condisciples avaient bien dit : *Petit* aigle deviendra *grand.*

Nous rentrons au séminaire de l'Argentière, le mieux famé des établissements de la contrée, soit dit en passant.

---

(1) Comme j'ai souvent à parler de l'Argentière et des maisons d'Alix et de Saint-Jean dans le cours de ces notices, je crois convenable de bien faire connaître une fois pour toutes ces deux maisons. — L'Argentière est une ancienne abbaye de bénédictins, à dix lieues de Lyon, dans la commune d'Avaize; la maison est belle, parfaitement régulière, bien exposée et fort vaste. Lorsque M. Cœur s'y trouvait, on y comptait à peu près quatre cents élèves. — La maison de Saint-Jean touche à la cathédrale de Lyon ; elle a été bâtie par l'archevêque Leidrade. — La maison d'Alix, jusqu'en 1818, était un petit séminaire, toujours sous la direction d'ecclésiastiques nommés par l'archevêque de Lyon. Depuis 1818, elle fut érigée en succursale du grand séminaire Saint-Irénée. Les élèves portaient toujours la soutane, et venaient s'y former à la philosophie et à l'éloquence sacrée ; il n'y avait que ces deux cours suivis ordinairement par 150 élèves.

Un grand concours avait eu lieu entre tous les séminaires du diocèse de Lyon ; vint le jour de la distribution des prix ; la fête fut présidée par M. Bochard, ancien docteur de sorbonne et vicaire-général de Lyon (1). Une affluence considérable se pressait autour des jeunes athlètes et des juges du combat.

Lorsqu'aux applaudissements universels fut proclamé le nom du jeune Cœur, M. Bochard, en lui donnant le *prix d'honneur* et cette couronne de feuillage qui en vaut bien d'autres, l'invita solennellement à finir ses études aux *Chartreux*.

M. Bochard dirigeait cette maison célèbre. C'était une bonne fortune pour l'institution qu'un sujet comme M. Cœur ; il put s'en convaincre de plus en plus.

M. Cœur entra donc aux Chartreux en 1820 ;

---

(1) M. Bochard est mort en 1836, destitué par M. de Pins. M. Cœur a conservé pour lui la reconnaissance et l'affection d'un fils. C'est avec une douce joie mêlée d'attendrissement et presque de larmes qu'il parle de cet illustre ecclésiastique, ami dévoué du cardinal Fesch, ancien curé d'une paroisse de Bourg, chargé longtemps de la direction du diocèse de Lyon où il fit un bien immense, auteur d'un ouvrage dans le genre du *Comte de Valmont* qui eut un grand succès, et surtout supérieur adoré d'une maison de Missionnaires, où il nous a fait, avec l'aide de Dieu, M. Cœur ce qu'il est. *L'Ami de la Religion* a fort maltraité M. Bochard.

il y fit une année de philosophie et deux ans de théologie. A la fin de 1821, M. Bochard eut l'idée fort heureuse et fort belle de faire soutenir à ses élèves une thèse publique, vers la fin de l'année scolaire. Il manda donc, à ce dessein, les plus forts élèves du grand séminaire de Saint-Irénée, et même les prêtres les plus distingués du chapitre et du diocèse.

M. Cœur eut pour adversaire, M. l'abbé Lyonnet, aujourd'hui grand-vicaire de Lyon et l'un des membres les plus distingués du jeune clergé (1).

Incontinent la difficulté fut immense; on s'était lancé sur le terrain même où combattaient Bossuet et Claude, ni plus ni moins (2).

M. Lyonnet prit pour lui l'argumentation du ministre, la plus inéluctable peut-être de toutes les subtilités de l'école ; ses objections se pressèrent, perfides et sans cesse renaissantes sous des formes étranges; les coups parés engendraient mille

---

(1). Auteur d'un ouvrage fort remarquable sur le cardinal Fesch ; saint et savant prêtre qui serait un excellent évêque. Sa place est marquée dans cette galerie.

(2) Vous savez quelle est cette fameuse objection, faite par Claude contre l'autorité de l'Église et l'*acte de foi de l'enfant catholique*. Vous savez aussi qu'elle fut un triomphe pour Bossuet, qui gagna par sa réponse la conversion de mademoiselle de Duras.

coups plus terribles. Le sophisme d'une part fut prodigieux et sans bornes ; les applaudissements frénétiques. Mais d'autre part, la défense s'appuyait, sans effort et sans émotion violente, sur des principes lumineux et fixes ; de là dérivaient, en se développant toujours et s'enchaînant l'une à l'autre, les conséquences les plus rigoureuses. Si le premier l'emportait par la ruse et la magie insidieuse de ses paroles, l'autre plus large, plus ferme et plus brillant laissait s'user contre lui toutes ces ressources factices, sûr de les voir à la fin s'épuiser d'elles-mêmes et mourir ; ce qui arriva.

L'exercice fini, M. Miolan, aujourd'hui évêque d'Amiens, s'approcha de M. Lyonnet et lui dit avec une emphase apparente, mais non sans quelque vérité : « vous avez argumenté, M. l'abbé, avec toute l'énergie et la subtilité de Claude. » Puis se tournant vers M. Cœur : « et vous, monsieur, vous avez répondu comme Bossuet. »

M. Miolan était alors supérieur des missionnaires ; il en avait du moins les honneurs et le titre ; M. Bochard en avait le pouvoir et en exerçait les fonctions. M. Lyonnet, qui était maître de conférence au grand séminaire, se trouvait appuyé de trois autres ecclésiastiques, revêtus du même titre, et le sort l'avait désigné pour la lutte. M. Cœur avait alors dix-sept ans; il étudiait la théologie de Billuart et Bailly, sous M. l'abbé Vincent, aujourd'hui professeur à la faculté de Lyon.

En 1824, n'ayant encore que dix-huit ans, il fut appelé à remplacer le professeur de seconde, au séminaire de l'Argentière, et suspendit ses études théologiques durant quatre mois pour occuper cette chaire vacante par la mort du titulaire. M. l'abbé Fornier, vicaire-général de Lyon, était supérieur de l'établissement.

Des Chartreux, il passa au grand séminaire Saint-Irénée, sous la direction de M. l'abbé de la Rochette, homme excellent et fort instruit. Je nomme à dessein tous ces excellents maîtres, bien qu'il en résulte quelque embarras pour ma narration : *suum cuique.*

Il termina aux Chartreux ses quatre années de théologie, et il fut fait ensuite professeur de philosophie dans la maison d'Alix, qu'il quitta en 1826, comme nous l'allons voir.

Ses principaux élèves étaient M. Pompalier, aujourd'hui évêque de Maronnée, dans l'Océanie; M. Dauphin, que j'ai nommé plus haut; M. Chatelain, prédicateur distingué de Lyon; M. Bourbon, aujourd'hui supérieur du séminaire de l'Argentière.

Or, en débutant comme professeur de philosophie, M. l'abbé Cœur écrivit contre l'auteur de l'*Essai* un petit ouvrage ; c'était une réfutation de la *doctrine du sens commun*. Tenons-lui compte de son courage ; et puisqu'il suivait la voie de la conscience, applaudissons même à l'intention. Il y a plus : une espèce de réprobation quelque peu générale a sanctionné depuis ses principes sur la matière ; plusieurs ont même pensé que le juge suprême de toute controverse religieuse s'était prononcé contre le système opposé ; donc, le jeune cartésien ne manque point d'avantages.

Mais il avait affaire à forte partie, n'ayant pas même atteint l'âge où les jeunes Romains ne portaient plus la barbe. Du talent ne suffisait pas. Du génie suffirait-il ? Des phrases brillantes et sonores, une dialectique nerveuse, une saine érudition, que sais-je encore ? ce n'est point assez pour réfuter M. de La Mennais ; il faudrait autre chose ; *il faudrait être*, comme l'a si bien dit M. Fayet, *M. de La Mennais lui même*. M. Cœur devait échouer ; il sut tomber avec grace ; et son opposition gagna plus d'un adepte à son adversaire. *Usus est nimis imprudenter Cæsar contra Catonem suum.*

M. Cœur est du reste sans nulle hésitation et très ouvertement gallican, ce qui m'étonne ; mais en compensation ses rapports avec les Jésuites, ultramontains par nature, ont toujours été parfaits ; il les admire autant qu'il est admiré d'eux ; et de part et d'autre c'est une justice rendue ; il avait une haute idée de M. de Mac-Carthy ; il professe une grande vénération pour M. de Ravignan ; il est l'ami de M. Deplace jeune, son compatriote ; et moi, je voudrais bien aller au fond de ce gallicanisme là.

Notez de plus qu'en parlant de M. de La Mennais, je n'ai pas dit : *Son ennemi ;* car M. Cœur, comme M. l'archevêque de Bordeaux, M. Fayet, et quelques hommes encore d'une ame belle et sensible, n'a jeté au grand homme malheureux ni la première ni la seconde pierre. Il a aimé ses douleurs, si je puis ainsi parler ; il les eût soulagées aux dépens de sa vie : la charité est ainsi faite ; il prie pour une résurrection possible ; et, en présence des injustices humaines qu'il connaît, il n'oublie pas de demander grâce pour les persécuteurs si ardents à maudire une chûte qu'ils ont causée (1).

---

(1) Je ne puis m'empêcher de croire qu'en appelant à Paris M. l'abbé Fayet, la Providence lui réservait une double

Je ne pense pas que, d'ailleurs, il ait eu personnellement beaucoup de rapports avec M. de La Mennais. Au reste, voici, à mon sens, l'état de la question entre ces deux hommes éminents à divers titres :

En philosophie, M. de La Mennais voulait que la raison de l'homme individuel fût toujours et essentiellement faillible, alors même qu'elle n'affirmerait pas au-delà de son évidence ; M. Cœur prétendait au contraire, alors comme aujourd'hui, que la raison de l'homme individuel est toujours infaillible quand elle n'affirme pas au-delà de son évidence.

C'est bien le système de Descartes que M. Cœur défendit contre M. de La Mennais, et qu'il fit défendre par ses élèves dans les thèses publiques. En théologie, M. de La Mennais était ultramontain ; M. Cœur n'a jamais entendu la constitution de l'église, je l'ai dit, qu'au sens des gallicans. Je ne parle pas de sa politique : tout un abîme ici les sépare.

Donc M. Cœur ne fut pas un instant de l'école

---

et glorieuse mission à remplir : la première, de travailler à la restauration des officialités avec M. Affre ; l'autre, de rendre à l'Église le plus puissant défenseur qu'elle ait eu dans notre siècle. *Sed illi viri misericordiæ sunt, quorum pietates non defuerunt.*

de M. de La Mennais; et pourtant bien des fois ce *reproche* lui fut adressé : tant on est prompt à juger sans connaître; tant il est vrai que tel devait être le péché de tout homme supérieur chez les prêtres de notre époque. Il est certaines erreurs dans lesquelles on ne tomberait jamais, si l'on était un sot ou un lâche.

C'est une haute région et bien pleine d'orages que celle où se livre le combat des idées; le plus grand nombre n'y saurait atteindre, et cette impuissance fait leur sécurité; ils échappent à l'erreur comme peuvent échapper à la défaite ceux qui ne sont pas sur le champ de bataille; mais pour les forts et les vaillants qui sont au feu, dans les horreurs de la mêlée, que Dieu leur soit en aide! car la fortune des idées comme celle des armes est journalière; vous seriez un héros d'intelligence, de pénétration, de génie, la victoire peut vous manquer encore; mais si tout le reste est perdu, vous avez le droit d'ajouter : *fors l'honneur!* Car, certes, l'honneur est à celui qui a cherché la vérité de bonne foi, dans les limites où la discussion est permise, quel qu'ait pu être le sort de ses tentatives; que si elles ne furent pas couronnées de succès, si un jugement définitif en a donné la certitude, pour mériter plus que de l'estime, plus que de l'honneur, pour être digne de la plus haute admiration, il suffit, après s'être trompé, de ne le pas nier : *errorem agnoscere angelicum.*

On sait assez du reste quelle est ma manière de voir sur M. de La Mennais et ses adhérents jusqu'au jour où le St-Siège eût fait entendre sa voix ; et je ne serais pas effrayé pour M. l'abbé Cœur quand on pourrait avec justice le compter dans leurs rangs ; mais il a fait bien mieux encore : ne partageant pas les idées, il a toujours honoré les personnes. Il ne fut jamais de ceux qui, dès 1820, présentaient M. de La Mennais comme un impie caché sous un manteau de prêtre pour perdre la religion avec plus de sûreté, qui ne cessèrent de le harceler de leurs piqûres toutes dégoutantes d'un ignoble venin, qui se plurent à prophétiser sa *future apostasie*, et ne s'épargnèrent pas à la peine pour éviter au monde la douleur de voir manquer leur prophétie ; il en parla toujours avec respect ; il eut foi à sa loyauté ; il combattit souvent pour sa personne et pour son caractère, alors qu'il faisait la guerre à ses livres ; tout ce qu'il trouva dans ses œuvres de vraiment beau, tout ce qui lui semblait généreux avec sagesse, il le loua sans détour. Il était dans son droit de croire à la franchise, à la vertu ; il ne désespérait pas de la nature humaine ; il jugea qu'un beau génie, même dans le parti contraire, pouvait mériter qu'on lui rendît le salut d'honneur!

Tant pis pour celui qui blâmerait cette conduite; il laisserait échapper un honteux secret !

M l'abbé Cœur encore, et surtout aujourd'hui, s'honore de l'étroite amitié qui l'unit à MM. de Scorbiac, de Salinis, Gerbet et Combalot. Il les tient pour des prêtres éminemment distingués qui sont une des plus belles gloires du clergé de France. Le savoir, la piété, l'élévation des sentiments, l'élégance des mœurs, un dévouement sans bornes à l'église, voilà ce qu'on a toujours vu en eux ; et s'il leur manquait ce *je ne sais quoi d'achevé* qui sort d'une grande épreuve, comme le prétend Bossuet, la providence leur en a donné l'occasion : le jour où ils se sont agenouillés devant le jugement de Rome, ce jour-là ils se sont relevés bien plus grands dans les respects du monde catholique ! Silence donc aux derniers bruits de malédiction qui sortent encore de la bouche de quelques lâches ! Que la gloire soit enfin à qui appartient la gloire ! que l'on se souvienne de ce beau mot du Pape aux adversaires de Fénélon : *peccavit excessu amoris di-*

vini, et vos peccatis defectu amoris proximi.

Dans un discours que M. Cœur prononça, sur les lectures téméraires, lors de son dernier carême à St-Roch, on a remarqué ces paroles :

« Ah ! pauvre, et calamiteuse, et défaillante hu-
« manité ! tes plus solides colonnes quelquefois se
« sont ébranlées; tes astres ont pâli; tes plus ma-
« gnifiques ornements ont perdu leur éclat; les
« grandes lumières, après avoir brillé longtemps
« dans les cieux pour éclairer la terre, se sont ef-
« facées tout-à-coup et perdues sous une enveloppe
« de funèbres nuages. Les rois de l'intelligence se
« sont émus sur leur trône d'or; le sceptre de la
« pensée a tremblé dans leurs mains; leurs yeux se
« sont fermés; leur bouche est restée muette; puis
« il s'est fait un mouvement, et l'on a vu descendre
« des cieux Lucifer, le fils de l'Aurore ; et son
« bruit en sa chute à effrayé la terre; et il est allé
« se perdre dans le même abîme avec tous ceux
« que les siècles anciens avaient vus frappés de la
« foudre. Phénomène terrible, qui s'est vu aux
« divers âges et qui laisse dans le ciel de longues
« traces obscures! Malheur à qui veut se mettre au
« point de vue où ils se sont perdus ! fuyez, sortez
« d'ici : là ont péri de nobles ames dignes éternel-

« lement que le monde les pleure et que le ciel en
« ait pitié... ! »

Je reprends mes dates.

Cependant, M. Cœur n'était point encore engagé dans les ordres. Il fut fait sous-diacre en 1825, et diacre en 1826, par M. de Pins (1). Après avoir professé deux ans la philosophie, il partit pour Paris, en 1827, afin d'y suivre les cours publics. Il y entendit, durant trois années, M. Villemain, M. Guizot et les autres, tant à la Sorbonne qu'au collège de France, où l'on s'ennuyait moins alors qu'aujourd'hui. Le plaisir que lui causèrent ces orateurs, il l'a bien rendu depuis à chacun d'eux. — Il avait habité à Paris le quartier latin.

A son retour, il passa encore un an à la Chartreuse de Lyon pour revoir sa théologie et se préparer au sacerdoce.

Le séjour de Paris n'avait point ébranlé ses convictions, ni altéré sa piété; loin de là. Pour qui sait apprécier les hommes et les choses, tous les éblouissements du monde se réduisent à une expression bien simple : sous les paroles caressantes se trahis-

---

(1) Il avait été tonsuré, en 1821, par M. Morel de Mons, évêque de Mende; et minoré, en 1822, par le même prélat, devenu archevêque d'Avignon.

sent l'hypocrisie et la sottise; sous les séductions du luxe et de la volupté, la corruption, la fange et le néant.

M. Cœur, au milieu des cris, des mensonges, des ambitions, des dégoûts, des agitations de toutes sortes, sut se faire à lui-même une solitude; Dieu est dans Paris comme partout; et sa vocation, lorsqu'il en sortit, se trouvait en quelque sorte plus affermie qu'auparavant.

Il reçut la prêtrise en 1829, au mois de juin, des mains de M. l'administrateur.

Un goût déterminé le portait déjà vers la chaire chrétienne; il s'y adonna immédiatement.

C'est en 1830 qu'il fit son début à Saint-Georges, paroisse très populeuse et très pauvre de Lyon. N. S. Jésus Christ fit aussi, qu'on me permette de le dire, son apprentissage sur les plus humbles de la terre.

Ici commence une série de prédications à consigner. La vie de M. Cœur s'y trouve tout entière désormais; il date ses années et presque ses jours par ses travaux apostoliques.

Je lis dans une lettre particulière : « Il prêchait quelquefois à Tarare, pour venir en aide à la pieuse charité d'une femme de grand mérite, amie de sa sœur. Madame Captier était l'âme de toutes les bonnes œuvres de la ville; tous les habitants n'avaient qu'un cœur pour l'aimer, qu'une voix pour la bénir. Elle est morte au mois de juin dernier. Sa dernière visite avait été pour Sainte-Colombe.

« La maison, où elle vivait si heureuse dans le respect et l'amour de son père, de son mari, de ses enfants, cette maison était celle de M. Cœur ; et sa famille était la sienne. C'est chez madame Captier que descendent les visiteurs et les amis qui veulent aller le trouver dans sa petite maison des Tanges. Le dernier sermon qu'il a prêché à Tarare était pour l'œuvre de madame Captier. Les dames de la ville s'étaient réunies pour broder une aube magnifique qu'elles ont offerte à leur compatriote, comme souvenir de cette ville où il a trouvé un berceau et sa mère un tombeau. »

Bientôt l'opinion fut unanime; on présageait, ce que nous avons vu plus tard, qu'il serait l'égal des premiers orateurs sacrés et profanes du temps présent; on osait même annoncer une nouvelle fort vraie, c'est qu'il introduirait dans l'éloquence française un genre inouï jusqu'à nos jours, et qu'on pourrait l'appeler en toute vérité le Cyprien du dix-neuvième siècle.

Il est utile d'examiner ici ses rapports avec M. de Pins.

M. de Pins est un homme respectable, le meilleur et le plus droit qu'on puisse imaginer; mais il éprouvait une secrète peine de voir que M. Cœur n'épousait pas toute sa pensée politique. A Lyon, comme à Paris, comme ailleurs, M. Cœur ne combattait aucune opinion de cette sorte, mais il se tenait en dehors de toutes, ce qui ne l'empêchait pas de rendre pleine justice aux hommes de conscience.

« Le droit éternel et divin qui est l'âme de la société, qui domine toutes les formes et les constitutions humaines, qui peut seul donner à toutes ce qu'elles ont de vie et de puissance, c'est à quoi il s'attache. Il n'est que prêtre, mais il est prêtre. »

Il me souvient que dans un sermon prononcé durant son carême de Saint-Roch, en faveur de l'œuvre importante de Saint-François Régis, pour le mariage des pauvres, il loua hautement « ces magistrats honorables, le bras et la tête de l'œuvre, à qui les évènements ont fait de nobles loisirs, et qui se reposent du soin de juger les hommes, par celui de les servir. »

Telle était donc la position de M. Cœur: il voulait être en dehors de toute préoccupation exclusive, pour être juste et vrai à l'égard de tous. Il n'attachait qu'une importance secondaire aux formes politiques afin de mieux élever au-dessus d'elles ce qui est l'âme et la vie de la société, la justice et la religion.

M. de Pins aurait souhaité davantage.

Toutefois livré à ses propres inspirations, il n'aurait pas trouvé en cela une cause de blâme sérieuse contre M. Cœur. Il fut toujours personnellement bon pour lui ; mais quelques esprits ardents, moins religieux qu'autre chose, cherchaient à aigrir le prélat contre son subordonné. Ils obtinrent du moins qu'il ne lui donnât jamais un titre, même purement honoraire. Je reprends haleine.

M. Cœur était alors résidant à la maison des Chartreux, mais sans être membre de l'association. Plus tard, il fut indiqué par M. Miolan au curé de Gex, pour prêcher le carême dans cette ville. On était en 1831. Ce fut un événement dans le pays, et au-delà ; puisqu'on venait même de Genève pour suivre la station. Les calvinistes vous diront s'il les fit réfléchir.

Il prêcha le carême à Clermont-Ferrand en 1832.

En 1833, sur une demande de M. de Pins, signifiée par M. Baron, son vicaire-général, il prêcha le carême à Lyon.

Comme celui de MM. Lacordaire et de Ravignan, l'auditoire de M. Cœur se composait des sommités intellectuelles, et de la jeunesse studieuse ou tout-à-fait mondaine de la ville. Il eut des triomphes; il fit des conversions; et Paris, ce grand abîme qui attire tout à soi et dévore tout, dut l'envier à Lyon.

Mais il faut revenir à M. de Pins. Pour mieux abuser le prélat sur le compte de M. Cœur, on lui persuada qu'il ferait bien de ne jamais assister à ses discours; il n'y parut qu'une seule fois, et toutes les autorités, et la ville tout entière étaient là, cependant! elles y étaient toujours!

Qu'on me permette d'anticiper sur les dates et d'en finir avec ce sujet.

On entraîna M. de Pins à un acte plus grave. Avant de quitter Lyon en 1836, M. Cœur alla le voir; jamais il ne l'avait trouvé plus tendre; M. de Pins lui parla cette fois avec une joie paternelle du carême qu'il avait promis de prêcher à Saint-Niziers en 1837; il lui promettait de venir l'entendre souvent : « vous verrez que j'ai pris de l'âge, disait M. Cœur, que ma tête est plus mûre qu'en 1833; » et le prélat l'embrassait; il le pressait contre son cœur. « Vous trouverez bon, n'est-ce pas? que je vous donne mes avis, disait-il avec des larmes dans la voix; j'ai bien sur vous le droit de l'âge.... » et je lui disais tout ému : « Oui, Monseigneur, de l'âge! dites aussi de la paternité, de la science, de l'autorité, de l'amour... » Je le quittai, heureux de n'avoir plus je ne sais quel terrible milieu entre l'âme de mon archevêque et la mienne (1). »

Mais après lui vinrent d'autres conseils, comme toujours; et arrivé à Paris, M. Cœur apprit que M. de Pins avait révoqué son autorisation pour le carême de Saint-Niziers. Le Clergé ne fut pas complice d'une erreur si déplorable, il faut le dire; et je pense que les protestations de tous ses frères dans le sacerdoce durent le consoler amplement de ce malheureux échec.

Après sa mission quadragésimale de Lyon, il parut à Nantes pour le carême de 1834; et, pour celui de 1835, à St-Roch. Que M. Olivier soit béni!

M. Cœur vint donc parmi nous en 1835, et sa réputation fut aussitôt populaire. Je me trompe, c'est plus particulièrement auprès du beau monde qu'il

(1) Extrait d'une lettre écrite par M. Cœur à cette époque.

se manifesta d'abord. J'en demande pardon à Dieu et à M. Cœur, mais il fut à la mode pendant quelques mois comme Massillon l'avait été jadis, et comme tant de choses le sont. Les comtesses du faubourg Saint-Germain mêlaient langoureusement son nom à celui du patchouli et des jockeys du Champs-de-Mars. Telle est, au siècle où nous vivons, le sort des plus grandes choses : *quo non prostat fœmina templo?* a dit Juvénal. Il y a un mot bien plus frappant dans l'*Ecclésiastique : Melior est iniquitas viri quam fœmina benefaciens*, 42-14.

L'église de M. Olivier se trouva beaucoup trop petite. Notre-Dame n'eût pas contenu la foule. J'eus le bonheur d'obtenir une place privilégiée.

Il faut tout avouer. Je crus d'abord que la renommée, selon sa commune habitude, nous avait joué un vilain tour.

Du côté droit de la chaire où tous les yeux étaient fixés, M. Cœur parut, et immédiatement il s'agenouilla tourné vers l'autel. Autant que je pus la distinguer, cette physionomie n'avait aucune mobilité. Les yeux étaient baissés. Il y avait dans la contenance je ne sais quoi de gauche et de raide. Le signe de croix même fut fait d'une manière étrange.

Il prononça son texte. Grand Dieu ! quel organe et quel débit ! « Il a contre lui, dit une petite brochure imprimée à Lille et toute pleine d'une belle ferveur juvénile, il a contre lui un geste continu, saccadé, servant en quelque sorte de balancier à sa parole. Sa voix, naturellement voilée, qu'il force en prêchant, monte et redescend alternativement en gamme de tons toujours faux, depuis la note la plus creuse et la plus gutturale presqu'au diapason le plus élevé, le plus vibrant, le plus aigu qu'il soit donné à l'organe humain d'atteindre. » Sans songer à faire d'aussi magnifiques phrases que le jeune sous-lieutenant M. Lafon, je souffrais tout ce qu'on souffre en pareil cas ; et, pour interroger du regard la pensée de l'auditoire, je tournais machinalement la tête ; je m'étonnais de voir le sérieux et l'héroïque attention de chaque visage ; et mes yeux se reportaient enfin sur la chaire, lorsque la scène changea ; elle était déjà changée.

Sur ce front large et élevé, dans ce regard si voilé tout à l'heure, maintenant si doux et si mélancolique, tout rayonnant d'intelligence et de génie, tout plein de noblesse et d'autorité, l'inspiration se révéla bientôt tout entière. Sa voix s'agrandit ; elle prit une forme puissante. Justesse, profondeur, logique, harmonie, précision, comparaisons admirables, toutes les forces de la pensée, toutes les richesses du langage, l'orateur les avait déployées comme naturellement ; nous étions haletants ; nous étions en face de celui que j'ai appelé un des premiers orateurs de l'époque, n'ayant pas osé dire le plus grand orateur.

Tous les discours prononcés par M. Cœur jusqu'à ce jour, peuvent être rangés en trois classes : 1° Ceux où il prouve que le fait est pour Jésus-Christ depuis l'origine du monde, et que l'ordre providentiel tout entier se développe en harmonie avec le christianisme. Ç'a été le sujet d'un vaste ensemble de discours où il présente Jésus-Christ comme le pontife-Dieu de l'univers moral. — 2° Ceux où il prouve que l'idée est aussi pour Jésus-Christ, et que ce qu'il y a de plus mystérieux dans sa doctrine est la gloire de l'intelligence, et la conservation des lois même qui font sa puissance. — 3° Ceux où il traite en particulier des dogmes et des devoirs spéciaux.

Au fait, lisez la *Quotidienne*, *le Réparateur de Lyon*, *la Gazette d'Auvergne*, *la Guyenne*, journaux qui, en cette circonstance du moins, ont dit la vérité, et l'ont bien dite.

Vous êtes désireux de savoir quelle est la marche suivie par M. Cœur dans ses études oratoires, la voici :

Il médite le plus longtemps qu'il peut, sans écrire même une note; quand il se sent pénétré de son sujet, ou, s'il a une époque fixée, quand cette époque est venue, il écrit à course de plume. Moins d'un jour lui suffit pour écrire un sermon. Le moment venu de prêcher, il ferme les yeux, et se recueille pour reconstruire dans sa tête la charpente et l'ordre entier du discours; dès qu'il est bien sûr d'en tenir le fond, il parcourt son manuscrit sans intention de l'apprendre, mais afin que le tour des phrases, certaines images ou comparaisons, ce qui est meilleur dans le style, vienne s'attacher à ce fond de la pensée, et lui prête un corps. Cela fait, il parle, et ne fait point contre Voltaire et Rousseau de ces tirades qui répandirent leurs ouvrages par milliers sous la restauration.

J'abrège. Je nomme bien vite, comme étant ses auteurs de prédilection, Tertullien, Bossuet, Bourdaloue, Corneille, Racine, Montesquieu, La Fontaine et Duvoisin de Nantes.

Je ne dois point oublier qu'après son carême de 1836 à l'Assomption, il passa quinze mois dans sa petite maison des Tanges, à Sainte-Colombe, jusqu'en février 1838, uniquement occupé de méditation et de la composition d'un grand ouvrage qu'il se propose de publier plus tard sous ce titre : *Du rationalisme et des mystères*. C'était le temps où la chaire de Saint-Niziers lui avait été fermée.

J'ajoute que jusqu'à présent, il n'a rien encore livré à l'impression, et j'entreprends la série de ses dignités *ab extrinseco*.

M. de Guerine l'avait nommé chanoine de Nantes en 1834; M. Donnet le nomma chanoine de Bordeaux en 1838. M. de la Tour-d'Auvergne lui donna aussi un canonicat en 1838 d'abord, et en 1839 un titre de vicaire-général d'Arras. M. de Bonald, en 1840, lui offrit la mozette de chanoine honoraire de Lyon, et la première fois qu'il le vit, lui fit un accueil si empressé et si cordial qu'il dut se tenir amplement dédommagé des tracasseries de la précédente administration. En avril 1841, M. Rossat, son intime ami, l'a fait grand-vicaire de Gap, et enfin au mois de septembre dernier, M. Olivier l'a décoré de la même dignité, en lui adjoignant, toutefois, M. Coquereau.

Ces prélats se sont élevés d'autant aux yeux de Dieu et aux nôtres.

— 426 —

Que le gouvernement l'ait attaché à la croix d'Honneur, comme tant d'autres chevaliers de toutes sortes, quinze jours après son carême de 1840, à Saint-Roch, c'est une affaire à vider entre eux deux, et dont je ne me mêle pas; toujours est-il qu'il n'est point membre de l'Académie Française, et c'est un assez grand mérite pour qu'on l'excuse d'appartenir à celle de Clermont (1).

Si M. Cœur est un jour évêque de Blois, comme on le prévoit et comme on le désire, c'est autre chose; j'applaudirai sans réserve à un acte de justice qui sera un bienfait pour ce diocèse trop oublié; à moins que M. Cœur, à l'exemple de beaucoup d'autres, ne se fasse appliquer en prenant la mitre le mot fatal : *Quantùm mutatus ab illo!...*

Jusqu'à l'épreuve du moins, M. Cœur possède à un degré supérieur toutes les qualités d'un bon évêque. En ce qui regarde la science, nul ne l'ignore. Comme administrateur, il a prouvé plus d'une fois que ses vues étaient larges et son jugement peu ordinaire. La franchise est dans son âme,

(1) M. Cœur, comme je l'ai dit, avait prêché dans cette ville en 1832 un carême qui avait eu un immense succès ; on s'en souvint; et, à la mort de M. l'abbé de Gévaudan, on songea à lui pour remplacer le défunt comme membre de l'Académie. Il n'est pas membre résidant.

parmi toutes ses autres qualités, *comme une lampe dans un palais de pierreries*. Il a plus de charité que nous n'avons d'égoïsme, et plus d'affabilité que nous ne montrons vulgairement de morgue et d'arrogance, si peu que nous nous estimions supérieurs à autrui. L'argent, cette idole du monde et quelquefois aussi des enfants de Dieu, n'a rien qui séduise son âme. Il est dévoué, aux termes de l'Évangile; et s'il ne vend pas tout ce qu'il a pour ses frères, c'est qu'il n'a rien. Sa parole si majestueuse et si brillante dans la chaire, devient dans la conversation le charme le plus séduisant qui se conçoive; elle exprime la bonté, la candeur, la confiance, la foi, le savoir-vivre le plus parfait, la sagesse et l'expérience, la science et l'esprit, que dirai-je?

Nul ne cause mieux que M. Cœur, nul n'est meilleur ami, meilleur conseil; nul n'est rempli au même point de cette gaîté qui est la vertu de Dieu, *hilaris est deus*. Sa piété est tendre, affectueuse et discrète; son honnêteté antique, son intelligence des intérêts et des faiblesses de l'homme vive et profonde, tous ses sentiments d'une élévation particulière. Il a un cœur lumineux et abordable par tous les côtés pour le bien spirituel et terrestre des individus; il sait la société; il est l'homme de l'époque, ce qui est immense, quoi qu'on veuille dire; il serait révolutionnaire au besoin, en ce sens qu'il serait plus que personne, par la nature de ses talents et de son caractère, en mesure d'introduire dans une administration pastorale des réformes ardemment invoquées : un choix plus intelligent et plus désintéressé des sujets pour les fonctions éminentes, les formalités contentieuses de la juridiction canonique pour les causes des clercs, etc., *non præterit illum omnis, cogitatus,* dit Salomon, et non *abscondit se ab eo ullus sermo.*

A Blois surtout, la présence de M. Cœur serait un évènement providentiel; et, dans un diocèse très voisin de celui-là, se trouve un évêque d'intentions excellentes, mais craintif et mal assis, qu'il raffermirait et déciderait à des coups-d'état nécessaires; *dicit piger : leo est in via, et leæna in itineribus* (1).

Mentionnons ici sa nomination de chanoine d'Amiens; écoutez les paroles suivantes; elles sont de M. Miolan, ce cher supérieur, qui l'avait

(1) J'élude les transitions et j'accumule au hasard les réflexions et les faits, parce qu'il faut de la place pour chaque chose.

appelé dans son diocèse pour prêcher l'Avent de 1839, et elles viennent parfaitement appuyer mes réflexions de tout-à-l'heure :

« Il prêche, il est vrai, d'une manière peu usitée, mais fort solide; il est d'une grande exactitude théologique, d'un zèle sans bornes, d'une solide humilité, d'une admirable simplicité d'intention; ses sermons affermissent dans la foi, et inspirent un grand respect pour la sainte religion. Le premier jour de l'Avent, il nous prêcha sur la manière de mourir en chrétien : rien de plus touchant, de plus spirituel, de plus apostolique. M. l'abbé Cœur est dans le cas de faire un jour un bien immense à l'Église; ses idées sont justes, hautes, pleines d'amour du vrai, ardentes et très éclairées, etc (1). »

La seule opposition qui se manifeste d'avance contre la promotion de M. Cœur à l'épiscopat, consiste à dire que si l'église gagnait ainsi un excellent évêque, la chaire y perdrait sa plus belle gloire. Voilà tout uniment une satire contre les évêques; à quoi je réponds que les évêques furent regardés jusque bien avant dans les siècles chrétiens comme

---

(1) Je cite de mémoire, et avec le secours d'un estimable ouvrage sur M. Cœur, publié il y a quelque temps.

les seuls dépositaires en droit de la prédication, et qu'ils en sont ou doivent être aujourd'hui encore les premiers et plus habituels ministres. Que s'il en est autrement, je demande pourquoi; mais je n'en conclus rien d'opposé à ce que j'avançais; au contraire, M. Cœur serait l'homme capable de remettre en vigueur, par le précepte comme par l'exemple, la sainte et antique discipline.

J'appuie sur ce dernier point et avec intention.

Provisoirement M. Affre l'a fait chanoine titulaire de la métropole, à la place de M. Mathivon (août, 1841), belle et légitime action s'il en fut; j'aime à la signaler.

Il est bon qu'un évêque rapproche le plus possible de lui les sommités intelligentes du clergé; quelque position qui nous soit faite par la Providence, nous avons toujours besoin d'avis; des hommes comme M. Cœur et M. Fayet, par exemple, méritent qu'on porte envie aux diocèses divers qui les possèdent. Heureux qui a pu dire d'eux ce que disait Auguste du grand Horace: *Veniet ab istâ parasiticâ mensâ ad hanc regiam, et nos in epistolis scribendis adjuvabit !*

M. Affre peut faire plus; on m'affirme qu'il le voudra, ne fût-ce que par reconnaissance pour un homme qui travailla très efficacement à l'élever lui-même, et pour le dédommager de la disgrace qu'il encourut, comme lui aussi, sous M. de Quélen, ayant *joui de la colère des Dieux*, sans trop savoir pourquoi.

Mais comment s'expliquer que la chaire de Notre-Dame de Paris n'ait pas encore été offerte à M. Cœur? de la part de M. de Quélen, cette réserve n'avait rien d'étrange.

On a dit effectivement que M. de Quélen, de pieuse mémoire, avait été à la veille de l'interdire. Je puis affirmer que les choses n'allèrent pas jusque-là; et, sur les causes de sa disgrâce, je vous renvoie à ce que j'ai dit plus haut en parlant de M. de Pins.

Mais dans les derniers mois de la vie du prélat, on avait profité de sa faiblesse pour obtenir de lui qu'il retirât à M. Cœur l'autorisation précédemment accordée de prêcher à Saint-Roch, le carême de 1840. Cette décision fut brusquement signifiée à M. l'abbé Olivier; toutefois M. de Quélen ne tarda pas à rouvrir les yeux, et avant sa mort il avait formellement renouvelé la permission.

M. Affre n'est point dans le même cas, et il n'a pas tort; il est l'ami de M. Cœur, ce qui est encore mieux; et j'aime à lui reconnaître une tenacité de caractère précieuse pour l'église, lorsqu'elle est à son service.

Non que je veuille rétracter ce que j'ai dit de M. de Ravignan, à savoir qu'entre ses mains les conférences quadragésimales pourraient durer toujours sans trop durer; mais, en dehors de ces stations, il y a les fêtes, l'Avent, les cérémonies particulières et beaucoup d'autres circonstances. La jeunesse des écoles en a fait plus d'une fois l'observation : c'est un préjudice que nous cause M. Affre, faute d'y songer, sans doute (1).

Je le répète, jusqu'à ce qu'il soit évêque, M. Cœur doit occuper la chaire de Notre-Dame; comme il est juste que M. Lacordaire y paraisse encore; comme c'est un droit, pour tous les ecclésiastiques d'un grand génie oratoire, d'y figurer à leur tour, et surtout un droit pour nous de les y rencontrer.

15 Septembre 1841.

(1) On a parlé des tendances romantiques du jeune prédicateur; ici comme ailleurs ce mot ne signifie rien, parce qu'il n'a pas de sens ou de portée possible. Si on prétend qualifier ainsi la sève un peu surabondante de son imagination, la magnificence éblouissante de son style, l'usage un peu sobre qu'il fait des citations de l'Ecriture et des Pères; aux deux premières objections je réponds que ce sont là des défauts heureux et des recommandations, aujourd'hui surtout qu'on sait si bien pécher par un excès opposé, et user en chaire d'une syntaxe que n'avouerait pas un député ordinaire. — Quant à la question des citations, elle est assez absurde pour qu'on la franchisse à pieds joints.

Paris. — Imprimerie de A. APPERT, passage du Caire, 54.

www.ingramcontent.com/pod-product-compliance
Lightning Source LLC
Chambersburg PA
CBHW072114220426
43664CB00013B/2118